Das kulinarische Handbuch der Gewürze

Das kulinarische Handbuch der Gewürze

Mit 100 Rezepten

Sallie Morris und Lesley Mackley

CHRISTIAN
VERLAG

Aus dem Englischen übersetzt von Natascha Afanassjew für GAIA Text, München
Satz und Produktion: GAIA Text, München
Umschlaggestaltung: Horst Bätz

Die Originalausgabe mit dem Titel *The Spice Ingredients Cookbook* wurde erstmals 1997 im Verlag Lorenz Books, einem Imprint von Anness Publishing Limited, London, veröffentlicht.

Design: Annie Moss
Fotos: William Adams-Lingwood mit Unterstützung von Louise Dare
Hauswirtschaftliche Beratung: Lucy McKelvie mit Unterstützung von Alison Austin

Druck und Bindung: Sino Publishing House Ltd, Hong Kong
Printed in Singapore

ISBN 3-88472-358-8

Abkürzungen: E. (Englisch), Frz. (Französisch), Sp. (Spanisch), It. (Italienisch), Nl. (Niederländisch), Arab. (Arabisch), Äth. (Äthiopisch), In. (Indisch), Ind. (Indonesisch), Jap. (Japanisch), Mal. (Malaysisch), Singh. (Singhalesisch)

HINWEIS

Alle Informationen und Hinweise, die in diesem Buch enthalten sind, wurden vom Autor nach bestem Wissen erarbeitet und von ihm und dem Verlag mit größtmöglicher Sorgfalt überprüft. Unter Berücksichtigung des Produkthaftungsrechts müssen wir allerdings darauf hinweisen, dass inhaltliche Fehler oder Auslassungen nicht völlig auszuschließen sind. Für etwaige fehlerhafte Angaben können Autor, Verlag und Verlagsmitarbeiter keinerlei Verpflichtung und Haftung übernehmen.

Korrekturhinweise sind jederzeit willkommen und werden gerne berücksichtigt.

Inhalt

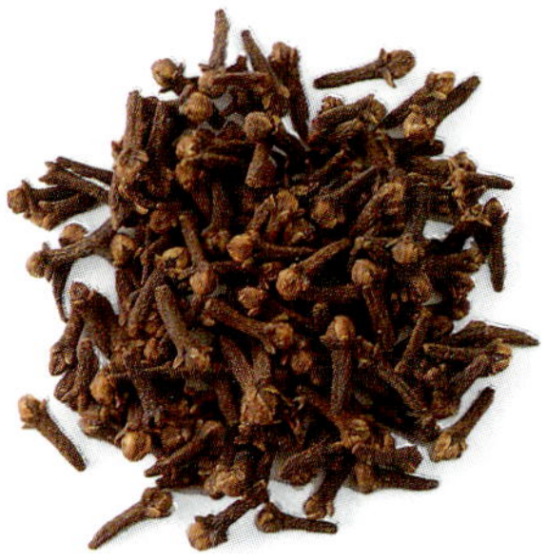

Die Gewürze im Überblick sind nach den botanischen Namen alphabetisch geordnet.

Einleitung

Gewürze haben seit Jahrhunderten großen Einfluss auf das Leben der Menschen und die wirtschaftliche Entwicklung vieler Länder. Mit exotischen und heimischen aromatischen Gewürzen verfeinern wir unsere Speisen. Sie sind unverzichtbarer Bestandteil volkstümlicher Heilmittel und moderner Medikamente, unseren Räumen und Körperpflegemitteln verleihen sie einen süßen Duft, und wir verdanken ihnen Sprichwörter wie „In der Kürze liegt die Würze". Der Gewürzhandel bescherte der Geschichte dramatische Kapitel – Abenteuer von Kapitänen und Entdeckern auf der Suche nach diesen begehrten Schätzen.

Der Gewürzhandel

Gewürze wurden bereits um 3500 v. Chr. von den Ägyptern verwendet – für Speisen, Kosmetikartikel und zum Einbalsamieren der Toten. Sie glaubten, dass der Geist in die Körper der Toten zurückkehrt, und so mumifizierten sie ihre Pharaonen, Königinnen und Adligen und setzten sie mit deren weltlichen Schätzen bei. Die Bibel beschreibt den Besuch der Königin von Saba bei König Salomo, der seinen Reichtum „den [Gewürz-] Händlern" verdankte sowie den Gewürzen, die man ihm zum Geschenk machte: „Und jedermann brachte ihm jährlich Geschenke, silberne und goldene Geräte, Kleider und Waffen, Spezerei [Gewürzware], Rosse und Maultiere." (1. Könige 10,25)

Die Geschichte von Joseph und seinen Brüdern ist ebenfalls mit dem Gewürzhandel verknüpft. Die eifersüchtigen Brüder wollten Joseph töten, doch da kam eine Gruppe von Ismaelitern „von Gilead mit ihren Kamelen; die trugen Würze, Balsam und Myrrhe und zogen hinab nach Ägypten" (1. Mose 37,25). Die Brüder verkauften Joseph und kehrten mit seinem blutigen Rock zu ihrem Vater Jakob zurück. Joseph wurde an einen Beamten des Pharaos weiterverkauft und erhielt schließlich einen hohen Posten bei Hof: Seine Fähigkeit, die Träume des Pharaos zu deuten, rettete seine neue Heimat vor einer Hungersnot. Später widerfuhr ihm Gerechtigkeit, als er seinen nichts ahnenden Brüdern Getreide verkaufte. Sie hatten ihm wertvolle Geschenke gebracht: Balsam, Honig, Gewürze, Myrrhe, Nüsse und Mandeln.

Links: Früher lieferten Kamelkarawanen die Gewürze, heute kann man frische Gewürze problemlos auf Märkten kaufen.

Über 5000 Jahre lang kontrollierten die Araber den Gewürzhandel, der sich vom Vorderen Orient bis zum östlichen Mittelmeerraum und Europa ausdehnte. Auf gefährlichen Routen beförderten Kamel- oder Eselkarawanen Zimt, Kassia, Kardamom, Kurkuma, Weihrauch und Juwelen. Die Reisen begannen in China, Indonesien, Indien oder Ceylon (heute Sri Lanka). Chinesische Kaufleute segelten zu den Gewürzinseln (den heutigen indonesischen Molukken) und brachten volle Schiffsladungen zu den Küsten Indiens und Sri Lankas, um dort mit arabischen Kaufleuten Handel zu treiben. Die Araber waren darauf bedacht, sowohl ihre Lieferanten als auch die Gewürzrouten geheim zu halten. Die klassische Route führte über den Indus, durch Afghanistan und den Iran, dann nach Süden zu der Stadt Babylon am Euphrat. Von dort aus gelangten die Gewürze in die mächtigste Stadt jener Tage: Die Phönizier, bedeutende Seefahrer und Kaufleute und durch den Gewürzhandel zu Reichtum gekommen, hatten ihre Hauptstadt Tyros zum Handelszentrum gemacht, das von 1200 bis 800 v. Chr. den gesamten Mittelmeerraum versorgte.

Auf einem ägyptischen Basar locken Gewürze mit ihrem Duft und ihren leuchtenden Farben.

Als sich die politische Macht von Ägypten nach Babylon und Assyrien verlagerte, bestimmten die Araber weiterhin den Gewürzhandel. Beeindruckend waren die Geschichten der Araber über die Herkunft der Gewürze, und man glaubte ihnen sogar: Sie erzählten von Zimt aus tiefen, von Schlangen bewohnten Tälern und von Kassia aus seichten Gewässern, bewacht von bösartigen Vögeln mit riesigen Flügeln, die ihre Nester auf hohen Kalksteinfelsen bauten. Stürzten die Nester herab, so konnten die Händler Kassiarinde sammeln.

Ein indischer Markthändler, umgeben von einer Auswahl farbenprächtiger Gewürze.

Die Römer verwendeten Gewürze verschwenderisch, und mit der steigenden Nachfrage wurde es immer wichtiger, eine Route nach Indien zu finden, um das arabische Monopol zu brechen. Die Kenntnis der Wetterverhältnisse und des Monsuns brachte die Lösung: Bald segelten römische Schiffe, mit wertvollen Gewürzen beladen, in ihren wichtigsten Hafen, das ägyptische Alexandria, ein. Die Römer schätzten die Annehmlichkeiten des Lebens. Sie gebrauchten Gewürze in der Küche, verstreuten aromatische Gewürzmischungen in ihren Räumen und benutzten Gewürzöle zum Baden und für Lampen. Mit dem Einmarsch römischer Legionen in fremde Reiche ging die Verbreitung vieler Gewürze und Kräuter einher: Exotische Aromen gelangten erstmals nach Nordeuropa. Der Untergang des römischen Imperiums ließ jedoch ein Zeitalter kultureller Stagnation anbrechen, auch Gewürze gerieten in Vergessenheit.

Mohammed, der Prophet und Stifter des Islam, heiratete die reiche Witwe eines Gewürzhändlers. Bei der Verbreitung des Glaubens im Orient war der missionarische Eifer untrennbar mit dem Handel von Gewürzen verbunden. Mochte Westeuropa im Schlaf versinken, im Osten breitete sich der Gewürzhandel stark aus. Als Folge der Kreuzzüge ab 1000 n. Chr. wurden Gewürze aus dem Orient zunehmend beliebter, denn die Christen versuchten, den Moslems die Vormachtstellung in diesem gottlosen Geschäft streitig zu machen. Venedig und Genua wurden zu Handelszentren, und Schiffe, die Kreuzritter in das Heilige Land brachten, kehrten mit Gewürzen, Seide und Juwelen zurück. Gewürze waren selten und darum ebenso wertvoll wie Silber und Gold – der Handel blühte erneut.

So exotisch kann eine Auswahl verschiedener Pfeffersorten anmuten.

Kassiarinde auf einem großen Straßenbasar in Kairo.

Getrocknete rote Chilischoten werden in großen Säcken angeboten.

Marco Polo wurde 1256 n. Chr. als Sohn von Juwelenhändlern geboren, die der Orient faszinierte. Sie reisten bis nach China und residierten am Hof des mongolischen Kaisers, des Großen Khan. Während dieses 24-jährigen Aufenthalts bereiste Marco Polo ganz China, Asien und Indien. Sein Bericht, *Die Reisen des Marco Polo*, wurde auf Pergament niedergeschrieben, als man ihn nach einer Seeschlacht zwischen Venedig und Genua gefangen nahm. Er beschrieb die Gewürze, die er auf seinen Reisen gesehen hatte, und machte mit den Furcht einflößenden Geschichten und Mythen der frühen arabischen Händler Schluss. Von Java berichtete er: „Feinste Waren gibt es im Überfluss. Pfeffer, Muskatnuss … Gewürznelken und all die anderen wertvollen Gewürze und Stoffe sind Erzeugnisse der Insel, und sie ist beliebtes Ziel vieler Schiffe, voll beladen mit Waren, die den Besitzern beträchtlichen Profit bringen." Sein Buch ermutigte nachfolgende Generationen von Seeleuten und Reisenden, die zu Ehren und Reichtum kommen wollten.

Das Zeitalter großer Entdeckungen (15. Jahrhundert) nahte, und die Geschichte der Gewürze fand ihre Fortsetzung. Europäische Seefahrer suchten besessen den besten Seeweg nach Indien und dem Orient. Der Portugiese Vasco da Gama entdeckte ihn als erster, indem er das Kap der Guten Hoffnung umsegelte. Zwar war der Empfang nicht freundlich, doch konnte er seine Schiffe mit Muskatnüssen, Gewürznelken, Zimt, Ingwer und Pfefferkörnern beladen. Bei seiner Rückkehr 1499 feierte man ihn als Held, und die indischen Herrscher von Calicut stimmten brieflich einer Handelspartnerschaft zu.

Nun wurde Lissabon noch vor Venedig zur Hauptstadt des Gewürzhandels. Noch vor dieser Entwicklung verwirklichte Christoph Kolumbus einen neuen Plan, um nach Osten zu gelangen: Er segelte nach Westen. Im Jahr 1492 glaubte er, Japan erreicht zu haben, doch handelte es sich um San Salvador (die heutige Watlinginsel) – eine der Inseln bei Haiti, Kuba und den Bahamas. Er hatte die Neue Welt entdeckt und kostete als erster Westeuropäer die feurigen Chillies. Auf seiner zweiten Reise begleiteten ihn 1500 Mann zur Sicherung der spanischen Vormachtstellung. Kolumbus hoffte, Gold und orientalische Gewürze zu finden, aber stattdessen entdeckte er Piment und Vanille, und vom südamerikanischen Kontinent brachte er Kartoffeln, Schokolade, Mais, Erdnüsse und Truthähne nach Europa.

Jeden Tag bieten indonesische Frauen auf den Märkten eine Fülle von Gewürzen an.

Die Portugiesen begingen einen entscheidenden Fehler, als sie die Holländer als Zwischenhändler einschalteten: Fast ein Jahrhundert lang hatten sie den Gewürzhandel beherrscht, jetzt wurden sie durch die Holländer verdrängt. Als Antwort auf die britische Ostindische Kompanie wurde 1602 die holländische Ostindische Kompanie gegründet. In der Zwischenzeit fuhr Sir Francis Drake auf seiner Weltumsegelung durch die Magellanstraße über den Pazifik zu den Gewürzinseln. Die Interessen ganz Europas richteten sich auf diese Inseln, denn alle Nationen strebten das Monopol im Gewürzhandel an, das unvorstellbaren Reichtum versprach.

So versuchten etwa die Holländer den Anbau von Muskatnüssen und Gewürznelken auf zwei Inseln der Molukken zu beschränken. Diese Absicht durchkreuzte jedoch ein französischer Missionar, Pierre Poivre, der junge Pflanzen auf einer nahe gelegenen Insel fand – Vögel hatten die Samen dort verstreut – und nach Mauritius brachte. Von dort gelangten die Gewürznelken nach Sansibar, wo heute noch große Mengen angebaut werden, und die Muskatnüsse nach Grenada, das zu Westindien zählt und auch als „Muskatinsel" bekannt ist. Etwa zur selben Zeit versuchten die Briten, Muskatnüsse und Gewürznelken in Penang anzubauen. Später kultivierten sie Gewürze in Singapur – unter der Direktive von Sir Stamford Raffles, einem berühmten Angestellten der Ostindischen Kompanie und Mitbegründer Singapurs.

Der Konflikt zwischen Briten und Holländern war ernst und blutig und dauerte fast 200 Jahre. Gelöst wurde er, als Großbritannien Indien und Ceylon übernahm und Holland Java und Sumatra, die bis zum Zweiten Weltkrieg unter holländischer Gerichtsbarkeit blieben. Zu diesem Zeitpunkt waren Gewürze bereits in größeren Mengen erhältlich und billiger als je zuvor.

Im späten 18. Jahrhundert kam eine weitere Nation hinzu: die Vereinigten Staaten von Amerika. Mit den Schnellseglern von Neuengland war es einfach,

Anbaugebiete von Pfeffer aufzuspüren. Die Kapitäne waren geschickte Händler und kehrten voll beladen mit dem besten Pfeffer aus Sumatra nach Salem in Massachusetts zurück. Salem entwickelte sich zum Zentrum des Pfefferhandels, und bei einem möglichen Profit von 700 Prozent wurden die Schiffseigner die ersten Millionäre.

Dennoch waren diese Fahrten nicht ungefährlich: Eine Reise konnte zwei bis drei Jahre dauern, das Risiko, von Piraten oder Einheimischen getötet zu werden, war sehr hoch, und ebenso bedrohlich waren die heftigen Stürme auf hoher See.

Heute erscheint es uns ganz selbstverständlich, überall und jederzeit exotische Zutaten kaufen zu können, und kaum vorstellbar, dass ein armer Mann für eine Hand voll Kardamomsamen früher ein ganzes Jahr arbeiten musste. Sklaven wurden für ein paar Hand voll

Pfefferkörner verkauft, für ein Pfund Muskatblüten bekam man drei Schafe und eine Kuh, für ein Pfund Ingwer ein Schaf. Die Hafenarbeiter in London mussten ihre Taschen zunähen, damit sie auch kein einziges Pfefferkörnchen stehlen konnten.

Durch die modernen, internationalen Verkehrsverbindungen ist ein Markt für internationale Lebensmittel entstanden. Die wichtigsten Märkte für Gewürze sind London, Hamburg, Rotterdam, Singapur und New York. Vor der Lagerung in großen Hallen werden die Gewürze inspiziert, später verkauft, verarbeitet und verpackt.

Der Gewürzhandel erwirtschaftet jährlich einen Gewinn von mehreren Millionen Dollar: An erster Stelle steht der schwarze Pfeffer, gefolgt von Chillies und Kardamom. Hauptproduzent ist Indien, dann folgen Indonesien, Brasilien, Madagaskar und Malaysia: Diese Länder leben nach wie vor vom Gewürzhandel.

Einst wurden um diese Würze des Lebens Schlachten geschlagen, die den Aufstieg und den Fall ganzer Reiche bestimmten. Heute verlassen wir uns auf die Gewürze auf unserem Küchenregal, um unser tägliches Essen und Leben zu verfeinern.

Ein Laden in Singapur voller Gewürze.

Gewürze in der Küche

Rund um den Erdball zeichnen sich die Küchen der einzelnen Länder durch ganz spezielle Gewürzmischungen aus. Uns stehen heute so viele verschiedene Gewürze zur Verfügung, dass das Kochen zu einem richtigen Abenteuer wird: Wir können uns nach Lust und Laune auf die unterschiedlichsten kulinarischen Reisen begeben.

Stellen wir uns den rauchigen Duft von gebratenem Lamm mit Kreuzkümmel und Knoblauch vor oder ein dampfendes Curry, das nach Koriander und Knoblauch riecht. Noch bevor wir die Speisen probieren, regt das Aroma der Gewürze unseren Appetit an und verspricht herrliche Gaumenfreuden. In Indien müssen Speisen nicht unbedingt scharf sein, typisch ist aber immer eine besondere Würze. Man verwendet hier viel mehr getrocknete Gewürze als irgendwo sonst: bis zu 15 verschiedene für ein einzelnes Gericht.

Indien ist ein riesiges Land mit je nach Region variierender Kochtradition, doch immer wieder verwendet werden Koriander, Kreuzkümmel, Kurkuma, schwarzer Pfeffer, Senfkörner, Fenchelsamen, Kardamom, Gewürznelken, Knoblauch und Ingwer. Chillies schätzt man wegen ihres Geschmacks und der Schärfe; manche Gerichte sind äußerst scharf, andere sehr fein und ausgewogen gewürzt.

In der chinesischen Küche werden frischer Ingwer und Knoblauch großzügig verwendet. Beliebte Gewürze sind Sesamsamen und Sternanis, der auch das Aroma des berühmten Fünfgewürzpulvers bestimmt. Für diese Mischung werden die Gewürze fein gemahlen, damit sich ihr Aroma in gebratenen Gerichten schnell entfaltet.

In Thailand sind die Speisen meist sehr scharf. Oft würzt man sie mit den winzigen, feurig-scharfen Thai-Chillies. Die Schärfe wird jedoch gemildert durch das frische Aroma von Zitronengras und Zitronenblättern sowie durch Kokosmilch. Für unser Buch wurden einige Originalrezepte aus Thailand abgewandelt. Falls Sie es aber besonders scharf mögen, fügen Sie ruhig mehr Chilischoten hinzu.

Das Angebot an exotischen Gewürzen und Aromen wird immer größer.

Auch in mexikanischen Speisen sind Chillies eine häufige Zutat, und oft gibt man gleich mehrere Sorten an ein Gericht. Neben der berühmten Schärfe steuern die verschiedenen Sorten jeweils ein ganz eigenes Aroma bei.

Auf den Karibischen Inseln gab es bereits mexikanische Chillies, als Kolumbus dort an Land ging – sie sind typisch für die Küche der Karibik. Auch Piment und Cayennepfeffer werden häufig gebraucht. In traditionellen Rezepten, etwa für würzige Schweinekoteletts oder karibische Fisch-Steaks, kombiniert man sie mit frischen herben Kräutern wie Thymian.

Für den Mittelmeerraum sind Gewürze mit einem warmen Aroma typisch, zum Beispiel Zimt, Koriander, Safran und Kreuzkümmel. Sie rufen Erinnerungen an einen Urlaub in der Türkei, Griechenland oder Marokko wach. Diese Gewürze verwendet man häufig mit Früchten und Nüssen in Gerichten wie marokkanischem Brathähnchen mit Harissa oder Lamm-Tagine. In Nordafrika ist Harissa (eine sehr scharfe Chili-Paste) eine häufige Zutat und feurig-scharfe Beigabe zu würzig duftenden Speisen.

Viele europäische Gerichte werden mit Gewürzen wie Kümmel, Dill, Kardamom und Fenchel verfeinert. Sie passen ebenso gut zu süßen wie zu würzigen Gerichten.

Obwohl man in Europa schon seit langem Gewürze verwendet, besonders zum Einkochen, Einlegen oder für Saucen, ist der Gebrauch in der Alltagsküche eine neuere Entwicklung.

Vor etwa 20 Jahren gab es zwar in fast jeder Küche ein Gewürzregal, doch die gemahlenen Gewürze in den Gläschen verwendete man, wenn überhaupt, nur sparsam, bis sie kaum noch Aroma hatten und unbrauchbar waren. Vielleicht wurde beim Kochen einmal etwas geriebene Muskatnuss in eine Sauce gestreut, oder man gab ein bis zwei Gewürznelken an ein Apfelkompott. Seit dem 17. Jahrhundert, als teure

Verschiedene Chilisorten aus Brasilien.

Gewürze in Europa ein Ausdruck von Reichtum waren und die Speisen mit Ingwer, Pfeffer, Zimt, Gewürznelken und Muskat kräftig gewürzt wurden, hatte sich viel geändert.

In den letzten Jahren haben wir die herrliche Vielfalt von Gewürzen jedoch wieder entdeckt: Alle Speisen, von der Suppe bis zum Dessert, lassen sich damit verfeinern. Je mehr wir exotische Orte erkunden und je mehr neue Restaurants in jeder Stadt internationale Gerichte anbieten, um so vertrauter werden uns auch die verschiedenen Kochtraditionen. Wir nehmen diese neuen Eindrücke mit nach Hause, wo wir mit immer größerer Begeisterung die Gerichte nachkochen.

Nach ungewöhnlicheren Zutaten muss man nicht länger in Spezialgeschäften suchen. Doch alte Gewürze verlieren schnell ihr Aroma und können verderben. Darum sollte man nur kleine Mengen kaufen – am besten in häufig belieferten Läden – und bald verwenden, vor allem, wenn die Gewürze bereits gemahlen sind.

Auch die Kochkunst entwickelt sich ständig weiter. Nachdem wir die Vorzüge von Gewürzen wieder entdeckt hatten, galt der nächste aufregende Schritt der Variation klassischer Speisen durch die Beigabe neuer Gewürzkombinationen. In diesem Buch stehen viele authentische Rezepte, doch ebenso häufig werden klassische Gerichte dank ungewöhnlicher Gewürzmischungen neu präsentiert. Versuchen Sie einmal marinierten Lachs mit thailändischen Gewürzen, eine Variation des traditionellen Graved Lachs aus Skandinavien, oder Birnenkuchen Tatin, der seinen herrlichen Duft der Zugabe von Kardamom verdankt.

Scheuen Sie sich nicht, Gewürze zu verwenden. Unser Buch bietet alle wichtigen Informationen zu diesem faszinierenden Thema: von Tipps zur Auswahl und Aufbewahrung bis zu Vorschlägen für die Herstellung verschiedener Pulver und Pasten. Die Mengenangaben in den Rezepten sind nur Vorschläge.

Experimentieren Sie ruhig etwas, um herauszufinden, welche Mischungsverhältnisse Sie am liebsten mögen. So bekommen Ihre Speisen eine ganz persönliche Note und Ihnen erschließt sich eine Welt wunderbarer Düfte und verheißungsvoller Aromen.

Eine reichhaltige Auswahl der herrlichsten Gewürze.

Gewürze auswählen und vorbereiten

Gewürze sind getrocknete Samen (Kreuzkümmel, Koriander, Kardamom, Senf), Knospen (Gewürznelken), Früchte oder Blütenteile (Pfefferkörner, Piment), Rindenstücke, Rhizome oder Wurzeln (Zimt, Ingwer, Meerrettich) bzw. Pflanzenblätter (Zitronen-, Curryblätter). Meist stammen sie aus den Tropen, und zwar fast ausschließlich aus dem Orient. Es gibt auch Ausnahmen: Piment, Vanille und Chillies sind in Mittelamerika und Westindien heimisch.

Gewürze auswählen

Beim Kauf von Gewürzen sollten Sie ganze Samen, Beeren, Knospen und Rindenstücke wählen, etwa Kreuzkümmel- und Kardamomsamen, Pfeffer- und Pimentkörner, Gewürznelken, Kassia- und Zimtstangen. So behalten sie ihr Aroma viel länger als in pulverisierter Form und können bei Bedarf gemahlen werden. Frische Rhizome wie Ingwer und Galgant sowie frisches Zitronengras sind für manche Speisen unerlässlich und schmecken völlig anders als getrocknet.

Methoden für die Vorbereitung

Die Methoden für die Vorbereitung sind ebenso vielfältig und unterschiedlich wie die Gewürze und die Speisen, für die sie verwendet werden.

Rösten ohne Fett

Diese Art der Vorbereitung ist vor allem in der indischen Küche weit verbreitet. Gewürze wie Kreuzkümmel, Koriander, Fenchelsamen, Senfkörner und Mohnsamen bekommen dadurch ein besonders intensives Aroma.

Eine Pfanne mit schwerem Boden bei mittlerer Hitze etwa 1 Minute heiß werden lassen. Die ganzen Körner oder Samen in die Pfanne geben und 2–3 Minuten (oder bis sie ein kräftiges Aroma verströmen) erhitzen. Dabei ständig rühren, damit sie nicht anbrennen.

Die Pfanne vom Herd nehmen und die Gewürze in eine Schüssel geben. In einem Mörser fein zerreiben.

In Öl braten

Ganze Körner oder Samen werden manchmal in Öl gebraten: entweder vor der Zugabe anderer Zutaten oder einfach zur Aromatisierung des Öls.

Gewürze mahlen

Damit Gewürze ihr volles Aroma entfalten, werden sie oft zerstoßen oder gemahlen. Nur wenige Gewürze, vor allem Macis (Muskatblüte), Ingwer, Kurkuma, Zimt und Kassia, lassen sich kaum selber mahlen und werden daher als Pulver angeboten. Am intensivsten schmecken frisch gemahlene Gewürze, darum sollte man sie höchstens ein oder zwei Tage vor dem Gebrauch mahlen.

Gewürze wie Kreuzkümmel, Fenchelsamen, Ajowan, Kümmelkörner und Gewürznelken lassen sich leicht in einem Porzellanmörser zerreiben. Man sollte immer nur 1–2 EL in den Mörser geben und die Gewürze mit kreisförmigen Bewegungen zerreiben. Koriander- und Pimentkörner und weitere noch härtere Gewürze kann man sehr gut in der Pfeffermühle mahlen. Auch spezielle Gewürzmühlen leisten gute Dienste. Geben Sie immer nur kleinere Portionen in die (jeweilige) Mühle, um sie nacheinander zu zerkleinern.

Leichter und schneller lassen sich diese harten Gewürze jedoch in der elektrischen Kaffeemühle mahlen. Wiederum gilt: Jeweils nur kleine Mengen in kurzen Intervallen mahlen.

Frische Zutaten wie Ingwer und Knoblauch sowie größere Gewürze, etwa Chillies, kann man einfach im Mörser zerreiben. Die traditionellen indischen oder orientalischen Mörser haben Vertiefungen oder Rillen und eignen sich daher auch gut zur Herstellung von verschiedenen Pasten.

Gewürzpasten kann man auch in einer Küchenmaschine mit Metallmesser zubereiten. Die Zutaten werden je nach Bedarf zu einer groben oder feinen Paste püriert. Zerkleinert man sie vor dem Pürieren, erhält man eine feinere Paste. Trockene Zutaten lassen sich leichter pürieren, wenn man etwas Öl dazugießt.

Chillies Vorbereiten

Bei empfindlicher Haut oder großen Mengen Chillies Gummihandschuhe tragen. Die Hände dürfen nicht mit Augen oder Mund in Berührung kommen. Hände und Küchengeräte nachher gründlich waschen. Die Samen lassen sich vor dem Zerkleinern der Chillies leichter entfernen: Die Schoten halbieren und die Samen mit der Messerspitze herauskratzen.

Gewürze reiben

Frische Rhizome wie Meerrettich werden vor Gebrauch gerieben. Das ist einfacher, als sie mit dem Messer zu zerkleinern.

Ingwer oder Meerrettich schälen und auf einer feinen Rohkostraspel aus rostfreiem Stahl reiben.

Muskatnüsse auf einer speziellen Muskatreibe oder einer sehr feinen Rohkostraspel reiben.

Gewürze zerstoßen oder zerdrücken

Manche Gewürze, etwa Kardamom, Wacholder und Ingwer, werden leicht zerdrückt oder zerstoßen, damit sie ihr Aroma entfalten oder, wie bei Kardamom, die Samen freigeben. Knoblauch wird häufiger zerdrückt als gehackt.

Wacholderbeeren und Kardamomkapseln lassen sich im Mörser gut zerstoßen. (Man kann sie aber auch in einem Plastikbeutel mit dem Nudelholz zerdrücken.)

Frischer Ingwer, Galgant oder Zitronengras werden für Speisen mit zartem Aroma im Ganzen mitgegart und vor dem Servieren entfernt. Mit der Breitseite eines großen Messers oder einem großen Stößel kann man sie auf einem Schneidbrett jedoch auch flach klopfen, um die Fasern aufzubrechen.

Um Knoblauchzehen auf einfache Weise zu zerdrücken, schneidet man das flache Ende ab und gibt die Zehen ungeschält mit der Schnittseite nach unten in eine Knoblauchpresse. Anschließend lässt sich die Haut leicht entfernen und die Presse gut reinigen.

Gewürze zerkleinern und hacken

Einige frische Gewürze wie Ingwer, Knoblauch oder Zitronenblätter schneidet man für ein besonders intensives Aroma in feine Stücke. Fein geschnittene Blätter von Gemüse oder Gewürzkräutern bezeichnet man als Chiffonade.

Zitronenblätter werden häufig zu Chiffonade zerkleinert. Dafür mehrere Blätter auf einem Schneidbrett übereinander legen und mit einem scharfen Messer in schmale Streifen schneiden.

Ingwer wird gehackt, indem man die geschälten Stücke in dünne Scheiben und dann in lange Streifen schneidet. Jeweils ein paar Streifen festhalten und fein hacken.

Gewürze einweichen

Vor der Verwendung werden einige Gewürze eingeweicht. Dabei entwickelt Safran ein wunderbares Aroma und setzt eine intensive gelbe Farbe frei. Tamarindenmark weicht man ein, um einen säuerlichen Saft zu erhalten, den man wie Zitronensaft oder Essig als Säuerungsmittel verwendet.

Für Safranfäden etwas Milch, Wasser oder Flüssigkeit aus dem jeweiligen Rezept erhitzen. Safran etwa 5 Minuten einweichen lassen. Die Flüssigkeit nicht abgießen, sondern zusammen mit den Fäden verwenden.

Zum Einweichen von Tamarindenmark ein kleines Stück davon in eine Schüssel mit 4 EL warmem Wasser geben und 10 Minuten stehen lassen.

Das Mark mit den Fingern von den Samen lösen und alles durch ein feinmaschiges Kunststoffsieb abgießen. Mark und Samen wegwerfen.

Trassi vorbereiten

Trassi, auch Blachan oder Gapi genannt, ist kein Gewürz, sondern eine kräftig riechende, feste Paste aus fermentierten Garnelen, die in Südostasien verwendet wird. Man bekommt sie in asiatischen Spezialitätengeschäften. Bei manchen Gerichten wird sie gleich mitgebraten, meist aber vorher leicht gegart. Die Paste röstet man portionsweise auf einem metallenen Fleischspieß über einer schwachen Gasflamme oder erhitzt sie unter dem Grill in einem elektrischen Herd, bis sich eine dünne Kruste bildet. Damit sie beim Garen nicht zu stark riecht, wickelt man die Paste auch in Alufolie und röstet sie unter häufigem Wenden bei schwacher Hitze 3–4 Minuten ohne Fett in einer Pfanne.

Nützliche Küchengeräte für die Vorbereitung

Gewürze werden oft gemahlen, zerdrückt, zerstoßen oder püriert, um Pulver und Pasten herzustellen. Dabei handelt es sich zwar um einfache Handgriffe, doch einige nützliche Küchengeräte können die Arbeit sehr erleichtern.

Muskatreiben gibt es in verschiedenen Formen und Größen, im Bild links sogar mit einem Aufbewahrungsfach. Sie haben sehr kleine, raue Löcher, um die Muskatnüsse sehr fein zu reiben.

Glatte Porzellanmörser bekommt man in verschiedenen Größen. Mit ihnen lassen sich kleine Mengen trockener Gewürze sehr gut zerreiben.

Traditionelle indische oder orientalische Mörser aus Granit oder Stein sind meist groß und haben Vertiefungen oder Rillen. Man kann mit ihnen besonders gut frische Gewürze wie Ingwer, Galgant oder Zitronengras zerdrücken, denn durch die rauhe Oberfläche können diese nicht so wegrutschen.

Noch größere, flache Mörser eignen sich vor allem zur Herstellung von Gewürzpasten mit vielen frischen Gewürzen, Kräutern, Zwiebeln und Knoblauch.

Mit der Knoblauchpresse lassen sich Knoblauchzehen schnell und einfach zerdrücken.

In einer elektrischen Kaffeemühle kann man trockene Gewürze hervorragend mahlen. Wenn Sie häufig mit Gewürzen kochen, lohnt sich eine zweite Kaffeemühle.

Eine Küchenmaschine benötigt man für größere Mengen von Gewürzpasten und Pürees.

Bei Muskatmühlen wird die Muskatnuss über einem Messer gedreht. Die verschiedenen Modelle mahlen aber nicht gleich gut.

Mit dieser kleinen, durchsichtigen Mühle kann man Zimt- und Kassiarinde mahlen.

Traditionelle japanische Ingwerreiben aus Holz erleichtern das Reiben dieses Gewürzes und lassen sich leicht säubern. Eine Rohkostraspel aus rostfreiem Stahl eignet sich aber ebenso gut: die feinste Raspel wählen und den Ingwer über einem Teller reiben, um den Saft aufzufangen.

Gewürze aufbewahren

Nur selten werden Gewürze richtig aufbewahrt. Getrocknete Gewürze stehen meist in durchsichtigen Gläschen im Küchenregal, und auch frische Gewürze, etwa Ingwer oder Zitronengras, findet man ebenfalls oft im Küchenregal oder Gemüsekorb, manchmal an einem hellen, sogar sonnigen Platz. Hier ein paar Vorschläge, wie man das Aroma von Gewürzen am besten erhält.

Lichtundurchlässige Behälter aus Porzellan oder Metall müssen nicht an einem dunklen Ort stehen. Doch sollte man sie kühl lagern und vor heißen Küchendämpfen schützen.

Frische Gewürze

Frische Gewürze, die nicht sofort verwendet werden, sollten Sie lieber im Kühlschrank als bei Raumtemperatur aufbewahren. Zitronengras, Zitronenblätter und Curryblätter wickelt man am besten in etwas Küchenpapier und bewahrt sie im Gemüsefach des Kühlschranks bis zu 2 Wochen auf. Frischer Galgant, Ingwer und Chillies halten sich in einem fest verschlossenen Behälter im Kühlschrank bis zu 3 Wochen. Sollen frische Gewürze noch länger aufbewahrt werden, kann man sie zu einer Paste verarbeiten und in kleinen, fest verschlossenen Behältern bis zu 6 Monate einfrieren.

Getrocknete Gewürze

Ob gemahlen oder ganz, getrocknete Gewürze sollte man in luftdichten Behältern an einem kühlen, dunklen Ort aufbewahren, denn Hitze und Feuchtigkeit mindern die Qualität. Richtig gelagert halten sich ganze Gewürze mindestens 6 Monate. Die meisten gemahlenen Gewürze verlieren dagegen nach 5 oder 6 Monaten Farbe und Aroma. Wenn Sie sich nicht sicher sind, wie lange manche Gewürze bereits aufbewahrt wurden, riechen Sie daran: Bei muffigem Geruch oder schwachem Aroma ist auch die Würzkraft beeinträchtigt. Am besten beschriftet man Gewürzgläser mit dem Datum des Kaufs.

Andere Gewürze

Gewürzpasten wie Ingwer- und Knoblauchpaste halten sich in ungeöffneten Flaschen und Tuben bis zum Verfallsdatum. Nach dem Öffnen sollte man sie aber im Kühlschrank aufbewahren und innerhalb von 6 Wochen verbrauchen. Senfpulver und tafelfertigen Senf kann man auch im geöffneten Glas bis zu 1 Jahr aufbewahren, getrocknete Tamarinde und Vanilleschoten kühl und dunkel bis zu 2 Jahre.

In diesem Behälter aus rostfreiem Stahl lassen sich getrocknete Gewürze hervorragend aufbewahren. Die Schälchen werden mit einem Deckel verschlossen, ein zweiter schützt die Gewürze vor Licht und Feuchtigkeit.

Kleine Gläschen mit luftdichtem Verschluss oder Schraubdeckel eignen sich ebenfalls sehr gut zur Aufbewahrung getrockneter Gewürze. Aber sie gehören in einen kühlen, dunklen Vorratsschrank und nicht ins Küchenregal.

Gewürze im Überblick

Knoblauch

BOTANISCHER NAME: *Allium sativum* • FAMILIE: *Liliaceae*

E. *garlic;* Frz. *ail;* Sp. *ajo;* It. *aglio*

Knoblauch begegnet uns in der Mythologie, Religion und Alltagskultur vieler Länder. Nach einer arabischen Legende wuchs aus einem der Fußabdrücke des Teufels, als dieser den Garten Eden verließ, Knoblauch und aus dem anderen die Zwiebel. Auch in der Bibel findet die Pflanze häufig Erwähnung. Jene Arbeiter, die die Pyramiden erbauten, bekamen Knoblauch zu essen, und man fand ihn im Grab des Pharaos Tutanchamun. Römische Sklaven kauten Knoblauch, ebenso die Soldaten vor Schlachten, wenn sie Mann gegen Mann kämpfen mussten: Kein Wunder, dass sie so erfolgreich waren. In der chinesischen Mythologie galt Knoblauch als Schutz vor dem bösen Blick, dem Symbol für Unglück und Missgeschick. Um nicht nach Knoblauch zu riechen, schlug der berühmte Kräutersammler Culpeper vor, Kreuzkümmel oder grüne Bohnen zu kauen; modernere Ratschläge reichen vom Genuss einiger Gläser Rotwein bis zu harmloseren Tipps, etwa frische Petersilie, Minze, Thymian oder Sellerieblätter zu essen.

Anbau und Ernte

Knoblauch, eine Staude aus der Familie der Liliengewächse, wird wie der Lauch etwa 60 cm hoch. Beheimatet ist er vermutlich in Südwestasien. Die Knolle oder Zwiebel besteht meist aus zwölf, manchmal auch aus bis zu 20 Zehen. Ernten kann man die Knollen nach vier bis sechs Monaten; sie werden in der Sonne getrocknet und anschließend gebündelt oder zu Zöpfen zusammengeflochten. Anbauländer u.a. sind Spanien, Frankreich, Ägypten, Bulgarien, Ungarn, USA, Mexiko und Brasilien.

Violetter Knoblauch

Es gibt viele verschiedene Sorten, von denen die weißen mit papierartiger Schale am verbreitetsten sind. Rosa oder violett gefärbter Knoblauch hat eine weichere Schale und herrlich fleischige, pralle Zehen. Eine besonders große Sorte stammt aus Kalifornien, während man in Südostasien zum Beispiel eine Zwergform mit nur vier bis sechs Zehen je Knolle anbaut.

Manche Gärtner pflanzen Knoblauch unter Rosen. Sie glauben, dass die Blüten der Rosen dadurch stärker duften und der Knoblauch diese vor Sternrußtau und Läusen schützt.

Knoblauchpaste

Aroma

Knoblauch ist aus vielen Landesküchen nicht wegzudenken. Ganze Zehen haben einen milden Duft, und auch in Scheiben geschnitten sind sie nur eine Spur schärfer. Gehackt oder zerdrückt hat er jedoch ein sehr starkes Aroma mit intensivem Nachgeschmack. Dieser scharfe Geschmack mag verwundern bei solch kleinen Zehen. Beim Braten darf Knoblauch nicht braun werden, denn sonst schmeckt er bitter.

Vorbereitungstipp

Es gibt verschiedene Methoden, Knoblauch zu zerdrücken. Hier sind drei Vorschläge.

Das flache Ende der Zehe abschneiden. In einem Mörser mit dem Stößel auf die Zehe drücken, bis die Haut aufplatzt, und diese wegwerfen. Die Zehe mit etwas Salz zerreiben, um den austretenden Saft aufzunehmen. Das Salz sorgt außerdem dafür, dass der Knoblauch nicht aus dem Mörser rutscht.

Auf dem Schneidbrett mit der Breitseite eines Messers kräftig auf die ungeschälte Zehe drücken, damit die Haut aufplatzt. Die Haut entfernen. Nochmals auf die Zehe drücken, dann diese mit etwas Salz fein hacken. Geräte mit heißem Seifenwasser reinigen, um den Geruch zu beseitigen.

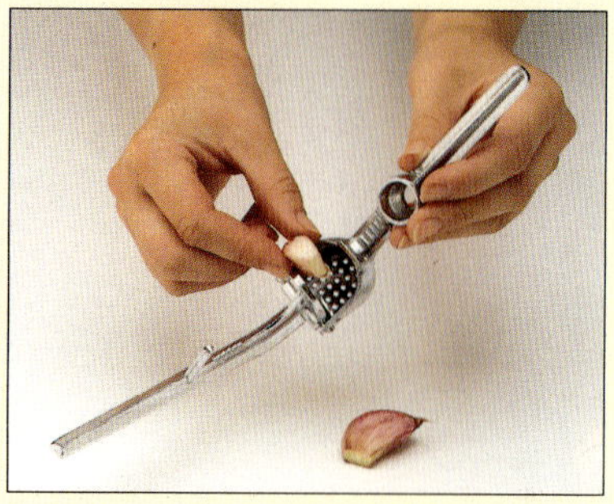

Wenn Sie eine Knoblauchpresse haben, genügt es, das flache Ende der Zehe abzuschneiden. Die Zehe mit der Schnittseite nach unten in die Presse geben.

Den Knoblauch in eine kleine Schüssel oder direkt in den Kochtopf drücken. Die Haut lässt sich in einem Stück entfernen, was die Reinigung der Presse erleichtert.

Knoblauchpulver

Knoblauchsalz

Gerösteter Knoblauch

Grob zerkleinerter Knoblauch

Knoblauchflocken

Fein gehackter Knoblauch

Weißer Knoblauch

Verwendung in der Küche

Knoblauch ist für viele internationale Gerichte unerlässliche Zutat. Zusammen mit Ingwer und Zwiebel gehört er zu den wichtigsten Würzmitteln der orientalischen und asiatischen Küchen.

Auch in Europa wird Knoblauch häufig verwendet – ob geröstete, ganze Zehen (bis zu 40), in Stifte geschnitten, um Fleisch damit zu spicken, oder gegart in Saucen und Schmorgerichten. Man würzt damit auch Butter, Salatdressings und Saucen zu Nudeln, Fisch, Geflügel, Fleisch, Wild und Gemüse.

Knoblauchbutter ist die klassische Beigabe zu Schnecken, Schalentieren oder Fischfilets. Als Alternative kann man französisches Weißbrot damit bestreichen und in der Folie backen.

Rohen Knoblauch gibt man zu Salatdressings und Saucen, z.B. Aïoli und Rouille. Für einen sehr feinen Knoblauchgeschmack reibt man eine Salatschüssel mit einer halbierten Zehe aus.

Knoblauch bekommt man auch als Paste, getrocknete Flocken und Knoblauchsalz, doch frisch ist er am besten.

Medizinische und andere Verwendungen

Knoblauch hat eine belebende Wirkung, und man sagt ihm verschiedene Heilwirkungen nach. So wirkt er blutreinigend und senkt den Blutdruck, was viele Menschen dazu veranlasst, täglich eine Knoblauchpille einzunehmen. Er soll bei Verdauungsstörungen und Blähungen helfen, den Cholesterinspiegel senken und ist bei der Behandlung von Diabetes von Nutzen. Knoblauchsaft wird in Hustenmitteln verwendet und lindert Asthmabeschwerden. Als altes Hausmittel gegen Keuchhusten steckte man dem Patienten früher eine Knoblauchzehe in den Schuh.

Aufbewahrung

Knoblauchzehen sollten gleichmäßig weißlich gefärbt und makellos sein. Kaufen Sie feste Knollen. Bewahren Sie sie kühl, trocken und nicht zu hell auf.

Dill

BOTANISCHER NAME: *Anethum graveolens* • FAMILIE: *Umbelliferae*

ANDERE NAMEN: *Gartendill, Gurkenkraut*
E. *dill;* Frz. *aneth;* Sp. *eneldo;* It. *aneto*

Der Name soll von dem alten norwegischen Wort „dilla" stammen, das „beruhigen" bedeutet und sich auf die Wirkung bezieht, die ein Dillaufguss auf schreiende Babys hat. Zu Zeiten der Griechen und Römer wurde Dill häufig verwendet; im Mittelalter sprach man ihm Zauberkräfte zu – er diente zur Hexerei, für Liebestränke sowie als Aphrodisiakum.

Frischer Dill

Anbau und Ernte

Heimisch ist der Dill in Südeuropa und Westasien; in Spanien, Portugal und Italien wächst er wild. Er gedeiht in den wärmeren Regionen der nördlichen Hemisphäre und wird vor allem in den skandinavischen Küchen verwendet. Inzwischen baut man ihn in Indien sowie in Nord- und Südamerika kommerziell an, um aus einem Großteil der Dillsamen Öl zu gewinnen. Die einjährige Pflanze gehört zur Familie der Doldengewächse, wird etwa 1,20 m hoch, hat gefiederte, farnartige Blätter und gelbe Blüten. Die ovalen Samen sind auf einer Seite gewölbt mit drei Rillen, auf der anderen flach mit zwei Rillen.

Aroma

Dill hat einen süß-aromatischen Duft und einen leicht bitteren, aber keineswegs unangenehmen Geschmack, der an Kümmel erinnert. Kaufen Sie am besten ganze Samen, die man lichtgeschützt lange aufbewahren kann. Indischer oder japanischer Dill ist feiner und heller als der europäische.

Verwendung in der Küche

Dillsamen gehören unbedingt zu eingelegten Gurken. Zerstoßen passen sie zu fast allen Fischgerichten: Geben Sie etwas davon in eine Sahnesauce zu Fischpastete oder 1 TL klein geschnittenem Schnittlauch in einem cremigen Joghurt zu gegrilltem Lachs oder Kabeljaufilet. Dill schmeckt außerdem gut zu Eiergerichten. Dillessig oder zerstoßene Samen gibt man an ein Dressing für gemischten Meeresfrüchtesalat, Kohl- oder Kartoffelsalat und fügt ein paar feine Dillblätter als Garnitur hinzu. Selbst gebackenes Brot kann man mit Dillsamen würzen und zu Gemüsesuppen reichen.

Medizinische und andere Verwendungen

Man kann nicht nur Babys damit beruhigen, er hilft auch bei Magenbeschwerden, Verdauungsproblemen, Schlaflosigkeit und Schluckauf. Die Griechen glaubten, dass Dill, in der linken Hand getragen, vor Epilepsie schützt.

Küchentipp

Graved Lachs (marinierter Lachs aus Skandinavien) gelingt auch gut mit zerstoßenen Dillsamen, wenn man einmal keine frischen Dillblätter bekommt.

Vorbereitungstipp

Dillessig kann man leicht selbst machen.

In ein Einmachglas 2 EL Dillsamen geben und mit Weißweinessig begießen. Das verschlossene Glas an einem kühlen, dunklen Ort 2–3 Wochen stehen lassen. Abgießen und für Salatdressings und Saucen verwenden.

Indische oder japanische Dillsamen

Dillsamen

Getrocknete Dillblätter

Selleriesamen

BOTANISCHER NAME: *Apium graveolens* • FAMILIE: *Umbelliferae*

E. *celery;* Frz. *céleri;* Sp. *apio;* It. *sedano*

KÜCHENTIPP

Kaufen Sie immer nur ganze Selleriesamen, die Sie erst kurz vor dem Gebrauch mahlen oder zerstoßen. Ein gutes Mittel gegen „Kater" ist ein Glas Tomatensaft, gekühlt mit zerstoßenem Eis und mit Selleriesamen bestreut.

Unsere Kulturform des Selleries wurde im 17. Jahrhundert von italienischen Gärtnern aus dem wilden Sellerie gezüchtet, der aus den salzreichen Sumpfgebieten Europas stammt. Selleriesamen sind klein, graubraun gefärbt und haben feine Rillen.

Selleriestangen

Gemahlene Selleriesamen

Selleriesamen

Sellerieblätter

ANBAU UND ERNTE

Stangensellerie ist eine zweijährige Krautpflanze, die mit Möhre, Petersilie und Kümmel verwandt ist. Im zweiten Jahr treibt sie eine Blütendolde, aus der sich unzählige Samen entwickeln. Wie beim Kümmel bestehen die Früchte aus zwei verbundenen Einzelsamen.

AROMA

Selleriesamen sollte man sparsam verwenden, da sie einen relativ kräftigen, manchmal eher bitteren Geschmack haben. Ihr ausgeprägtes Selleriearoma ist unverwechselbar.

VERWENDUNG IN DER KÜCHE

Mit ganzen Selleriesamen kann man Brotteig oder Käsecracker würzen, die gleichermaßen zu Suppe und würzigen Speisen passen. Man streut auch einige Samen über leicht gegarte Möhren, gegrillte Tomaten oder Salate, und sie sind eine pikante Würze für Eier- oder Fischgerichte. Für Selleriesalz oder Selleriepfeffer werden die Samen mit Salz oder Pfefferkörnern im gewünschten Mengenverhältnis gemahlen. Diese sehr intensiven Würzmittel sollten vorsichtig verwendet werden. Frisch gemahlen sind sie am besten.

MEDIZINISCHE VERWENDUNGEN

Das ätherische Öl der Selleriesamen unterstützt die medizinische Behandlung von Blähungen und Atemerkrankungen wie Asthma und Bronchitis.

Meerrettich

BOTANISCHER NAME: *Armoracia rusticana, Syn. Cochlearia armoracia, Armoracia lapathifolia* • FAMILIE: *Cruciferae*

E. *horseradish;* Frz. *cranson de Bretagne, raifort;* Sp. *rábano picante;* It. *rafano*

Meerrettich wird in Europa seit dem Mittelalter in der Küche verwendet. Er soll eine der bitteren Gewürzpflanzen gewesen sein, die die Juden am Passahfest gegessen haben.

Getrockneter Meerrettich

Tafel-Meerrettich

Meerrettich-sahne

Frischer Meerrettich

Meerrettich-sauce

Anbau und Ernte

Meerrettich ist eine Staude und gehört zur Familie von Senf und auch Goldlack. Die Pflanze hat große, lange Blätter mit kräftigen hellen Adern. Am besten gedeiht sie in kühlem bis gemäßigtem Klima, vor allem in Nord- und Südosteuropa und Skandinavien. Die Meerrettichpflanze kann stark wuchern, und wenn man ihren Wuchs nicht kontrolliert, breitet sie sich aus wie Unkraut. Im Frühjahr werden die Wurzeln gepflanzt und im Herbst geerntet. Man kann sie wie Kartoffeln über Winter in Sand einlagern.

Aroma

Die raue, spitz zulaufende Meerrettichwurzel ähnelt der Petersilienwurzel mit ihrer geringelten Rinde und den winzigen Seitenwurzeln. Ihr intensiver Duft und das feurige Aroma übertreffen sogar den Senf. Sie schmeckt sehr kräftig und äußerst scharf.

Verwendung in der Küche

Meerrettich regt die Verdauung an und passt hervorragend zu gehaltvollen, eher fetten Speisen. Sein Vitamin-C-Gehalt ist höher als bei Zitronen oder Orangen. Wenn Sie frischen Meerrettich verwenden, sollten Sie nur so viel schälen und reiben, wie Sie benötigen: Geriebener Meerrettich verliert schnell seine Schärfe. Cremige Meerrettichsauce ist je nach Konzentration schärfer oder milder. Meerrettichsahne ist milder und kann wie die Sauce verwendet werden: Man reicht beide zu Rind, Steak und Wild oder zu einem Fisch mit intensivem Geschmack, etwa zu Makrele, Thunfisch oder geräucherter Forelle.

Aufbewahrung

Vor der Lagerung die trockene Meerrettichwurzel mit einer Bürste reinigen. In eine Papiertüte (kein Plastik) wickeln und in das Gemüsefach im Kühlschrank legen. Man kann sie auch einfrieren.

Wasabi-Pulver

Wasabi-Paste

Wasabi

Wasabi ist der japanische Meerrettich; die botanische Bezeichnung lautet Eutrema wasabi. Kultiviert wird diese Wurzel an schnell fließenden Gebirgsbächen. Unter der Rinde sitzt delikates, apfelgrünes Fleisch, das gerieben oder getrocknet und zu Pulver verarbeitet wird. Mit etwas Sojasauce oder Wasser bereitet man daraus eine Paste.

Annatto

BOTANISCHER NAME: *Bixa orellana* • FAMILIE: *Bixaceae*

ANDERE NAMEN: *Achote, Anatto, Bixin, Orlean;* E. *annatto;* Frz. *roucou, rocou;* Sp. *achiote achote;* It. *anotto;* Nl. *rocou*

Annattosamen

Der Annattostrauch ist auf den Karibischen Inseln und in den Tropen Amerikas heimisch. Er hat herzförmige, glänzende Blätter und auffällige rosa Blüten, die an Rosen erinnern und ihn zu einer bevorzugten Heckenpflanze in den Gärten der früheren Kolonisten machten. Seine herzförmigen Fruchtschoten ähneln den Samenkapseln der Buche und sind stachlig behaart – ein guter Schutz gegen hungrige Tiere. Die reifen Schoten platzen in der Mitte auf und geben im Fruchtfleisch etwa 50 Samen frei. Den Farbstoff der Samen, oft als „die Farbe des Feuers" beschrieben, verwendeten die Maya in Mittelamerika zur Kriegsbemalung.

Aroma

Wählen Sie ziegelrote, dreieckige Samen. Diese enthalten einen intensiven Farbstoff und haben ein pfeffriges Aroma mit zartem Muskatgeschmack.

Verwendung in der Küche

Für kulinarische Zwecke wäscht und trocknet man die Samen ohne das Fruchtfleisch. Aus den Hülsen wird eine orangefarbene Speisefarbe gewonnen, mit der Käse wie Edamer, Munster, Red Leicester und Red Cheshire gefärbt werden. Ein Gericht aus Jamaika mit Klippfisch und Akipflaumen serviert man in einer mit Annatto gefärbten Sauce. Die Spanier brachten das Gewürz auf die Philippinen, wo es häufige Würzzutat ist.

Küchentipp

Die Samen so lange in heißem Wasser einweichen, bis die Farbe die gewünschte Intensität hat. Als Ersatz für Safran gießt man das Einweichwasser an Reisgerichte. Das herrliche Safranaroma kann man jedoch nicht ersetzen.

Red Leicester

Vorbereitungstipp

Brät man Annattosamen etwas in Öl, bekommt es eine schöne Färbung. Doch halten Sie einen Deckel bereit: Die Samen springen leicht aus der Pfanne.

In einer schweren Pfanne etwas Öl erhitzen. Die Samen einige Minuten braten, dabei die Pfanne schwenken.

Das Öl abkühlen lassen und filtern. Es bleibt sehr lange haltbar.

Medizinische und andere Verwendungen

Annatto wurde früher oft als Heilmittel verwendet, in Afrika behandelt man damit Fieber und Ruhr. Hauptsächlich dient es heute jedoch als Färbemittel. Das Fruchtfleisch liefert einen tiefroten Farbstoff, der in der Textilindustrie genutzt wird. Die reifen Samen weicht man in Wasser ein und die ausgetretene Farbe wird in kleinen Blöcken getrocknet. Das Naturprodukt Annatto ist außerdem ein Farbstoff für Kosmetikartikel und Lebensmittel. In Indien benutzt man es, um Insekten zu vertreiben.

Senf

BOTANISCHER NAME: *Sinapsis alba, Brassica juncea (Syn. Sinapsis juncea), B. nigra* • FAMILIE: *Cruciferae (Brassicaceae)*

WEISSER ODER ENGLISCHER SENF

E. *white or yellow mustard;* Frz. *moutarde blanche;* Sp. *mostaza silvestre;* It. *senape bianca, mostarda*

BRAUNER ODER SCHWARZER SENF

E. *black or brown mustard;* Frz. *moutarde noire;* Sp. *mostaza negra;* It. *senapa nera*

SAREPTA- ODER INDISCHER SENF

E. *Indian mustard;* Frz. *moutarde de Chine;* Sp. *mostaza India;* It. *senape Indiana*

Senfpulver

Seit frühester Zeit hat Senf in der Geschichte wie in der Literatur eine Rolle gespielt. Pythagoras schlug zur Behandlung von Skorpionstichen eine Senfpaste vor, und Hippokrates, der Vater der Heilkunst, empfahl Senf zur inneren und äußeren Anwendung. Darius III. von Persien soll Alexander dem Großen einen Sack mit Sesamsamen gesandt haben, um die Zahl seiner Soldaten zu demonstrieren. Alexander antwortete darauf mit Senfkörnern, die nicht nur die Größe seiner Armee, sondern auch seine Stärke repräsentierten.

Senf wird häufig in der Bibel erwähnt. Im Neuen Testament heißt es etwa: „Ein anderes Gleichnis legte er ihnen vor und sprach: Das Himmelreich gleicht einem Senfkorn, das ein Mensch nahm und auf seinen Acker säte; das ist das kleinste unter allen Samenkörnern; wenn es aber gewachsen ist, so ist es größer als alle Kräuter und wird ein Baum, so dass die Vögel unter dem Himmel kommen und wohnen in seinen Zweigen." (Matthäus 13,31.32)

Im Mittelalter brachten die Araber den Senf nach Spanien, und bald wurde er in ganz Europa bekannt. Vor allem die französische Senfindustrie ist von großer Bedeutung: Städte wie Dijon, Meaux und Bordeaux bringt man immer wieder mit der Senfherstellung in Verbindung – Dijon gilt sogar als Zentrum der weltweiten Senfproduktion.

Die Bezeichnung Mostrich stammt vom lateinischen *mustum,* dem Wort für Traubensaft, mit dem die gemahlenen Senfkörner zu einer Paste verrührt wurden. Diese war als *mustum ardens* bekannt, was brennender Most bedeutet. Es gibt drei Typen von Senfkörnern: weiße *(Sinapsis alba),* schwarze oder braune *(Brassica nigra)* und Sarepta-Senfkörner *(Brassica juncea).* Sie alle gehören zur Kreuzblütlerfamilie.

Englischer Senf

Anbau und Ernte

Weißer Senf ist eigentlich hellgelb gefärbt und etwas größer als die beiden anderen Typen. Vor der Verwendung wird die helle äußere Schale der Körner entfernt. Weißen Senf zieht man zusammen mit Kresse, manchmal wird er auch durch Rapssamen ersetzt. Beheimatet ist Sinapsis alba im Mittelmeerraum, inzwischen wächst er aber in ganz Europa und Nordamerika: eine behaarte, einjährige Pflanze von fast 60 cm Höhe. Aus den leuchtend gelben Blüten entwickeln sich horizontal wachsende Samenschoten mit jeweils etwa sechs Samen.

Schwarzer Senf *(Brassica nigra)* hat seine Beliebtheit zugunsten des Sarepta-Senfs eingebüßt, und zwar aus gutem Grund: Die Pflanzen mit schwarzen Senfkörnern werden groß und lassen die reifen Samenkörner meistens zu Boden fallen, was eine maschinelle Ernte natürlich erschwert. Darum zieht man die Pflanzen nur noch dort, wo man die Körner von Hand erntet. Die Pflanzen werden über 90 cm hoch; ihre leuchtend gelben Blüten sind kleiner als bei weißem Senf und dicht am mittleren Stengel sitzen die aufrechten Schoten mit jeweils zwölf Samen.

Sarepta-Senf *(Brassica juncea)* hat den schwarzen Senf weitgehend verdrängt, obwohl schwarze Senfkörner eine intensivere Schärfe haben. Die Färbung von Sarepta-Senfkörnern variiert zwischen hellem und dunklerem Braun. Heimisch ist die Pflanze in Indien, wo sie überall angebaut wird. Sie besitzt hellgelbe Blüten und größere Samenschoten als die anderen Senfpflanzen.

Sarepta-Senfkörner

Weiße Senfkörner

Schwarze Senfkörner

Zerstoßene gelbe Senfkörner

Gelbe Senfkörner

Senföl

Aroma

Senfsamen sind meist geruchlos. Die brennende Schärfe des Senfs entwickelt sich nur, wenn die Körner zerstoßen und mit Wasser vermischt werden. Beim Zerstoßen und durch Zugabe der Feuchtigkeit oder beim Vermischen von Senfpulver mit Wasser wird ein Enzym in den Samen aktiviert: Es verbindet sich mit anderen natürlichen Inhaltsstoffen zu dem ätherischen Öl mit charakteristischem Senfgeschmack. Weiße Senfkörner sind anfänglich süß und haben ein mildes Aroma. Sarepta-Senfkörner schmecken, wegen der äußeren Schale, zuerst bitter, dann entwickelt sich die beißende Schärfe. Dies gilt auch für schwarze Körner: Sie sind beißend scharf.

Vorbereitungstipp

Zur Herstellung das Senfpulver 10 Minuten vor dem Gebrauch anrühren, damit sich sein scharfes Aroma entfalten kann. Nach ein paar Stunden verliert der Senf wieder an Schärfe, darum bereitet man ihn nach Bedarf frisch zu. Für einen feurig-scharfen Senf das Pulver mit kalter Flüssigkeit vermischen, niemals mit kochend heißem Wasser oder Essig, da so die Enzyme zerstört werden, die der Würze den scharfen Geschmack geben. Der Senf wird mild und bitter. Senfpulver gibt man erst zum Schluss an heiße Speisen wie Saucen oder Eintöpfe: bei schwacher Hitze einrühren, um die Schärfe zu erhalten.

Das Senfpulver mit warmem Wasser, Milch oder Bier vermischen.

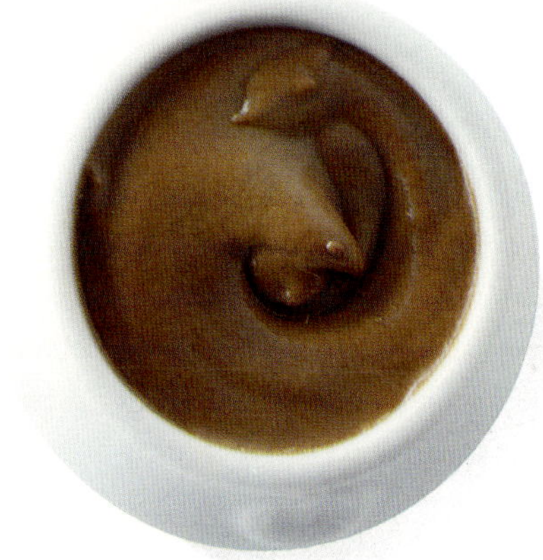

Bordeaux-Senf

Dijon-Senf

Verwendung in der Küche

Senf ist eine unverzichtbare Würzzutat, ob in Form von ganzen oder gemahlenen Körnern, Senfpulver, vorbereiteten Pasten oder Öl. Die weißen Senfkörner gebraucht man zum Einlegen, Sarepta-Senf wird in ganz Indien für Currypulver und gewürztes Ghee *(Baghar* oder *Tadka)* verwendet. In Indien brät man die Samenkörner auch in heißem Öl, bis sie aufplatzen und grau werden, und mischt sie dann unter die verschiedensten Gemüse- oder Dal-Gerichte. Beim Braten der Körner sollte man immer einen Deckel bereithalten, denn sie springen leicht aus der Pfanne. Senföl gehört in viele indische Speisen, man bekommt es in asiatischen Spezialitäten-Geschäften. Tafelfertigen Senf gibt man an Salatdressings, und in Mayonnaise hilft er, Eigelb und Öl zu binden. Außerdem verfeinert man damit Käsesaucen sowie Saucen zu Kohl, Blumenkohl, Topinamburs oder Lauch.

Medizinische Verwendungen

Ein Fußbad oder Bad mit einigen Löffeln Senfpulver soll Muskelschmerzen lindern. Senf hat eine stimulierende Wirkung und wird bei Atembeschwerden und Rheuma eingesetzt, darüber hinaus regt es die Nierentätigkeit an. Früher wurde Senf als Abführ- und Brechmittel genommen. Zum Gurgeln bei Halsentzündung und Bronchitis gibt man Senfkörner in heißes Wasser.

Tafelsenf: Internationale Spezialitäten

Englischer Senf: Ein scharfer Senf aus gelben Körnern, der mit Weizenmehl, für die dicke Konsistenz, und Kurkuma, für die gelbe Färbung, vermischt wird.

Amerikanischer Senf: Diese obligatorische Beigabe zu Hotdogs bereitet man aus milden weißen Senfkörnern, Essig, Zucker, Gewürzen und Kurkuma. Ein milder, leicht süßer Senf.

Estragon-Senf

Provenzalischer Senf

Küchentipp

Damit sich das Aroma von Senfkörnern richtig entfaltet, etwas Ghee oder Öl in einer großen Pfanne erhitzen. Die Körner hineingeben und gelegentlich umrühren, bis sie sich verfärben.

Einen Deckel bereithalten, damit die Körner nicht aus der Pfanne springen.

Deutscher Senf: Der glatte, dunkle Senf aus schwarzen Senfkörnern und Essig hat einen süß-sauren, leicht scharfen Geschmack und wird gern zu den verschiedensten Würstchen gegessen. Es gibt auch extrascharfen Senf.

Dijon-Senf: Traditionell wurde Dijon-Senf nur aus schwarzen Körnern bereitet, doch inzwischen stellt man ihn aus Sarepta-Senf her. Da die Schalen der Körner entfernt werden, hat Dijon-Senf eine hellgelbe Färbung. Er wird mit Wein oder Verjus (ausgepresstem Saft unreifer Weintrauben), Salz und Gewürzen vermischt. Diesen klassischen französischen Senf isst man zu Steak und Grillfleisch. Er ist glatt und hat ein salzig-scharfes, intensives Aroma.

Bordeaux-Senf: Er ist dunkler als Dijon-Senf und wird auch oft französischer Senf genannt. Man bereitet ihn aus einer Mischung von schwarzen und

Roter Trauben-Senf

Senf mit Honig

Senf nach alter Art

Sarepta-Senfkörnern mit Schalen, was seine dunklere Farbe erklärt, und vermischt ihn mit Essig, Zucker, Estragon sowie anderen Kräutern und Gewürzen. Sie verleihen ihm ein mildes, süß-saures Aroma, das am besten zu kaltem Fleisch und Würstchen passt.

Meaux-Senf: Für diesen Senf werden schwarze Senfkörner zum Teil gemahlen und zum Teil nur zerstoßen, um ihm die typische körnige Konsistenz zu geben. Durch die Zugabe von Essig und Gewürzen bekommt er einen mittel- bis sehr scharfen Geschmack. Meaux-Senf passt zu kaltem Fleisch, Fleischpastete und Würstchen und wird oft in Steinguttöpfen mit Korkdeckel angeboten.

Weitere Spezialitäten: Es gibt viele unterschiedliche Sorten, etwa französischen Maille-Senf, den eine 1747 gegründete Gesellschaft herstellt, und provenzalischen Senf mit Knoblauch und rotem Paprika. Beigaben für aromatisierten Senf sind zum Beispiel Estragon, Tomaten, Basilikum oder Honig; und ein ganz besonders feiner, glatter Senf wird sogar mit Champagner vermischt.

KÜCHENTIPP

Um Senfsprossen zu ziehen, etwa 2 EL Senfkörner in ein mit Musselin bedecktes Einmachglas geben. Die Körner ein- bis zweimal täglich vorsichtig befeuchten und abgießen, bis sie keimen.

Milder körniger Senf

Senfsprossen

Amerikanischer Senf

Deutscher Senf

Indischer Senf

Kapern

BOTANISCHER NAME: *Capparis spinosa*
FAMILIE: *Capparidaceae*

E. *caper;* Frz. *câpre, câpre capucine, fabagelle;*
Sp. *alcaparra, tápana, tápara;* It. *cappero*

Kapernfrüchte

Kapern sind die Blütenknospen eines niedrig wachsenden Strauchs mit runden, relativ dicken Blättern. Man erkennt ihn leicht an seinen schönen rosa, Heckenrosen ähnelnden Blüten mit langen, rotvioletten Staubgefäßen. Sie öffnen sich am Morgen und sind mittags bereits welk. Die Blütenknospen verwendet man seit biblischen Zeiten.

Samen der Kapuzinerkresse

Anbau und Ernte

Kapernsträucher wachsen überall im Mittelmeerraum mit seinem warmtrockenen Klima. Die Blütenknospen muss man von Hand ernten – eine aufwendige und kostspielige Arbeit. Jeden Morgen werden die Sträucher nach kleinen, festen Blütenknospen abgesucht, die genau das richtige Stadium für die Ernte haben. Die Kapern werden gewaschen und einen Tag in der Sonne getrocknet, ehe man sie in Gläsern in gesalzenem Weinessig, Salzlake, Olivenöl oder auch nur in Salz einlegt.

Aroma

Der Geschmack eingelegter Kapern erinnert an Ziegenkäse: Beim Zerkauen entwickeln sie ein sauer-salziges Aroma.

Verwendung in der Küche

Gehackte Kapern sind Bestandteil vieler klassischer Saucen, wie Remoulade oder Ravigote- und Tonnatosauce, die zum Gericht Vitallo tonnato, kaltes, geschmortes Kalbfleisch, gehört. In Großbritannien serviert man heiße Kapernsauce zu Lamm, doch passt sie auch zu Lachs, gebratenem oder gegrilltem Fisch: Zur Abrundung fügt man abgeriebene Zitronenschale hinzu.

Kapern werden auch für andere italienische Speisen verwendet, etwa als Würze in Antipasti misti und als Pizzabelag. Sie gehören außerdem in viele Fisch- und Gemüsegerichte aus Nord- und Osteuropa.

In Salz eingelegte Kapern

Aufbewahrung

Kapern sollten immer mit ihrem Einlegesud oder Salz bedeckt sein, sonst verlieren sie ihr Aroma.

Kapern in Salzlake

Blüten und Blätter der Kapuzinerkresse

Küchentipp

Als Ersatz kann man auch die Samen der Kapuzinerkresse, die ein schärferes, eher senfartiges Aroma haben, oder die größeren Kapernfrüchte verwenden.

Chillies

BOTANISCHER NAME: *Capsicum annuum oder frutescens*
FAMILIE: *Solanaceae*

ANDERE NAMEN: *Chilischote, Roter/Spanischer Pfeffer;* E. *chillies;* Frz. *piment, piment fort, piment rouge;* Sp. *chile;* It. *peperoncino*

Vogelaugen-Chillies

Chillies gehören weltweit zu den beliebtesten Gewürzen und haben im Lauf der Geschichte viele Landesküchen beeinflusst: in Lateinamerika, Asien, Afrika, der Karibik und einigen Regionen im Orient verwendet man sie in großen Mengen. Die Bezeichnung Chili soll von dem alten indianischen Wort „txile" stammen. Heimisch sind die Chillies in Mexiko. Spuren von Chilischoten aus präkolumbischer Zeit wurden in Begräbnisstätten in Peru gefunden. Christoph Kolumbus war auf der Suche nach Pfeffer („Piper nigrum"), doch fand stattdessen diese Früchte, die noch schärfer schmeckten. Er brachte seine Beute nach Europa, und von dort gelangten Chillies nach Afrika, Indien und in den Orient, wo sie ein wesentlicher Bestandteil der Landesküchen wurden. Ein Vorteil zu Zeiten der Seefahrt war die lange Haltbarkeit der Samen (zwei bis drei Jahre).

Kleine grüne Chillies

Caribe-Chillies

Die feurige Schärfe von Chillies ist nicht bei allen gleichermaßen beliebt. Doch haben Sie einmal das Stadium überwunden, in dem kleinste Mengen Ihnen den Atem rauben und Tränen in die Augen treiben, gibt es ein angenehmes Aroma zu entdecken, das sogar süchtig machen kann. Chillies sind reich an Vitamin C, regen den Appetit an und haben eine kühlende Wirkung, da sie, vor allem in heißem Klima, schweißtreibend sind. Um den brennenden Geschmack zu mildern, sollte man Joghurt oder Milch trinken, jedoch kein Wasser oder Bier.

Anbau und Ernte

Chillies gehören wie Kartoffel, Tomate und Aubergine zur Familie der Nachtschattengewächse. Die Anzahl verschiedener Chillies ist kaum überschaubar. Es gibt mindestens 150 Sorten, und eine unbekannte Schote behandelt man zu Recht mit Vorsicht: Sie könnte sehr scharf sein! Die strauchartige Pflanze wird etwa 60 cm hoch und hat weiße Blüten, aus denen sich Früchte von unterschiedlicher Größe und Form entwickeln. Einige Chilischoten sehen aus wie dicke Finger (etwa die Cayenne-Chilischote), andere sind winzig (wie die Vogelaugen-Chilischote, die sehr klein und äußerst scharf ist und oft in Thailand gebraucht wird), wieder andere haben trügerische Ähnlichkeit mit Gemüsepaprika (wie die Habanero-Chilischote, die am schärfsten ist). Die Pflanzen wachsen in Höhen, die vom Meeresspiegel bis zu 1800 m in den Tropen reichen. Ihre Schärfe bestimmen mehrere Faktoren: hohe Temperaturen in der Nacht, Trockenheit oder zu viel Wasser. Grüne Schoten sind unreife Früchte, während rote vier Wochen länger reifen dürfen; reife Chillies sind auch orangegelb, rotviolett, dunkelbraun oder schwarz.

Das bedeutendste Anbau- und Exportland von Chillies ist Indien, das einen Großteil für den Eigenverbrauch benötigt. Reisende in Rajasthan und dem Süden Indiens sind beeindruckt von den Chillies, die auf großen Äckern wie ein roter Teppich zum Trocknen ausgelegt werden.

Weitere wichtige Produzenten und Exportländer sind Thailand, Mexiko, Japan, die Türkei, Nigeria, Äthiopien, Uganda, Kenia und Tansania.

Die bekanntesten Chillies aus Mexiko, die man für feurige Salsas sowie Bohnen-, Fisch- und Geflügelgerichte verwendet, sind die frischen grünen Serrano-, Jalapeño- und Poblano-Chillies.

Aroma

Die typische Schärfe von Chillies wird durch das Alkaloid Capsaicin hervorgerufen. Untersuchungen haben ergeben, dass die Bestandteile von Capsaicin (*Capsaicinoide*) für verschiedene Geschmackswahrnehmungen verantwortlich sind: für kurze feurige Schärfe oder anhaltenden scharfen Geschmack. Die Schärfe soll nicht so sehr in den Samen, sondern in den weißen Scheidewänden der Frucht sitzen, denn sie enthalten das meiste Capsaicin. Man kann das scharfe Aroma der Chillies bei Bedarf also mildern, indem man Samen und Scheidewände entfernt.

Den Schärfegrad von Chillies misst man in Scoville: Gemüsepaprikas werden mit 0 und die schärfsten Habanero-Chillies mit 300 000 Scoville eingestuft. Zur Vereinfachung wurde eine Skala von 0 bis 10 eingeführt, bei der Habanero-Chillies einen Schärfegrad von 10 haben.

Verwendung in der Küche

Das Chiliaroma revolutionierte die Küchen tropischer Länder mit eher milden Grundnahrungsmitteln, wie Tapioka in Südamerika, West- und Ostafrika, Reis in Indien und Südostasien sowie Bohnen in Mexiko und den Südstaaten der USA. Für die mexikanischen Moles (traditionelle Saucen) oder Chili con carne verwendet man reichlich Chilischoten. Ebenso bestimmt das typische Aroma der Chillies Currys aus Thailand und Malaysia, indonesische Sambals und Satehs sowie viele Speisen aus Sichuan. Auch in Ländern, in denen Chillies in der Alltagsküche nicht so häufig gebraucht werden, verlässt man sich bei manch traditionellen Gerichten auf ihre Schärfe: An pikante italienische Nudelgerichte gibt man zum Beispiel frische und getrocknete Chillies, und in den nördlicheren Ländern Europas verwendet man sie zum Einlegen, für kleine Vorspeisen und Chutneys.

Frische Chillies

Sie gibt es fast überall, ob beim Gemüsehändler, im Supermarkt oder im Geschäft für orientalische Spezialitäten. Doch die Schärfe lässt sich nur schwer vorherbestimmen: Sogar bei Früchten derselben Pflanze kann sie variieren.

Vorbereitungstipp für frische Chillies

Den Stielansatz abschneiden und wegwerfen. Die Chilischote unter fließendes kaltes Wasser halten, damit die Öle nicht Augen und Schleimhäute angreifen, und der Länge nach seitlich aufschneiden. Samen und Scheidewände herauskratzen. Anschließend Hände, Messer und Schneidbrett gründlich waschen; auch danach nicht mit Augen oder Lippen in Berührung kommen. Bei empfindlicher Haut sollten Sie Gummihandschuhe tragen.

Cayenne-Chillies

Anaheim-Chillies

Serrano-Chillies

Kleine rote Chillies

Anaheim-Chillies: Sie sind 10 cm lang, rot oder grün und mild bis mittelscharf.
Cayenne-Chillies: Sie ähneln einem Finger, sind schlanker als Anaheim-Chillies und immer rot und scharf.
Serrano-Chillies: Diese eher dicken, roten oder grünen Chillies variieren in der Schärfe.
Vogelaugen-Chillies: Diese Chillies sind beinahe unerträglich scharf. Sie können grün, rot oder orange sein.

GETROCKNETE MEXIKANISCHE CHILLIES

Rote Chillies aus Neumexiko: SCHÄRFEGRAD 2–4. Große, rote Chilischoten mit kräftiger Schärfe und erdig-fruchtigem Aroma. Ideal für scharfe Saucen.
Ancho- oder getrocknete Poblano-Chillies: SCHÄRFEGRAD 3. Süß, fruchtig und mild; man kann sie füllen, in Streifen schneiden oder an Moles geben (mit zartbitterer Schokolade oder Kakao).
Guajillo-Chillies: SCHÄRFEGRAD 3. Milde Chillies mit einem Aroma wie grüner Tee; wird für viele Salsas verwendet.
Mulato-Chillies: SCHÄRFEGRAD 3. Sie ähneln den Ancho-Chillies, aber mit rauchigerem Aroma. Zum Füllen, Schneiden und für Moles.
Pasado-Chillies: SCHÄRFEGRAD 3. Fest, geröstet und enthäutet. Sie schmecken nach einer Mischung aus Apfel, Sellerie und Zitrone. Für Suppen und Eintöpfe.
Cascabel- oder „Rassel"-Chillies: SCHÄRFEGRAD 4. Dickfleischige Chillies mit nussartigem Aroma und mittlerer, „abgerundeter" Schärfe. Ideal für Saucen, Suppen und Salsas.
Pasilla-Chillies: SCHÄRFEGRAD 4. Die mittelscharfen Chillies schmecken nach Beeren und passen gut zu Meeresfrüchten und Moles.

Rote Chillies aus Neumexiko

Ancho- (getrocknete Poblano-) Chillies

Mulato-Chillies

Guajillo-Chillies

Pasilla-Chillies

Enthäutete und getrocknete Pasado-Chillies

Cascabel- („Rassel"-) Chillies

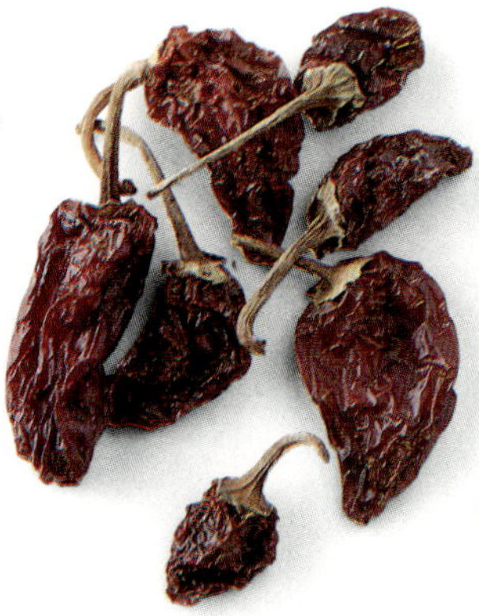

Chipotle-Chillies

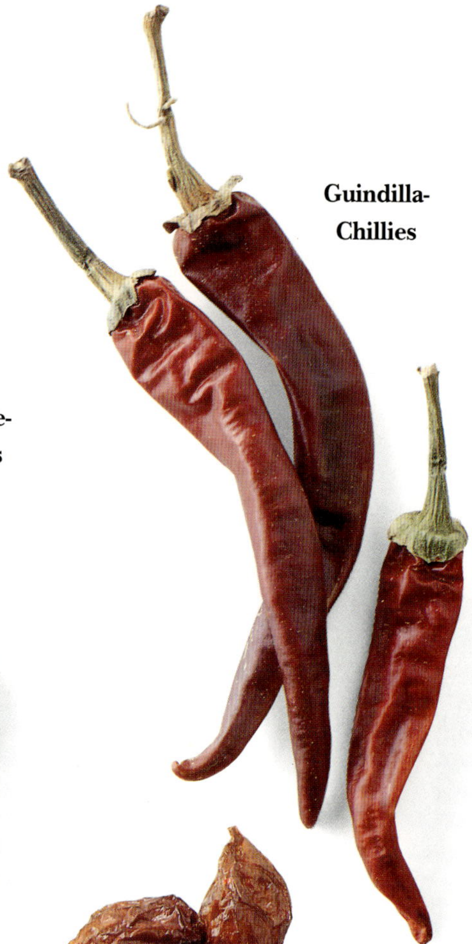

Guindilla-Chillies

Nyora-Chillies

Chipotle- oder geräucherte Jalapeño-Chillies: SCHÄRFEGRAD 6. Die Chillies sind rauchig, nussartig und relativ scharf.

Tepin-Chillies: SCHÄRFEGRAD 8. Handgepflückte, brennend scharfe Chillies, die nach Mais und Nüssen schmecken. Zerrieben dazugeben oder zum Aromatisieren von Essig und Öl verwenden.

Habanero-Chillies: SCHÄRFEGRAD 10. Chillies mit intensivem Aroma und feuriger Schärfe; ideal für Gewürzmischungen, Fischsuppen, Currys und Salsas.

Getrocknete, geräucherte spanische Chillies

Diese werden oft und gerne in der spanischen Küche verwendet.

Choricero-Chillies: SCHÄRFEGRAD 0–1. Äußerst süß und mild; zum Füllen und ideal für Saucen, Suppen und Eintöpfe.

Nyora-Chillies: SCHÄRFEGRAD 1–2. Getrocknete, fruchtige Chillies aus Spanien; für milde Salsas, Suppen und Eintöpfe.

Guindilla-Chillies: SCHÄRFEGRAD 3. Mittelscharfe spanische Chillies mit süßem Aroma, die Fischgerichten Pfiff geben.

Habanero-Chillies

Arbol-Chillies

Pequin-Chillies

Kirschpaprika

Madras-Chillies

Vogelaugen-Chillies

Zerstoßene Caribe-Chillies

Kashmiri-Chillies

Vorbereitungstipps für getrocknete Chillies

Sie können eingeweicht, in dünne Streifen geschnitten und an Schmorgerichte, Suppen und andere Speisen gegeben werden. Man kann sie auch in einem Glas in Olivenöl aufbewahren; für das Aroma gibt man Kräuter dazu.

Für Chilipüree die Chillies von Stielansatz und Samen befreien und 20 Minuten in heißem Wasser kochen. Mit etwas Einweichwasser pürieren, durch ein Sieb streichen. Nach Geschmack verwenden. Im verschlossenen Behälter bis zu 1 Woche im Kühlschrank aufbewahren oder bis zu 1 Jahr einfrieren.

Küchentipps für getrocknete Chillies

Für Chiliessig Chillies in eine Flasche geben und mit Essig auffüllen. Vor dem Gebrauch 2 Wochen stehen lassen.

Beim Rösten ohne Fett wird das Aroma von Chillies intensiviert. Dafür eine schwere Pfanne erhitzen und die Chillies auf den Boden pressen. Sie dürfen jedoch nicht braun werden, sonst schmecken sie bitter. Die gerösteten Chillies mahlen.

Größere, dickfleischige getrocknete Chillies mit dünner Haut (etwa Ancho- oder Mulato-Chillies) kann man mit Fleisch, Reis oder Gemüse füllen. Die Chillies längs ein Stück einschneiden und die Samen entfernen, den Stielansatz belassen. Die Chillies einweichen, abgießen und mit Küchenpapier trockentupfen. Vorsichtig füllen und backen.

Chili-Produkte

Cayennepfeffer

Cayennepfeffer ist fein gemahlenes reines Chilipulver verschiedener Sorten von *Capsicum frutescens*. Da Samen und Scheidewände mitgemahlen werden, ist das Pulver sehr scharf. Der Name verweist auf die Herkunft aus der Cayenne-Region in Französisch-Guayana, doch heute werden zur Herstellung Chillies aus Indien, Japan und dem Osten Afrikas verwendet. Dieses Würzmittel gebraucht man (in kleinen Mengen) für würzige Cracker, Gerichte mit Käse und Eiern und einige Currys.

Cayennepfeffer

Eingelegte süße Kirschpaprika

Eingelegte Güero- („blonde") Chillies

Eingelegte Jalapeño-Chillies

Eingelegte scharfe gelbe Chillies

Chilipulver

Ancho-Chilipulver

Pimenton de la vera

Chimayo-Chilipulver

Pasilla-Chilipulver

Mulato-Chilipulver

Scharfe Chilipaste

Chilipulver

Chilipulver ist milder als Cayennepfeffer und oft gröber gemahlen. Es wird aus verschiedenen milden bis scharfen Chilisorten hergestellt. Überprüfen Sie die Zutatenliste (vor allem bei amerikanischem Pulver), denn manchmal werden andere Würzmittel, wie Knoblauch, Zwiebel, Kreuzkümmel und Oregano, beigemischt – als Chili-con-carne-Mischung. Ist das Chilipulver dunkel, enthält es möglicherweise die intensiv rotbraunen Ancho-Chillies.

Am besten schmeckt selbst gemachtes Chilipulver: Getrocknete Chillies von den Samen befreien, trocken rösten und je nach Bedarf im Mörser fein oder grob zerreiben.

Chilisauce

Tabascosauce ist ein nordamerikanisches Würzmittel aus scharfen Tabasco-Chillies, die mit Salz und Essig vermischt werden und einige Jahre in Eichenfässern reifen. Viele Karibikinseln haben ihr eigenes Rezept für Chilisauce: Meist werden die Chillies, wie bei Tabasco, mit Essig vermischt. All diese Saucen schmecken äußerst scharf. Chilisaucen sind, in kleinen Mengen verwendet, ein oft gebrauchtes Würzmittel. Tabasco gibt man etwa in Tomatensaft und Bloody-Mary-Cocktails.

Chilipaste

Fertige Chilipaste wird in kleinen Gläschen angeboten. Man kann sie aber auch leicht selber zubereiten: Frische Chillies entkernen und in der Küchenmaschine zu einer glatten Paste pürieren. Für eine gröbere Konsistenz eine Zwiebel mitpürieren. Kleine Mengen kann man im Kühlschrank bis zu 1 Woche aufbewahren oder in kleinen Behältern bis zu 6 Monate einfrieren.

Zerstossene Chillies

Diese getrockneten Chiliflocken bestehen aus Fruchtfleisch und Samen von roten Chilischoten. Sie werden ebenso wie Chilipulver verwendet.

Zerstoßene Chillies

Chilisauce

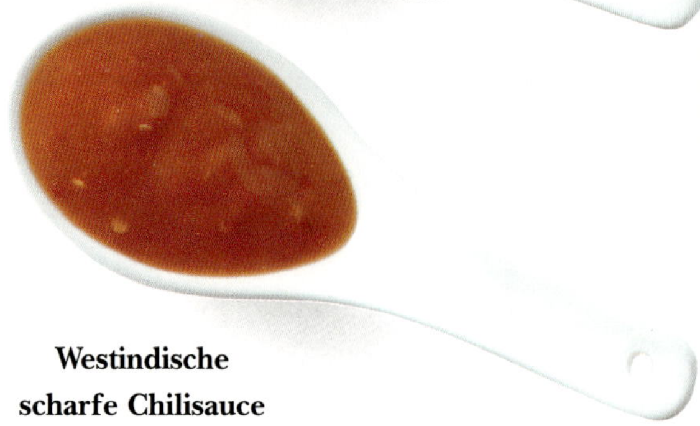

Westindische scharfe Chilisauce

Tabascosauce

Grüne Jalapeño-Sauce

Chiliöl

Paprikapulver

BOTANISCHER NAME: *Capsicum annuum* • FAMILIE: *Solanaceae*

Ungarischer Paprika

Spanischer Paprika

ANDERE NAMEN: *Delikatesspaprika, Ungarischer Paprika, Rosenpaprika, Edelsüßpaprika;* E. *paprika;* Frz. *piment doux, paprika;* Sp. *pimentón, pimiento colorado;* It. *paprica*

Paprikapulver wird aus sehr milder Gewürzpaprika hergestellt: aus verschiedenen Sorten von „Capsicum annuum", die durch die Türken nach Ungarn gelangten. Samen und Scheidewände der Paprikaschoten werden entfernt und das Fruchtfleisch getrocknet und pulverisiert, das so die typische tiefrote Farbe bekommt. Paprikapulver kann mild bis scharf sein und süß mit leicht bitterem Aroma. Beim Kauf gibt das Etikett Auskunft über die Schärfe.

Die Ungarn haben das Paprikapulver zu ihrem Nationalgewürz gemacht. Sie verwenden es großzügig für ihr berühmtes Gulasch, für Eintöpfe und Geflügelgerichte. Auch in Spanien und Portugal ist es beliebt. Die Schoten baut man im spanischen Andalusien und der Extremadura und in Portugal an. Die Hälfte der spanischen Ernte, oft sehr scharfe Früchte, geht in die USA.

Frische Gewürzpaprika sind den süßen roten Gemüsepaprika sehr ähnlich, nur etwas spitzer. Probieren Sie einmal frische gefüllte Schoten mit gehacktem Lamm, gewürzt mit Oregano oder Thymian nach Belieben. Sie werden in Tomatensauce gegart und schmecken ganz hervorragend.

Papayakerne

BOTANISCHER NAME: *Carica papaya*
FAMILIE: *Caricaceae*

Frische Papaya

ANDERE NAMEN: *Melonenbaum, Papaw oder Pawpaw;* E. *papaya;* Frz. *papaye;* Sp. *papaya;* It. *papaia*

Die grau- oder tiefschwarzen Samenkerne der Papaya sehen beim Anschneiden der Frucht wie riesiger Kaviar aus. Die Färbung hängt vom jeweiligen Baum ab – bei unreifen Früchten ist sie weiß. Der Baum wächst heute in den meisten tropischen und subtropischen Ländern.

Anbau und Ernte

Den schnell wachsenden, krautigen, mehrjährigen Baum findet man in den Tropen und Subtropen, allerdings nicht über 1500 m Meereshöhe. An seinem aufrechten Stamm sitzt oben ein Schopf mit großen, ahornähnlichen Blättern. Direkt unter den Blättern werden am Stamm die ovalen Früchte ausgebildet: Sie können bis zu 9 kg wiegen und werden als Beeren bezeichnet. Die Samenkerne sitzen im inneren Hohlraum der Früchte und sind in fünf Reihen angeordnet.

Aroma

Papayakerne duften frisch leicht aromatisch, jedoch kaum noch, wenn sie trocken werden. Die frischen Kerne haben einen scharfen Geschmack, der stark an Senf und Kresse erinnert. Man kann sie frisch verwenden oder in der Sonne trocken lassen, wodurch ihr Aroma aber etwas schwächer wird.

Zerstoßene Papayakerne

Frische Papayakerne

Verwendung in der Küche

Der Milchsaft der Pflanze wird wie Gummi durch Anzapfen gewonnen. Getrocknet heißt er Papain und ist durch ein Eiweiß spaltendes Ferment *(Papayotin)* ein guter Fleischzartmacher, der im Handel angeboten wird. Auch Früchte und Samen enthalten dieses Ferment. Hartes Fleisch reibt man mit den Kernen und der Schale ein oder wickelt es in Papayablätter und lässt es einige Stunden stehen. Vor dem Kochen die Blätter entfernen. Zerstoßene Kerne gibt man für Koftas (würzige Fleischbällchen) an Hackfleisch oder, mit zerkleinertem Fruchtfleisch, an eine Marinade für Fleisch. Dieses wird beim Garen zart und schmeckt pfeffrig.

Mit zerstoßenen Papayakernen würzt man Salatdressings oder Saucen zu Fisch. Einem Obstsalat verleihen sie Aroma und Biss. Die frische Frucht schneidet man in schmale Spalten und serviert sie mit den Kernen. Papayakerne werden vielfach verwendet. Probieren Sie es einfach selbst, wenn Sie das nächste Mal eine Frucht aufschneiden.

Medizinische und andere Verwendungen

In Indien kaut man Papayakerne für frischen Atem. Außerdem werden sie als Pessars verwendet sowie gegen Blähungen und Hämorriden. Für die Aboriginals in Australien haben die Kerne eine poetische Bedeutung. Sie betrachten sie als wertvoll und als Aphrodisiakum.

Ajowan

BOTANISCHER NAME: *Trachyspermum ammi, Syn. Ptychotis ajowan* • FAMILIE: *Umbelliferae*

ANDERE NAMEN: *Adjowan, Ammei;* E. *ajowan;* Frz. *ajowan;* Sp. *ajowan;* It. *ajowan;* Äth. *cumin*

Die gestreiften Ajowanfrüchte ähneln Selleriesamen (wie auch Kümmel und Kreuzkümmel) und werden ebenso verwendet. Im Handel bekommt man ganze Samen. Zerstoßener Ajowan hat einen relativ kräftigen Duft, der stark an Thymian erinnert. Das Gewürz ist ein guter Ersatz für Thymian, sollte aber sparsam gebraucht werden, da das Aroma kräftiger ist. In der indischen Küche wird Ajowan oft verwendet.

Bombay-Mix

Anbau und Ernte

Dieses Doldengewächs ähnelt wilder Petersilie. Die Pflanze ist in Indien heimisch und bevorzugt kühle Witterung. Sie wird auch in Pakistan, Afghanistan, im Iran und in Ägypten angebaut, und zwar meist für den Export: Aus Ajowan gewinnt man vor allem ein Öl, das reich an Thymol ist.

Vorbereitungstipp

Vor der Verwendung von Ajowan diesen mit den Fingern zerreiben, damit sich sein Aroma voll entfalten kann.

Ajowansamen

Gemahlener Ajowan

Verwendung in der Küche

Ajowan ist eine beliebte Würze für indische Gerichte: von Pasteten, Snacks (wie Bombay-Mix) und Broten (vor allem Parathas) bis zu Gerichten mit Bohnen und anderen Hülsenfrüchten. Ajowan passt gut zu kräftigen Speisen. Zerreibt man Ajowansamen, entfalten sie ein intensives Thymian-Aroma.

Medizinische und andere Verwendungen

Die Heilwirkungen von Ajowan sind vielfältig. In Indien behandelt man damit Asthma und Verdauungsstörungen. Ein flüssiges Mittel aus Ajowan wird häufig bei Ruhr eingesetzt. Da Ajowan auch bei Blähungen hilft, gibt man ihn gern an Linsen- und Bohnengerichte. Sein Thymolgehalt macht ihn außerdem zu einem wirksamen Mittel gegen Pilze.

Kümmel

BOTANISCHER NAME: *Carum carvi*
FAMILIE: *Umbelliferae*

Getrocknete Kümmelkörner

ANDERE NAMEN: *Feldkümmel, Kämen, Karbei, Köm, Kümmich;* E. *caraway;* Frz. *carvi, graines de carvi;* Sp. *alcaravea;* It. *caro; carvi;* Arab. *karawya*

Gemahlener Kümmel

Kümmel ist eines der ältesten Würzmittel. In Speiseresten aus der Steinzeit fand man etwa 5000 Jahre alte Spuren davon. Das Brot für die römischen Soldaten wurde mit Kümmel gewürzt, und mit Anwachsen des römischen Imperiums wurde er immer beliebter. Als Schutz vor bösen Geistern stellten die Ägypter einen Behälter voll Kümmel in ihre Gräber. Später galt das Gewürz als Mittel gegen Wankelmütigkeit und somit als wichtige Zutat für Liebestränke. Im 16. Jahrhundert verfeinerte man in Großbritannien Brote, Pasteten und Kuchen mit Kümmel.

Anbau und Ernte

Die Pflanze ist mit der Petersilie verwandt und hat ähnliche gefiederte Blätter. Sie wird etwa 60 cm hoch und treibt im zweiten Jahr große gelblich-weiße Blüten. In Europa wird Kümmel häufig angebaut, vor allem in Holland: Hier gedeiht die zweijährige Pflanze mit hohlen Stengeln im schweren Boden und der feuchten Witterung besonders gut. Das Öl, das man aus holländischem Kümmel gewinnt, soll von bester Qualität sein, da der Anbau so nah an der Küste erfolgt. Weitere Anbauländer sind Russland und Indien.

Kümmelkörner sind Teilfrüchte, das heißt sie teilen sich bei der Ernte in zwei einzelne Samen. Jeder Samen ist leicht gebogen, hell- bis dunkelbraun und hat fünf Furchen. Die beste Erntezeit für Kümmel ist der Morgen, weil dann fast keine Samen aus den Blüten fallen. Die abgeschnittenen Pflanzen schichtet man zum Trocknen auf, und nach über eine Woche drischt man die reifen Samen.

Aroma

Kümmelkörner haben einen warmsüßen, leicht pfeffrigen Duft. Ihr charakteristischer Geschmack erinnert etwas an Fenchel- oder Anissamen sowie ganz schwach an Eukalyptus. Man kaut sie, um frischen Atem zu bekommen.

Verwendung in der Küche

Kümmel wird in großen Mengen in den Küchen Osteuropas, Deutschlands und Österreichs verwendet. Er passt zu Würzigem, wie Sauerkraut und Salaten aus Weißkohl, Gulasch sowie Gerichten mit Kartoffeln und Käse, aber auch zu mancher Süßspeise. Mit Kümmel verfeinert man Roggenbrote und Kuchen, etwa den traditionellen britischen Kümmelkuchen. Kümmelkuchen wurde früher von den Bauersfrauen gebacken und unter den Knechten und Mägden verteilt, um das Ende der Pflanzzeit zu feiern. Seit langem wird mit Kümmel auch Käse gewürzt. Heute noch gebraucht man mittelalterliche Rezepte für holländischen Käse mit Kümmel. Im Elsass serviert man Munsterkäse mit einem Schälchen Kümmel, der vor dem Verzehr über die Käsescheiben gestreut wird – eine delikate Geschmackskombination.

Auch Würstchen und andere Fleischprodukte werden mit Kümmel gewürzt. Die frischen Blätter kann man fein hacken, an Salate geben oder als Garnitur verwenden. Die möhrenähnlichen Wurzeln mit dem typischen Aroma werden wie Petersilienwurzeln gebacken oder gegart. Kümmel ist wesentlicher Bestandteil von Kümmellikör, Aquavit, Gin und Schnaps. Zur Abrundung eines Essens kann man aus Kümmel auch einen Kräutertee bereiten; dafür die Körner mit kochend heißem Wasser aufbrühen.

Medizinische und andere Verwendungen

Dioscorides, ein griechischer Arzt aus dem 1. Jahrhundert, empfahl blassen Mädchen für eine frischere Gesichtsfarbe Kümmelöl. Heute behandelt man mit Kümmel Blähungen bei Säuglingen. Er ist auch ein Mittel bei Verdauungsstörungen und beugt Blähungen vor. Die Verwendung als Geschmacksstoff ist vielfältig: Man verwendet Kümmel etwa für Präparate zur Mundhygiene oder in der Parfümindustrie.

Käse mit Kümmel

Kassia

BOTANISCHER NAME: *Cinnamomum aromaticum,*
Syn. Cinnamomum cassia Bl. • FAMILIE: *Lauraceae*

ANDERE NAMEN: *Chinesischer Zimt, Zimtkassie, Gemeiner Zimt, Cantonzimt, Holzkassie;* E. *cassia;* Frz. *casse, canefice;* Sp. *casia;* It. *cassia*

Kassia ist ein altes Gewürz, das den Chinesen bereits um 3000 v. Chr. bekannt war und in den frühen Büchern der Bibel sowie den Psalmen erwähnt wird. Auch die Pharaonen gebrauchten es. Nach Europa gelangte Kassia über die Gewürzrouten aus dem Osten.

ANBAU UND ERNTE

Heimisch ist die Kassia in Birma. Sie sollte nicht mit Zimt verwechselt werden, der aus Sri Lanka stammt. Die größten Mengen produzieren China, Kambodscha, Laos und Vietnam, Ost- und Westindien sowie Mittelamerika. Kassia und Zimt stammen von kleinen, immergrünen Lorbeergewächsen. Der Kassiabaum kann in warmem tropischem Klima bis zu 3 m hoch werden und hat gelbe Blüten. Ist die Rinde ernterief, werden die Äste in handliche Stücke geschnitten. Die gräuliche Rinde versieht man mit Schlitzen, und die rotbraune Färbung im Innern wird sichtbar. Beim Trocknen rollt sich die Rinde zusammen, aber nicht in solch feine, exakte Stangen wie der Zimt.

AROMA

Das Aroma erinnert an Zimt, doch schmeckt Kassia etwas schärfer und duftet nicht so intensiv. In den USA verwendet man Kassia als Ersatz für den feineren Zimt.

VERWENDUNG IN DER KÜCHE

Kassia wird für würzige Gerichte verwendet, mit Zimt verfeinert man dagegen süße und mildere Speisen. Sie gehört in viele Gewürzmischungen, etwa zum Einlegen oder in das chinesische Fünfgewürzpulver. In Deutschland aromatisiert man damit Schokolade. Kassia passt gut zu Kompott aus Äpfeln oder Rhabarber. Kassiaknospen ähneln Gewürznelken; in Asien gebraucht man sie zum Einlegen, für Currys und würzige Fleischgerichte, denen sie ein warmes Aroma verleihen.

MEDIZINISCHE UND ANDERE VERWENDUNGEN

Das ätherische Öl wird zum Inhalieren verwendet, für Stärkungsmittel und gegen Blähungen, Übelkeit und Durchfall.

Kassiarinde

Zimt

BOTANISCHER NAME: *Cinnamom verum,*
Syn. Cinnamomum zeylanicum • FAMILIE: *Lauraceae*

E. *cinnamon;* Frz. *cannelle;*
Sp. *canela;* It. *cannella;* Singh. *cinnamon*

Gemahlene Kassia

Zimt und auch die eng verwandte Kassia waren lange Zeit Bestandteil alter Rituale. Die Ägypter verwendeten ihn zum Einbalsamieren. An einem Tempel, den die mächtige Pharaogattin Hapshepsut um 1489 v. Chr. erbauen ließ, belegen Hieroglyphen, dass sie diese Schiffe nach Punt, dem heutigen Somalia, schickte, die neben anderen Waren auch Zimt, Weihrauch und Myrrhe zurückbringen sollten. Im Alten Testament finden sich immer wieder Verweise auf Zimt, die zeigen, dass dieses Gewürz wertvoller als Gold war. Der römische Imperator Nero soll im Zorn seine Frau erschlagen haben, doch später befahl er, bei ihrer Bestattung den Zimtvorrat eines ganzen Jahres zu verbrennen – als Zeichen seiner Reue.

Gemahlener Zimt

Der Handel mit Zimt wurde erstmals im 13. Jahrhundert dokumentiert, von dem arabischen Schreiber Kazwini. Unzählige Händler und Kaufleute machten mit dem aromatischen Gewürz Profit: zuerst die Portugiesen im 15. Jahrhundert, später die holländische und britische Ostindische Kompanie. Händler, die europäische Reisende nach Ceylon (Sri Lanka) brachten, verstreuten Zimt an Deck ihrer Schiffe, um, kurz bevor die Insel in Sicht kam, ihre Passagiere zu amüsieren: „Riechen können Sie die Insel schon, bald werden Sie sie sehen.“ Das stimmte sogar, denn der beste Zimt wuchs in geringer Höhe in kargem, weißem Sandboden. In der Blumensprache der Viktorianer bedeutete Zimt „mein Vermögen gehört Dir“. In Österreich schenkten sich Liebende ein Sträußchen mit Zimtstangen – als Zeichen ihrer Zuneigung.

Anbau und Ernte

Zimt ist in Sri Lanka, Birma und an der Südküste Indiens heimisch. Immer noch produziert Sri Lanka die beste Qualität; Zimt wächst außerdem in Südamerika und Westindien. Beachtliche Erträge erzielt man auch auf den Seychellen und Réunion: Hierher brachte Pierre Poivre, ein sehr aktiver Missionar, einige Zimtbäume aus Sri Lanka.

Diese buschigen, immergrünen Lorbeergewächse werden als niedrige Sträucher gezogen, um die Ernte zu erleichtern. Sie stehen gern geschützt bei mäßigem Niederschlag und gemäßigten Temperaturen. An jedem Strauch wachsen acht bis zehn seitliche Zweige, die nach drei Jahren in der Regenzeit geerntet werden: Durch die Feuchtigkeit lässt sich die Rinde leichter ablösen. Zuerst werden Außen- und Mittelrinde abgeschält. Dann schlägt man mit einem Messingstab auf die Zweige. Die Rinde löst sich, und der Trockenprozess beginnt. Täglich werden die Quills (Rindenröllchen) von Hand aufgerollt, bis sie schön kompakt sind; mit den Bruchstücken füllt man längere Quills auf.

Zimtstangen

Aroma

Zimt hat einen herrlich exotischen, süßen Duft und ein warm-süßes Aroma.

Verwendung in der Küche

Rund um die Welt schätzt man Zimt als Würzzutat für eine Vielzahl von verschiedenen Speisen. Zimtstangen gibt man im Ganzen an Schmor- und Reisgerichte, Glühwein und Punsch sowie an Sirups für gedünstetes Obst. In Mexiko wird damit dampfend heiße Schokolade in großen Tassen umgerührt. Mit gemahlenem Zimt würzt man Kuchen, Pasteten und Plätzchen.

Medizinische und andere Verwendungen

Zimt hat eine belebende, blutstillende Wirkung und hilft bei Blähungen, Durchfall und Magenbeschwerden. Man verabreicht ihn auch Frauen mit Wehen als Beruhigungsmittel. Aus den langen, dunklen, glänzenden und aromatischen Blättern wird ein Öl gewonnen; das Öl aus zerbrochenen Rindenstücken verwendet man in der Parfümindustrie. In Mexiko wird Zimt zum Aromatisieren von Schokolade verwendet.

Aufbewahrung

Bewahren Sie Zimt in einem luftdichten Behälter kühl und dunkel auf. Bei kleinen Mengen bleibt das Aroma erhalten.

Küchentipp

Zimtstangen und gemahlener Zimt verwendet man für viele süße und würzige Speisen.

Für Glühwein 1 oder 2 Zimtstangen mit den anderen Würzzutaten in den Wein geben und leicht erhitzen.

Früchte wie Pfirsiche, Nektarinen, Birnen und Äpfel bestreut man mit Zimt und Zucker und gart sie im Ofen, bis der Zucker goldgelb ist. Mit gekühlter Crème fraîche heiß servieren.

Für Zimttoast das Toastbrot von einer Seite toasten, die andere Seite mit Butter bestreichen. Mit Zucker und Zimt bestreuen und goldgelb toasten.

Teig für würzige Brötchen verfeinert man mit Zimt. Sie passen zu Tomaten- oder Kürbissuppe.

Rühren Sie heißen, gesüßten Kaffee einmal mit einer Zimtstange um, oder probieren Sie Cappuccino mit einer Prise Zimt auf der Sahnehaube.

Mexikanische Schokolade

Zitronenblätter

BOTANISCHER NAME: *Cytrushystrix* • FAMILIE: *Rutacaea*

Ind. *daun jeruk purut;* Thai *bai makrut*

Die Blätter der Kaffirlimette (sowie anderer Zitrusarten) verleihen vor allem thailändischen, aber auch indonesischen Speisen ihr typisches – und unverzichtbares – Zitronenaroma. An den Zweigen sehen die glänzend dunkelgrünen, gegenständigen Blattpaare wie eine Acht aus. Die Früchte dieser Zitruspflanze erscheinen wie runzelige Limetten oder Zitronen.

Frische Blätter der Kaffirlimette

Kaffirlimetten

VERWENDUNG IN DER KÜCHE
Außer den Blättern der Kaffirlimette verwendet man für thailändische und indonesische Speisen nur die abgeriebene Schale der Früchte. Die Blätter werden zerpflückt oder in Chiffonade geschnitten und an Suppen, Currys, Fisch- und Hühnchengerichte gegeben.

Getrocknete Blätter der Kaffirlimette

MEDIZINISCHE UND ANDERE VERWENDUNGEN
Der Saft der Früchte war in Thailand früher Bestandteil von Ölen und Shampoos, in Malaysia von Stärkungsmitteln.

AROMA
Der sehr intensive Zitronenduft ist unverkennbar. Ihr volles Aroma entfalten die Blätter, wenn man sie zerpflückt oder in Chiffonade schneidet.

AUFBEWAHRUNG
Frische Zitronenblätter aus Geschäften für asiatische Lebensmittel kann man zu Hause einfrieren. Inzwischen gibt es auch getrocknete Blätter.

Abgeriebene Schale einer Kaffirlimette

Koriander

BOTANISCHER NAME: *Coriandrum sativum* • FAMILIE: *Umbelliferae*

ANDERE NAMEN: *Chinesische Petersilie, Wanzenkraut, Wanzendill, Cilantro;* E. *coriander;* Frz. *coriandre;* Sp. *coriandro, culantro;* It. *coriandolo*

Koriander ist als Würz- und Heilmittel seit dem Altertum bekannt. In den Grabstätten der Pharaonen fand man Korianderkörner, und auch die römischen Legionen nahmen auf ihrem Feldzug durch Europa Koriander mit, um ihr Brot damit zu würzen. Der Ursprung des Namens ist eher unangenehm: Er leitet sich von dem griechischen Wort für Wanze („koris") ab, da Korianderblätter einen wanzenartigen Geruch haben.

ANBAU UND ERNTE
Die schlanke Korianderpflanze wird 60 cm hoch, hat feste, sich verzweigende Stengel, zusammengesetzte Blätter und kleine weiße Blüten mit rosa Schimmer. Sie gehört, wie Petersilie und Möhre, zur Familie der Doldengewächse und ist im Mittelmeerraum und im Mittleren Osten heimisch. Die kleinen hellbraunen Koriandersamen sind etwa so groß wie Pfefferkörner. Koriander wächst in warmen Gegenden, braucht einen warmen Platz sowie durchlässigen Boden und gedeiht auch gut in Töpfen. In Indien, Russland, Brasilien, Südamerika, Nordafrika und Holland wird Koriander in großen Mengen angebaut.

AROMA
Trocken geröstete Samenkörner haben ein kräftiges, sehr reizvolles Aroma, das an Orangenschale erinnert. Die gemahlenen Körner schmecken angenehm mild und süß. Ganze Körner sind lange haltbar und lassen sich leicht zu Pulver

zermahlen: Koriander sollte man grundsätzlich frisch mahlen, denn so ist sein Geschmack am intensivsten. Gekauftes Korianderpulver verliert dagegen schnell sein Aroma.

Verwendung in der Küche

In jedem indischen Haushalt wird reichlich gemahlener Koriander verwendet: für Currypulver, Garam Masala und andere Gewürzmischungen. Häufig kombiniert man auch Korianderkörner und Kreuzkümmel; vor dem Mahlen werden die Gewürze dann ohne Fett geröstet. Ebenfalls typisch ist diese Mischung für Gerichte aus dem Mittleren Osten. Mit ganzen Körnern würzt man Schmorgerichte mit Hühnchen oder Schwein, und sie gehören in Gewürzmischungen zum Einlegen. Außerdem kann man sie ganz oder gemahlen an Chutneys geben, vor allem mit grünen Tomaten, oder an griechische Speisen.

Medizinische und andere Verwendungen

Das Öl der Korianderkörner wird vielfältig medizinsch verwendet. Es wirkt antibakteriell und dient zur Behandlung von Koliken, Neuralgien und Rheuma. Darüber hinaus neutralisiert es unangenehme Gerüche pharmazeutischer Präparate und von Tabak, und man verwendet es in Parfüms, Likören und Gin. Die gemahlenen Körner werden zu einer Paste verarbeitet, die man bei Geschwüren auf Haut und Mund aufträgt. Vor dem Gebrauch von Zahncreme kaute man Korianderkörner für frischen Atem.

Küchentipp

Mit frisch gemahlenem Koriander würzt man selbst gemachte Tomaten- oder Béchamelsauce sowie Möhren-, Pastinaken- oder Kürbissuppe. Probieren Sie einmal mit gemahlenem Koriander gewürztes Brot zu sonnengetrockneten Tomaten oder Oliven.

Korianderkörner

Vorbereitungstipp

Beim Rösten ohne Fett verstärkt sich das Aroma. Die Pfanne ohne Öl heiß werden lassen. Die Körner unter Schwenken darin schwach erhitzen. Vor dem Mahlen leicht abkühlen lassen.

Geröstete Korianderflocken

Frische Korianderwurzeln

Gemahlene Korianderkörner

Frisches Koriandergrün

Safran

BOTANISCHER NAME: *Crocus sativus*
FAMILIE: *Iridaceae*

E. *saffron;* Frz. *safran;* Sp. *azafrán;* It. *zafferano;* In. *kesar, khesa, kesram*

Safranfäden

Vorbereitungstipp

Safranfäden kann man in etwas warmem Wasser oder warmer Milch einweichen, bis die Flüssigkeit eine gleichmäßige gelbe Färbung hat. Beides gibt man meist erst gegen Ende der Garzeit an die Speisen. Gemahlenen Safran fügt man ohne Vorbereitung hinzu.

Der Name Safran stammt von dem arabischen Wort „za'faran", das „gelb" bedeutet – eine heilige Farbe, die die buddhistischen Mönche für ihre Gewänder gewählt haben. Safran ist äußerst teuer. Doch bedenkt man, dass für 450 g Safran 200 000 Blüten von Hand geerntet werden müssen, ist das kaum verwunderlich.

Schon die Griechen und Römer schätzten Safran als Färbemittel, Arznei und Gewürz. Heliogabalus, einer der extravagantesten römischen Imperatoren, soll in Wasser gebadet haben, das mit Safran parfümiert war. Arabische Händler brachten den Safran nach Spanien. Hier wusste man seine intensive Farbe und das Aroma zu schätzen, und bald trat er einen kulinarischen Siegeszug im gesamten Mittelmeerraum an. Von dort gelangte der Safran nach Großbritannien, wo man ihn in großen Mengen in Essex anpflanzte: Die Stadt Saffron Walden wurde zum Zentrum des Safran-Anbaus.

Echten Safran sollte man in feinen, leuchtend orangeroten, borstigen Fäden kaufen, die sich schwer verfälschen oder vermischen lassen. Verräterische helle Stellen können auf verfälschten Safran hindeuten. Ebenso kann gemahlener Safran vermischt sein: am besten nur im Fachgeschäft kaufen.

Anbau und Ernte

Die Zwiebelstaude *Crocus sativus* ist ein Schwertliliengewächs. Im Herbst treibt sie Blüten mit drei leuchtend orangeroten Blütennarben – den echten Safranfäden. Diese werden in Sieben bei sehr schwacher Hitze getrocknet. Der beste Safran stammt aus Valencia oder La Mancha in Spanien; er wird aber auch in Griechenland, der Türkei, dem Iran, Marokko und in Gebieten in Kaschmir angebaut.

Aroma

Safran hat ein charakteristisches, anhaltendes, warmes Aroma. Man sollte ihn sparsam verwenden, da er leicht nach Arzneimitteln schmecken kann. Oft wird das teure Gewürz verfälscht.

Verwendung in der Küche

Safran wird wegen des delikaten, aber auch ausgeprägten Aromas und der leuchtenden Farbe geschätzt und ist Zutat in vielen internationalen Speisen. Feierliche *pilaws* aus Indien würzt man mit Safran, ebenso wie Reisgerichte aus dem Mittelmeerraum (vor allem die spanische Paella und der italienische Risotto Milanese) und Bouillabaisse, den berühmten Eintopf aus Meeresfrüchten.

Auch für Süßspeisen wird das Gewürz häufig verwendet, ob Milchreis, Maronenpüree oder süße Desserts aus Indien. Mit Safran verfeinerte Backwaren sind Hefebrote und auch Kuchen. Neben anderen Zutaten gehört Safran in den Kräuterlikör Chartreuse.

Chartreuse

Medizinische und andere Verwendungen

Safran hilft bei Blähungen. Er findet in krampflösenden und Beruhigungsmitteln Verwendung – wie auch in Parfüms und Farbstoffen. In manchen Kulturen gilt der teure Safran als Aphrodisiakum.

Aufbewahrung

Safran sollte man in einer Zellophan- oder Papiertüte in einem luftdichten Blechbehälter lichtgeschützt aufbewahren.

Ersatzstoffe für Safran

Es gibt einige Ersatzstoffe für Safran: In Indien etwa ist mit Safran oft Kurkuma gemeint, jedoch ist das Aroma nicht so fein und die Farbe nicht so leuchtend wie bei echtem Safran. Saflor, bei uns auch als Färberdistel bekannt, hat ähnliche Qualitäten. Aber auch hier gilt: Mit echtem Safran lässt er sich nicht vergleichen.

Gemahlener Safran

Kreuzkümmel

BOTANISCHER NAME: *Cuminum cyminum*
FAMILIE: *Umbelliferae*

E. *cumin;* Frz. *cumin;* Sp. *comino;* It. *cumino;*
In. *jeera, jira, zeera, jeera safed (weiß), jeera kala (schwarz)*

Kreuzkümmel hat eine lange und faszinierende Geschichte. Funde belegen, dass die Ägypter ihn bereits vor 5000 Jahren kannten. Man fand ihn sogar in den Pyramiden. Laut biblischer Quellen wurde Kreuzkümmel einst mit Stöcken gedroschen: ein Verfahren, das heute noch im östlichen Mittelmeerraum angewendet wird. Theophrasatus, ein griechischer Philosoph und gefeierter Botaniker, glaubte, man müsse „Kreuzkümmel bei der Aussaat verfluchen und beschimpfen, damit es eine reiche Ernte gibt". Im Altertum symbolisierte Kreuzkümmel Gier und Niedertracht. Doch im Mittelalter hatte sich sein schlechter Ruf gewandelt, und nun galt er als Symbol für Treue. So trugen früher in Deutschland, wo Kreuzkümmel heute noch ein beliebtes Gewürz ist, Braut und Bräutigam zur Bekräftigung ihres Treueschwurs etwas Kreuzkümmel bei sich.

Schwarze Kreuzkümmelsamen

Weiße Kreuzkümmelsamen

Verwendung in der Küche

Der kräftig aromatische Kreuzkümmel ist vor allem in jenen Landesküchen mit sehr würzigen Speisen beliebt, etwa in Indien, im Mittleren Osten, Nordafrika und Mexiko. Er gehört in fast alle indischen Currypulver und in Garam masala. Man gibt ihn an Suppen und Eintöpfe, ob an marokkanische Lamm- oder mexikanische Fleischgerichte wie Chili con carne.

Ganze Samen würzen milder als gemahlener Kreuzkümmel, was indischen Gemüse-, Reis- oder Linsenspezialitäten *(Dal)* zugute kommt. Indische Reisgerichte werden meist mit schwarzem Kreuzkümmel gewürzt.

Auch in der deutschen Küche setzt man ihn häufig ein – für Klassiker wie Sauerkraut, aber auch für Eingelegtes und Würstchen. Man verwendet ihn für den elsässischen Munsterkäse oder mittelalterliche holländische Käserezepte.

Anbau und Ernte

Kreuzkümmel ist eine kleine, einjährige Krautpflanze aus der Familie der Doldengewächse. Sie ist in den östlichen Mittelmeerländern und in Oberägypten heimisch, aber auch in Marokko, dem Iran, der Türkei, Indien, China und auf dem amerikanischen Kontinent. Am besten gedeiht Kreuzkümmel in sonnigen Regionen mit leichtem Niederschlag. Seine Blüten sind klein, weiß oder rosa.

Geerntet wird vier Monate nach der Aussaat. Die kleinen, länglichen Samen haben neun Rillen und sind braungelb. Kreuzkümmelsamen werden gelegentlich mit dem dunkleren Kümmel verwechselt. Eine schwarze Sorte wächst im Iran: Die kleinen Samen haben ein süßeres Aroma. Schwarzer Kreuzkümmel wird manchmal für Schwarzkümmel gehalten, den man in Indien auch als schwarzen Kümmel bezeichnet.

Gemahlener Kreuzkümmel

Aroma

Kreuzkümmel hat einen kräftigen, würzig-süßen Duft und einen leicht bitteren, scharfen Geschmack. Vor allem gemahlen schmeckt er scharf; die Verwendung mit Koriander mildert jedoch das bittere Aroma. Röstet man die Kreuzkümmelsamen vor dem Mahlen, bekommen sie einen nussartigen, milderen Geschmack. Am besten schmecken frische Samen, die nach Bedarf gemahlen werden. Schwarze Kreuzkümmelsamen haben ein feineres, süßeres Aroma als die hellen Samen.

Medizinische und andere Verwendungen

Kreuzkümmel gilt als appetitanregend und dient zur Linderung von Magenbeschwerden, Blähungen, Koliken und Durchfall. Auch in der Tiermedizin kommt er zur Anwendung. Kreuzkümmelöl verwendet man für Parfüm.

Küchentipp

Kreuzkümmelsamen einige Minuten ohne Fett rösten, damit sich ihr Aroma voll entfaltet. Anschließend mahlen oder ganz verwenden.

Kurkuma

BOTANISCHER NAME: *Curcuma longa*
FAMILIE: *Zingiberaceae*

E. *turmeric;* Frz. *curcuma;* Sp. *cúrcuma;*
It. *curcuma;* In. *haldi*

Auf einer Reise durch Südchina lernte Marco Polo Kurkuma kennen und war davon sehr beeindruckt: „Es gibt dort auch eine Gemüseart, die all die Qualitäten des echten Safrans besitzt, den Duft wie auch die Farbe, und doch handelt es sich nicht um Safran." Von den Hindus wird Kurkuma sehr verehrt und mit Fruchtbarkeit in Verbindung gebracht. Bei der Hochzeitszeremonie der Hindus bindet der Bräutigam eine gesegnete, in Kurkumapaste getauchte Schnur um den Hals der Braut. In Malaysia werden nach einer Geburt der Unterleib der Mutter und die Nabelschnur mit Kurkumapaste bestrichen. Dies soll nicht nur böse Geister fern halten, sondern ist auch wegen seiner antiseptischen Wirkung von medizinischem Nutzen.

Frische, in Scheiben geschnittene Kurkuma

Vorbereitungstipp

Frische Kurkuma bekommt man in asiatischen Lebensmittelgeschäften. Sie wird, wie Ingwer, geschält. Da das Gewürz stark abfärbt, sollte man Gummihandschuhe tragen. Die frische geschälte Kurkuma kann man in Scheiben schneiden, reiben, hacken oder mit anderen Zutaten im Mörser zu einer Paste zerreiben und garen. Frische Kurkuma passt hervorragend zu Fischcurrys.

Anbau und Ernte

Kurkuma ist ein kräftiges, im Innern leuchtend gelbes Rhizom, das in Größe und Form dem Ingwer ähnelt, zu deren Familie sie auch gehört. Kurkuma gedeiht in feucht-heißem, tropischem Klima. Große Mengen Kurkuma werden von Indien, dem bedeutendsten Produzenten, angebaut – für den Eigenbedarf wie für den Export. Weitere Anbauländer sind China, Taiwan, Indonesien, Sri Lanka, Australien, Afrika, Peru und Westindien.

Die Vermehrung erfolgt durch Rhizomstücke der vorigen Saison. Sie entwickeln sich zu etwa 90 cm hohen Pflanzen mit langstieligen, lilienartigen Blättern und hellgelben Blüten. Nach etwa neun Monaten kann man Kurkuma ernten. Dafür wird das gesamte Rhizomsystem vorsichtig aus der Erde gehoben. Die Rhizome werden gegart, geschält und eine Woche in der Sonne getrocknet, ehe man ihre Qualität bestimmt. Die qualitativ besten Rhizome bezeichnet man als „Finger", außerdem gibt es „Knoten" und „Bruch". Beim Trocknen verliert Kurkuma etwa drei Viertel des Gewichts. Fast die gesamte Ernte wird gemahlen und als Pulver verkauft.

Frische Kurkuma

Currypulver

Gemahlene Kurkuma

Getrocknete Kurkuma

Aroma
Kurkuma besitzt ein pfeffriges Aroma und duftet schwach nach Holz. Der warmen Würze folgt ein leicht bitterer Nachgeschmack.

Verwendung in der Küche
Verlangt ein Rezept nach Safran, mögen manche vielleicht Kurkuma als zweitrangige Alternative für dieses kostspielige Gewürz vorschlagen. Doch tut man der Kurkuma damit Unrecht. In der Alltagsküche Indiens wird Kurkuma allerdings häufig anstelle von Safran gebraucht, und zwar meist wegen der leuchtenden Farbe, nicht wegen des Aromas: Die Verwendung von Kurkuma ist weniger kostspielig, und so kann man den Safran für Festtagsgerichte aufbewahren, zum Beispiel für *pilaws* zu Hochzeitsfeierlichkeiten.

Kurkuma eignet sich besonders gut für Currys (vor allem Fischcurrys) und gehört unbedingt in Currypulver, dem sie sowohl Aroma als auch die typische gelbe Farbe verleiht. Außerdem würzt man damit Chutneys und Eingelegtes, besonders Piccalilli und Kedgeree, sowie viele indische Reis-, Gemüse- und Linsengerichte. Auch für nordafrikanische Lamm- und Gemüsespeisen ist Kurkuma ein beliebtes Gewürz.

Medizinische und andere Verwendungen
Kurkuma ist ein aromatisches und mildes Verdauungsmittel; in Asien verwendet man sie bei Leberbeschwerden und Magengeschwüren. Mit Kurkuma und Zucker gekochte Milch soll Erkältungen kurieren. Bereits in assyrischen Kräuterrezepten aus dem Jahr 600 v. Chr. wird sie als Färbemittel erwähnt, und auch heute noch färbt man damit Seide und Baumwolle. In der Lebensmittelindustrie dient Kurkuma als Speisefarbe für Senf, Butter, Käse und Liköre.

Aufbewahrung
Gemahlene Kurkuma sollte man nur in kleinen Mengen kaufen und in einem luftdichten Behälter lichtgeschützt aufbewahren. Ganze getrocknete Rhizome verwendet man manchmal zum Einlegen. Sie lassen sich kaum selber mahlen, darum empfiehlt sich der Kauf des fertigen Pulvers.

Zitwer

BOTANISCHER NAME: *Curcuma zedoaria*
FAMILIE: *Zingiberaceae*

ANDERE NAMEN: *Zittwan, Zitwerwurzel;* E. *zedoary;* Frz. *zedoaire;* Sp. *cedoaria;* It. *zedoaria;* Ind. *kentjur;* In. *amb halad, garndhmul*

Beheimatet ist der Zitwer in Indien und China. Im Mittelalter brachten ihn die Araber nach Europa, doch mit der Zeit schwand seine Beliebtheit. Heute verwendet man ihn fast nur noch in den Anbauländern.

Anbau und Ernte
Zitwer gehört zur Familie der Ingwergewächse und ist, wie Kurkuma, im Innern leuchtend gelb. Die Vermehrung ist ebenfalls gleich: Rhizomstücke werden in die Erde gepflanzt. Ernten kann man Zitwer erst nach zwei Jahren, was seine geringe Beliebtheit erklären mag. Die Pflanze gedeiht in tropischen Regenwäldern; ihre Rhizome werden ebenso groß wie bei Kurkuma und Ingwer. Auch die Blätter erinnern an die Kurkumapflanze, sind mit 90 cm aber länger. Die Pflanze treibt gelbe Blüten mit roten und grünen Hochblättern.

Gehackter getrockneter Zitwer

Gemahlenen oder getrockneten Zitwer bekommt man ab und zu in orientalischen Lebensmittelgeschäften unter dem indonesischen Namen *kentjur.*

Aroma
Zitwer hat einen leicht kampferartigen Moschusduft. Sein Geschmack erinnert an Ingwer, ist aber bitterer.

Verwendung in der Küche
Hauptsächlich verwendet man Zitwer als Heilmittel. Geschält und gehackt wird er aber auch mit Kurkuma und Ingwer zu einer Gewürzpaste zerrieben: für Lamm- und Hühnchencurrys.

Medizinische und andere Verwendungen
Zitwer fördert die Verdauung und hilft bei Blähungen und Koliken. Die enthaltene Stärke *shoti* ist leicht verdaulich und nahrhaft und wird in Ostasien für kranke und junge Menschen verwendet. Zitwer wird auch als Färbemittel eingesetzt.

Zitronengras

BOTANISCHER NAME: *Cymbopogon citratus, Syn. Andropogon citratus* • FAMILIE: *Gramineae*

Zitronen-graspaste

ANDERE NAMEN: *Serehgras, Lemongras, Citronelle;* E. *lemon grass;* Frz. *herbe de citron;* Sp. *hierba de limón;* It. *erba di limone;* Ind. *sereh;* Mal. *serai*

Gehackte getrocknete Halme

Das tropische und subtropische duftende Gras gedeiht in ganz Südostasien. Eine treffende Beschreibung aus dem Jahr 1860 stammt von Tennant über Ceylon: „Diese sonnigen Weiten ... bedeckt hohes Zitronengras."

Anbau und Ernte

Zitronengras ist eine gedrängte Staude mit langen, scharfkantigen Blättern. Es wächst in dichten Horsten in sonnigem Klima mit mäßigem Niederschlag. Die Vermehrung erfolgt durch Wurzelteilung. Die Mutterpflanze wird drei bis vier Jahre alt, ihre zwiebelartig verdickten Halme erntet man dreimal im Jahr. Kommerziell angebaut wird Zitronengras in Südostasien, Südindien, Afrika, Brasilien, Guatemala, Westindien und den USA. Die abgeschnittenen Halme sind 20 cm lang und ähneln Lauchzwiebeln.

In kälteren Regionen ist Zitronengras eine hübsche Zimmerpflanze. Frische Halme aus asiatischen Supermärkten haben am unteren Ende manchmal kleine Seitenknospen: Stellt man diese ins Wasser, bewurzeln sie sich, und man kann sie als Topfpflanzen in Kompost an einem sonnigen Platz ziehen.

Aroma

Erst wenn man Zitronengras zerschneidet, wird das intensive Aroma freigesetzt. Es verleiht vielen Gerichten einen frischen Zitronengeschmack. In manchen Rezepten wird als Alternative Zitronenschale angegeben, die jedoch kein adäquater Ersatz dafür ist.

Verwendung in der Küche

Mit Zitronengras würzt man viele Speisen, wie Suppen, Marinaden, Gebratenes, Currys, Salate und Eingelegtes. Es passt sehr gut zu Kokosmilch, vor allem in Gerichten mit Fisch, Meeresfrüchten und Hühnchen. Gemahlenes getrocknetes Zitronengras (Serehpulver) kann man statt der frischen Halme verwenden: 1 TL entspricht einem Halm. In Südamerika wird aus Zitronengras ein erfrischender Tee bereitet.

Medizinische und andere Verwendungen

Die Vielseitigkeit in der Heilkunde und Kosmetik erkannten bereits die Ägypter, Griechen und Römer. Das ätherische Öl wird für Seifen, Parfüms und zur Aromatherapie verwendet. Eine Salbe aus diesem Öl soll bei Rheuma, Hexenschuss und Verstauchungen helfen.

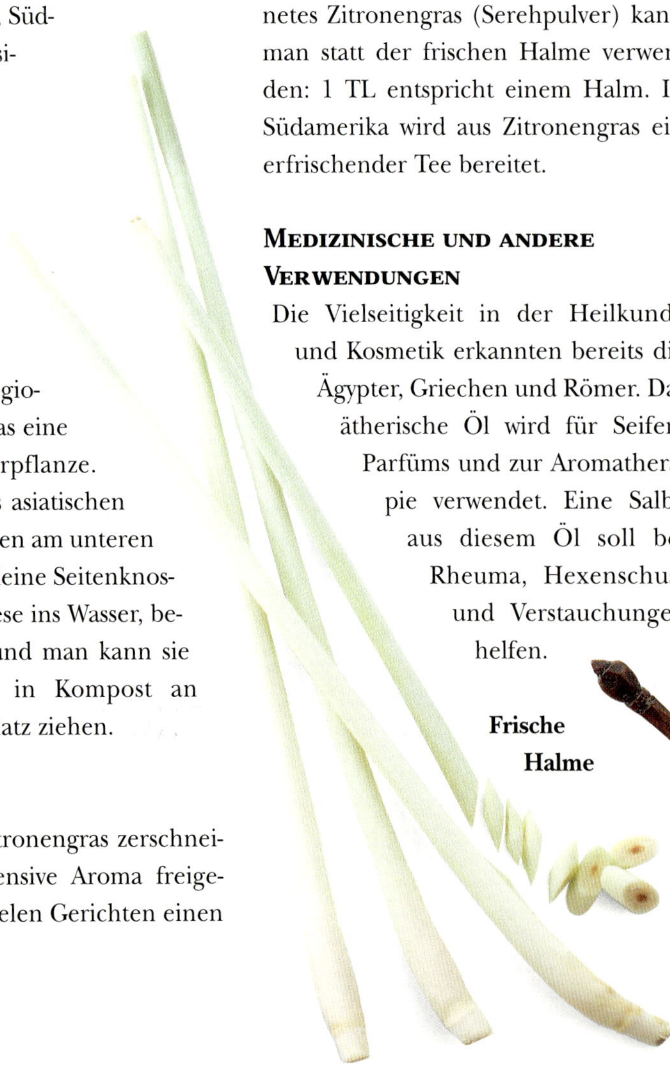

Frische Halme

Vorbereitungstipp

Das Wurzelende entfernen, dann die untere Hälfte der Halme (etwa 7 cm) in dünne Scheiben schneiden.

Die obere faserige Hälfte im Mörser zerdrücken und für zusätzliches Aroma an Suppen oder Saucen geben. Vor dem Servieren die Halme entfernen.

Man kann das obere Ende der Halme auch flach klopfen und wie einen Pinsel verwenden, um Fleisch mit Öl, Marinade oder Kokoscreme zu bestreichen.

Aufbewahrung

In eine Papiertüte gewickelt bleibt Zitronengras im Gemüsefach des Kühlschranks 2–3 Wochen frisch. Den unteren Teil der Halme kann man in Scheiben schneiden oder zerreiben und mit der oberen Hälfte (separat zusammengebunden) einfrieren: Dafür jeweils eine Menge von 2 Halmen portionieren, mit einem Etikett versehen und einfrieren.

Serehpulver

Kardamom

BOTANISCHER NAME: *Elettaria cardamomum* • FAMILIE: *Zingiberaceae*

E. *cardamom;* Frz. *cardamome;* Sp. *cardamono;*
It. *cardamomo, cardamone;* In. *elachi*

Es heißt, dass Kardamom bereits um 720 v. Chr. in den Gärten des Königs von Babylon wuchs. Die Ägypter kauten Kardamomkapseln, um weiße Zähne und einen frischen Atem zu bekommen. Sogar noch früher gebrauchte man das Gewürz in der indischen Heilkunst der Hindus („Ayurveda") bei Blasenbeschwerden und Hautproblemen sowie um Fett zu verlieren. Von den Griechen und Römern wurde Kardamom für Parfüms verwendet, und Apicius, der berühmte römische Feinschmecker, empfahl ihn gar bei übermäßigem Essen.

VORBEREITUNGSTIPP

Die Kardamomkapseln in einem Mörser zerstoßen. Die Samen fettfrei leicht rösten, um das Aroma zu verstärken.

Es gibt mehrere mit dem Kardamom verwandte Arten, doch nur bei *Elettaria cardamomum* handelt es sich um echten Kardamom. Intakte Kapseln (aus einem Fachgeschäft) garantieren beste Qualität. Grüne Kardamomkapseln bekommt man am häufigsten: Sie sind in der Küche am vielseitigsten verwendbar. Gebleichte grüne Kapseln werden als weißer Kardamom angeboten – zur Verfeinerung indischer Desserts. Braune Kapseln *(Elettaria major)* unterscheiden sich deutlich; sie sind größer, schwarzbraun und behaart. Man gibt sie an sehr würzige indische Gerichte mit langer Garzeit, für mildere Gerichte und Süßspeisen ist ihr kräftiges Aroma jedoch zu aufdringlich.

ANBAU UND ERNTE

Kardamom ist eine schilfartige Staude aus der Familie der Ingwergewächse, die bei gleich bleibend warmen Temperaturen und mäßigem Niederschlag gedeiht. In den Wäldern Südindiens wächst Kardamom wild. Gegen Ende des letzten Jahrhunderts scheiterten mehrere Versuche, Kardamom in Singapur und Penang zu kultivieren. Indien baut 80 Prozent des weltweiten Kardamomertrags an. Eine Hälfte ist für den Export, die andere für den Eigenbedarf bestimmt.

Nach drei Jahren bildet die Staude erstmals Fruchtkapseln aus und trägt dann weitere 15 Jahre Früchte. Sie hat ovale Blätter von 2,4–3 m Länge; die Stengel mit den Samen entwickeln sich an der Basis. Die ovalen Kapseln werden über einen langen Zeitraum ausgebildet und befinden sich darum in unterschiedlichen Reifestadien. Im Innern haben sie drei Fächer mit winzigen, schwarzbraunen Samen. Man entfernt die noch unreifen Kapseln vorsichtig mit der Schere. Lässt man die Kapseln reifen, platzen sie auf, und die Samen verlieren viel Aroma. Um weder Kapseln noch Pflanzen zu beschädigen, muss von Hand geerntet werden. Aufgrund dieser aufwendigen Arbeit gehört Kardamom, mit Safran und Vanille, zu den teuersten Gewürzen. Damit die geernteten Kapseln nicht aufplatzen, werden sie langsam in Trockenöfen, heißen Räumen oder in der Sonne getrocknet.

Grüne Kardamomkapseln

Kardamomsamen

Braune Kapseln

Weiße Kapseln

AROMA

Der kräftige, warme Duft der Kardamomsamen ist unverkennbar. Sie haben ein angenehm warmes, leicht zitronenartiges Aroma, das an Eukalyptus und Kampfer erinnert. Kaut man die Samen – etwa nach dem Genuss von Knoblauch –, bekommt man einen frischen Atem.

VERWENDUNG IN DER KÜCHE

Kardamom wird weltweit für viele süße und würzige Speisen verwendet. Er bestimmt den Geschmack unterschiedlichster indischer Spezialitäten: Currys und *pilaws* oder Gewürzmischungen wie Garam Masala, aber auch Konfekt und Süßspeisen, wie die beliebte Reiscreme *kulfi* und Puddings. In den skandinavischen Küchen ist Kardamom ebenfalls eine häufige Würzzutat für Eingelegtes, Hering, Kuchen und Pasteten. Man aromatisiert damit aber auch zum Beispiel Aquavit.

Arabische Händler wurden große Liebhaber des als *gahwa* bekannten Kaffees mit Kardamom. Auch heute noch wird er als Zeichen der Gastfreundschaft feierlich serviert. In die gebogene Tülle der Kaffeekanne steckt man einige geöffnete Kardamomkapseln, die den Kaffee beim Ausgießen aromatisieren. Die Höflichkeit gebietet, mindestens drei Tassen zu trinken.

Medizinische und andere Verwendungen

Samen und Kapseln enthalten ein ätherisches Öl, das stimulierend wirkt und für Parfüms verwendet wird. Die aphrodisische Wirkung von Kardamom wird mehrfach in den Märchen aus Tausendundeiner Nacht gerühmt – im Mittleren Osten glaubt man heute noch daran. Außerdem soll Kardamom die Verdauung fördern und bei extremer Hitze kühlend wirken.

Aufbewahrung

Kaufen Sie nur ganze, geschlossene Kardamomkapseln, und zwar in kleinen Mengen, damit das Aroma erhalten bleibt. Bereits gemahlener Kardamom wird selten angeboten. Er ist sehr teuer und nicht zu empfehlen, da aus den Kapseln entfernte Samen schnell die Würzkraft verlieren oder das Pulver verfälscht wurde. Die Kapseln bewahrt man in kleinen, luftdichten Behältern kühl und dunkel auf.

Gemahlener Kardamom

Gewürznelken

BOTANISCHER NAME: *Syzygium aromaticum* • FAMILIE: *Myrtaceae*

E. *clove;* Frz. *clou de girofle;* Sp. *clavo de especia;* It. *chiodo di garofano*

Die Bezeichnung stammt von dem mittelhochdeutschen Wort „negellin", das Nägelchen bedeutet und das Aussehen der Gewürznelke treffend beschreibt. Der Gewürznelkenbaum gedeiht am besten in Küstennähe, vor allem auf Inseln. Die Bewohner der Molukken (einer Inselgruppe Indonesiens, früher auch Gewürzinseln genannt) pflanzten zur Geburt eines Kindes einen Gewürznelkenbaum. Gedieh dieser, galt dies als gutes Omen für das Schicksal des Kindes, das zum Schutz vor bösen Geistern und Krankheit eine Halskette aus Gewürznelken trug. Schon um 200 v. Chr. schätzten die chinesischen Ärzte die Heilwirkungen von Gewürznelken. Würdenträger, die den chinesischen Kaiser besuchten, mussten zuvor Gewürznelken lutschen, um frischen Atem zu bekommen. Das Öl, das man aus Gewürznelken gewinnt, wird heute noch für Zahncreme und Mundspülungen verwendet.

Ganze Gewürznelken

Küchentipp

Eine mit Gewürznelken gespickte Zwiebel vor dem Braten in die Bauchöffnung einer Ente stecken. Oder eine Orange mit Gewürznelken spicken, kurz backen und Glühwein damit aromatisieren.

Anbau und Ernte

Der Gewürznelkenbaum gehört zu den Myrtengewächsen und hat duftende, tiefgrüne Blätter. Heimisch ist er auf den Molukken, wo man ihn bis zum frühen 18. Jahrhundert ausschließlich anbaute. Doch dann brachen die Franzosen das Monopol: Sie baten Pierre Poivre, der den Zimt auf die Seychellen gebracht hatte, einige Setzlinge nach Mauritius zu schmuggeln. Die Bäume gediehen dort prächtig, und man brachte weitere Setzlinge nach Sansibar und Pemba vor der Küste Ostafrikas, die heute die bedeutendsten Produzenten sind. Gewürznelken sind die geschlossenen Blütenknospen dieses 12 m hohen Baums, die nach sechs bis acht Jahren geerntet werden können. Die Ernte kann in einem Jahr sehr hoch, im nächsten eher niedrig sein.

Nelken erntet man von Hand, um die Zweige für spätere Ernten nicht zu gefährden. Bleiben die rosa Knospen am Baum, bilden sich kleine rotviolette oder rote Blüten. Die hellen Knospen werden langsam in der Sonne getrocknet und bekommen eine dunkelbraune Farbe. Der langsame Trockenprozess ist nötig, damit die Gewürznelken nicht trocken und brüchig werden.

Gemahlen

Aroma

Nähert man sich einem Gewürznelkenbaum, bemerkt man bald seinen intensiven warmen Duft. Gewürznelken haben einen leicht strengen und gleichzeitig doch süßen, hocharomatischen Geschmack.

Verwendung in der Küche

Nelken gehören in viele klassische Gewürzmischungen, wie orientalische Currypulver, chinesisches Fünfgewürzpulver, europäische Gewürzmischungen für Eingelegtes, Glühweingewürz sowie gemahlene Gewürze zum Backen.

Ganze Nelken gibt man häufig in die Garflüssigkeit für Fisch, Geflügel, Wild oder Fleisch. Man verwendet sie für klassische Saucen, und sie sind eine aromatische und festliche Garnitur für gebackenen Schinken.

Besonders gut passen Gewürznelken zu Äpfeln: zu Apfelsaucen und -kuchen oder Puddings mit Äpfeln. Mit gemahlenen Nelken würzt man Reiskuchen, Plätzchen, Lebkuchen und viele internationale Puddings.

Medizinische und andere Verwendungen

Das Öl aus den Knospen, Blättern und Stielen ist sehr teuer. Es hat eine starke antiseptische und konservierende Wirkung und ist Bestandteil von Zahncreme, Mundspülungen sowie Präparaten zum Gurgeln. Außerdem verwendet man es bei Blähungen, Koliken, Verdauungsstörungen und Übelkeit. Es lindert auch Zahnschmerzen.

Aufbewahrung

Ganze Gewürznelken sind lange haltbar, wenn man sie kühl und lichtgeschützt aufbewahrt. Für gemahlene Nelken wird nur die kleine Knospe am Ende des Stiels zermahlen: Bei frischen Nelken sollte sie nicht beschädigt sein. Gemahlene Nelken werden im Handel angeboten, doch sollte man nur kleine Mengen nach Bedarf kaufen, denn Aroma und Farbe gehen bald verloren.

Asant

BOTANISCHER NAME: *Ferula asafoetida* • FAMILIE: *Umbelliferae*

ANDERE NAMEN: *Stinkasant, Teufelsdreck;* E. *asafoetida;* Frz. *assa foetida, férule perisque;* Sp. *asafétida;* It. *assafetida*

Alexander der Große, heißt es in frühen historischen Quellen, brachte den „stinkenden Finger" nach Westen. Im Römischen Reich diente Asant als Würzmittel, heute wird das scharf riechende Gummiharz häufig in der vegetarischen Küche Indiens verwendet.

Asantstücke

Anbau und Ernte

Ferula asafoetida, eine Steckenkrautart, wird in großen Naturwäldern bis zu 3,6 m hoch. Die Pflanze ist im Iran, in Afghanistan und Nordindien beheimatet. Eine weitere Art, *Ferula narthax,* ist kleiner. Die gesamte Pflanze verströmt einen charakteristischen kräftigen Geruch, den manche als Gestank bezeichnen. Aus den dicken Stengeln und der Wurzel gewinnt man das milchige Harz, das sich zu Asant verfestigt.

Aroma

Ganze Stücke sowie gemahlener Asant haben roh einen unangenehmen Geruch. Dieser verflüchtigt sich jedoch vollständig, wenn man das Gewürz an Gemüse, Fisch, Hülsenfrüchte oder Eingelegtes gibt.

Verwendung in der Küche

Asant mit seinem kräftigen knoblauchartigen Aroma wird hauptsächlich in der vegetarischen Küche Indiens verwendet, vor allem von der Bahim- und Jain-Kaste, die weder Zwiebeln noch Knoblauch essen dürfen. In West- und Südindien würzt man damit Currys und Eingelegtes. Ganze Stücke sind etwas für geübte indische Köche, die nur geringe Mengen gebrauchen. Die meisten von uns werden mit dem Pulver besser zurechtkommen. Kaufen Sie nur kleine Mengen. Gemahlen wird Asant meist mit Mehl vermischt, damit er nicht verklebt, und in leuchtend gelben Döschen angeboten.

Gemahlener Asant

Gemahlener Asant

Medizinische und andere Verwendungen

Asant ist hilfreiches Mittel bei Blähungen und wird darum von indischen Köchen sehr geschätzt, die gern mit Hülsenfrüchten kochen. Angeblich soll Asant Bronchitis heilen und sogar Hysterie.

Fenchel

BOTANISCHER NAME: *Foeniculum vulgare*
FAMILIE: *Umbelliferae*

ANDERE NAMEN: *Gemeiner/Wilder/Römischer Fenchel, Gewürz-, Knollenfenchel;* E. *fennel;* Frz. *fenouil, anet douce;* Sp. *hinojo;* It. *finocchio*

Fenchelblüten

Der Name stammt von dem lateinischen Wort „foenum" – einer duftenden Heuart. Fenchel ist den Kräutersammlern und Ärzten seit ewigen Zeiten bekannt: Man glaubte, er könne Menschen wieder jung, stark und gesund machen. In seinem Gedicht „The Goblet of Life" („Der Kelch des Lebens") fasst der amerikanische Dichter Longfellow die verschiedenen Ansichten über den Fenchel zusammen:

Aus nieder'm Kraut der Fenchel ragt,
In gelbem Flor und hoch begabt,
In alter Zeit, denn wie man sagt,
Dank wundersamer Macht, man sagt,
Die Sehkraft wiederkehr'.

Stärke schenkt er und Heldenmut;
Und Kämpfern, grob und voller Wut,
War er für ihre Speisen gut;
Wer siegreich im Gefecht, der trug
Den Fenchelkranz zur Ehr'.

Anbau und Ernte

Fenchel ist eine Staude mit langen Stengeln aus der Familie der Doldengewächse. Ihre Heimat ist Südeuropa und der Mittelmeerraum, wo sie in Küstennähe besonders gut gedeiht. Sie wird in Indien und Argentinien in großen Mengen kultiviert, aber auch in Europa, Nordafrika, Russland, Japan und den USA. Fenchel hat zarte Fiederblätter und blüht gelb. Geerntet werden die blaugrünen Früchte. Sie bestehen aus zwei ovalen Einzelsamen mit jeweils fünf Rillen. Fenchel und Dill sollte man im Garten nicht nebeneinander setzen, um eine Kreuzbefruchtung zu vermeiden.

Aroma

Fenchel hat einen angenehmen warmen, süßen Duft und ein mildes, anisähnliches Aroma. Man sollte am besten ganze Samen kaufen und nach Bedarf mahlen oder ohne Fett rösten.

Verwendung in der Küche

Fenchel passt hervorragend zu Fisch, besonders zu fettreichem Fisch wie Makrele, Hering und Lachs. Getrocknete Fenchelstengel kann man auf die Grillkohle legen: Sie verleihen gegrilltem Fisch ein einzigartiges Aroma. Außerdem passt Fenchel gut zu Schwein und Lamm. Zerstoßene Samen gibt man an Salatdressings und an Remoulade zu Fisch. Gemahlene Samen gehören in viele Currypulver und chinesisches Fünfgewürzpulver. Für pikante und süße Backwaren, ob Brote, Kuchen oder Plätzchen, verwendet man zerstoßene Samen. Versuchen Sie einmal Fencheltee bei entzündetem Gaumen: 3 TL Fenchelsamen mit 300 ml kochend heißem Wasser aufbrühen; abseihen.

Vorbereitungstipp

Zum Intensivieren des Aromas Fenchelsamen fettlos rösten und zerstoßen.

Die Samen in einer Pfanne mit schwerem Boden 1–2 Minuten trocken rösten, bis sie zu duften beginnen. Anschließend im Mörser zerstoßen.

Fenchelsamen

Medizinische und andere Verwendungen

Fenchel soll Ohren- und Zahnschmerzen sowie Asthma und Rheuma kurieren, Schluckauf und Husten beseitigen und die Sehkraft stärken. Man sagt ihm nach, beim Abnehmen zu helfen. Das Öl ist Bestandteil von Hustenmitteln, Lakritzkonfekt, Parfüms und Seifen.

Süßholz

BOTANISCHER NAME: *Glycyrrhiza glabra*
FAMILIE: *Leguminosae*

ANDERE NAMEN: *Lakritze;* E. *liquorice;* Frz. *réglisse;* Sp. *regaliz;* It. *liquirizia*

Gemahlene Süßholzwurzeln

Der botanische Name stammt aus dem Griechischen: „Glyks" oder „glukus" bedeutet süß, „rhiza" heißt Wurzel. Süßholz ist vor allem als Zutat für Süßwaren bekannt, im Besonderen für das bunte britische Lakritzkonfekt. In Großbritannien baut man Süßholz seit dem 16. Jahrhundert an, als es zum ersten Mal von Dominikanermönchen in Pontefract in Yorkshire kultiviert wurde. Hier begann auch der Handel mit den Süßwaren: mit kleinen „Lakritz-Kuchen" (Pontefract cakes).

Buntes Lakritzkonfekt

Getrocknete Süßholzwurzeln

Anbau und Ernte

Süßholz ist eine Staude aus der Familie der Hülsenfrüchtler, beheimatet im Mittleren Osten und Südosteuropa. Sie wird etwa 1 m hoch. An den langen Stengeln der Pflanze sitzen gefiederte Blätter mit 9 bis 17 Fiederblättern sowie blaue Blüten, aus denen sich Hülsen mit drei oder vier Samen entwickeln. Die Wurzeln, aus denen die Lakritze gewonnen wird, bilden ein tiefes und vielfach verzweigtes System von Rhizomen aus, die man nach drei bis fünf Jahren erntet. Die Wurzeln und Rhizome werden gereinigt, zerstampft und erhitzt, wobei ein konzentrierter Süßholzsaft entsteht. Süßholz wird heute in Russland und Europa angebaut.

In Scheiben geschnittene Süßholzwurzeln

Laktritzkuchen

Sambuca

Aroma

Die Wurzeln sind im Innern leuchtend gelb und duften süß. Sie haben einen kräftigen, bitter-süßen Anisgeschmack.

Verwendung in der Küche

Süßholz kennt man als Zutat für Süßwaren. Außerdem wird es für das irische Guinness, zum Aromatisieren des italienischen Sambuca sowie für Biersorten und andere Getränke verwendet.

Medizinische Verwendungen

Wegen seines kräftigen Aromas ist Süßholz häufig Bestandteil von Arzneimitteln, etwa um den unangenehmen Geschmack von Hustenmitteln oder Halspastillen zu verbessern.

Aufbewahrung

Manchmal bekommt man getrocknete Süßholzwurzeln, die man in luftdichten Behältern kühl und trocken aufbewahrt.

Sternanis

BOTANISCHER NAME: *Illicium verum*
FAMILIE: *Magnoliaceae*

E. *star anise;* Frz. *anis de la Chine;*
Sp. *badiana, badián;* It. *anice stellato*

Ganzer Sternanis

Sternanissamen

Gemahlener Sternanis

Anbau und Ernte

Sternanis ist die Frucht eines kleinen bis mittelgroßen, immergrünen Baums aus Südwestchina. Heute baut man ihn in Kambodscha, Laos, Vietnam und Japan an. Seine aromatische Rinde diente in Japan traditionell als Räucherwerk. Aus den gelben, narzissenartigen Blüten entwickeln sich Früchte, die sich zu der typischen Sternform mit acht Spitzen öffnen. Nach sechs Jahren trägt der Baum zum ersten Mal Früchte, doch dann bis zu hundert Jahre lang. Sternanis wird unreif geerntet. Die reifen, sternförmigen Fruchtschalen sind rotbraun und enthalten in jeder Spitze einen goldbraunen Samen. Für das gemahlene Gewürz verwendet man Samen und Schalen.

Aroma

Obwohl sich Sternanis und Anis im Aussehen stark unterscheiden, haben sie doch ein sehr ähnliches ausgeprägtes Aroma, das an Lakritze erinnert.

Verwendung in der Küche

Sternanis ist eines der wichtigsten Gewürze der Küchen Chinas und bestimmt das Aroma des chinesischen Fünfgewürzpulvers. Oft verwendet man ganze Sternchen oder Stücke davon, etwa in unserem chinesischen Rezept für Eier. Außerdem aromatisiert man damit alkoholische Getränke, wie Pastis und Anisette sowie Süßigkeiten.

Medizinische und andere Verwendungen

Sternanis findet in Hustenmitteln Verwendung. Außerdem wird er Haustierfutter zugesetzt. In China lutscht man gern Sternchenspitzen für einen frischen Atem.

Aufbewahrung

Ganze Sternchen sind lange haltbar. Gemahlen sollte man ihn nur in kleinen Mengen kaufen und lichtgeschützt im luftdichten Behälter aufbewahren.

Küchentipp

Sternanis passt gut zu Schwein oder Ente. Ganze Sternchen eignen sich für Gerichte mit langer Garzeit. Ente oder Huhn bekommen einen besonderen orientalischen Geschmack, wenn man vor dem Braten ein Sternchen mit einer Zwiebel in die Bauchöffnung steckt.

Chinesische marmorierte Eier

Ch'a Yeh Tan

Ergibt 6 Portionen

6 Eier
1 TL Salz
2 EL dunkle Sojasauce
1 ganzer Sternanis
2 EL chinesischer schwarzer Tee (ersatzweise 2 Teebeutel)

1 Die Eier in ausreichend Wasser 20 Minuten hart kochen. Im Kochwasser abkühlen lassen.

2 Die Eierschalen rundum vorsichtig anschlagen, damit sie springen, aber nicht entfernen. Die Eier mit kaltem Wasser in einen Topf geben. Sojasauce, Salz, Sternanis und Tee dazugeben. Zum Kochen bringen und $1\frac{1}{2}$–2 Stunden schwach sieden lassen. Die Eier sollen immer mit Wasser bedeckt sein. Zum Abkühlen die Eier über Nacht in der Flüssigkeit stehen lassen.

3 Die Eier schälen. Sie sind nun rundum mit feinen Linien überzogen. Längs in Viertel schneiden und mit einer Auswahl chinesischer Speisen als Teil einer typischen Mahlzeit reichen.

Wacholder

BOTANISCHER NAME: *Juniperus communis* • FAMILIE: *Cupressaceae*

E. *juniper;* Frz. *genièvre;*
Sp. *enebro, junipero, nebrini;* It. *ginepro*

Der Wacholderbaum oder -strauch stand lange Zeit im Ruf, Freund und Beschützer jener zu sein, die in Bedrängnis sind. Im Alten Testament werden Wacholderbäume als Orte der Zuflucht bezeichnet, und nach der Legende soll das Jesuskind zwischen den Zweigen eines Wacholderstrauchs versteckt worden sein, als die Heilige Familie vor Herodes fliehen musste: Die Soldaten gingen an Maria und Joseph vorüber, denn sie suchten ja ein Paar mit einem Neugeborenen. Wacholder galt in der Folge als Symbol für die Jungfrau Maria, und in Italien hängt man Kränze und Zweige davon in Scheunen und Kuhställe. Im Mittelalter wurden Wacholderzweige als Schutz vor Hexen über die Türen gehängt; verbrannte Zweige sollten Schlangen fern halten.

Wacholderbeeren

Anbau und Ernte

Wacholder ist eine immergrüne Konifere mit spitzen Nadeln aus der Familie der Zypressen. Der Wacholderbaum oder -strauch hat zweihäusige, männliche und weibliche Blüten, die nicht zu weit voneinander entfernt sein dürfen, damit sich Beeren entwickeln können. Die männlichen Blüten sind gelb und kegelförmig, die weiblichen grün und rundlich. Die kugeligen Beeren werden alle zwei Jahre, aber zu unterschiedlichen Zeiten reif. Bei der Ernte sollte man Handschuhe tragen, um nicht gestochen zu werden: Man pflückt nur die blauen Beeren, die nach dem Trocknen schwarzblau und leicht runzelig sind. Erntezeit ist September oder Oktober. Die wichtigsten Wacholderproduzenten sind Ungarn und Italien. Es heißt, je südlicher das Anbaugebiet, desto besser die Beeren.

Gin

Zerdrückte Wacholderbeeren

Aroma

Zuerst schmeckt die Beere nach Gin und später ein wenig harzig. Das dominierende Ginaroma wird von einem leicht bitteren, doch angenehmen Geschmack begleitet und bestimmt auch den leicht harzigen Duft der Beeren.

Vorbereitungstipp

Wacholderbeeren kann man in der Pfeffermühle mahlen, etwa zur Verwendung in Marinaden oder als Grillgewürz. Ansonsten zerdrückt man sie im Mörser oder mit der Rückseite eines Teelöffels in einer kleinen Tasse.

Verwendung in der Küche

Wacholderbeeren werden zur Herstellung von Gin, Likören und Magenbitter verwendet. Sie sind beliebt bei Wildgeflügel, Wildbret, Ente, Kaninchen, Schwein, Schinken und Lamm. Außerdem passen sie hervorragend zu Fleischpasteten und Terrinen.

Medizinische und andere Verwendungen

Wacholder soll die Durchblutung fördern und älteren Menschen jugendliche Vitalität geben. Er dient zur Behandlung von Koliken, Blähungen und Rheuma sowie als Gegenmittel bei Schlangenbissen. Er hat eine antiseptische Wirkung und ist Bestandteil von Insektengiften und Parfüms.

Küchentipp

Einige zerdrückte Wacholderbeeren kann man an gehaltvolles Früchtebrot geben oder auch an englischen Plumpudding.
Sie passen auch gut zu Äpfeln: Würzen Sie Ihren Apfelkuchen damit.

Galgant

GROSSER GALGANT
BOTANISCHER NAME: *Alpinia galanga*
FAMILIE: *Zingiberaceae*

ANDERE NAMEN: *Laoswurzel, Siamwurzel, Siamingwer;* E. *greater galangal;* Frz. *grand galanga;* Sp. *galanga;* It. *galanga;* Ind. *laos;* Mal. *lengkuas;* Thai *khaa*

ECHTER GALGANT
BOTANISCHER NAME: *Alpinia officinarum*
FAMILIE: *Zingiberaceae*

ANDERE NAMEN: *Laoswurzel, Siamwurzel, Siamingwer;* E. *lesser galangal;* Frz. *galanga de la Chine, galanga vrai;* Sp. *galanga;* It. *galanga;* Thai *krachai*

Im Mittelalter wurden beide Galgantarten aus der Familie der Ingwergewächse als Heilmittel, Gewürz und Aphrodisiakum verwendet. Als frische Gewürze werden sie erst seit einigen Jahren außerhalb der Anbauländer wieder häufiger angeboten.

Anbau und Ernte

Beide Galgantarten baut man in Indien und Südostasien an, wo sie unverzichtbare Zutat für viele Speisen sind. Neben dem Großen und dem Echten Galgant gibt es ein weiteres Ingwergewächs, die Gewürzlilie (*Kaempferia galanga*). Sie erinnert mit ihren „Fingern" an Echten Galgant und wird nur in Spezialgeschäften angeboten.

Großer Galgant erreicht eine Höhe von 1,80 m und besitzt lange, schwertartige Blätter. Die grünen und weißen Blüten haben rote Spitzen. Seine knollig verdickten Rhizome sind gelblich weiß mit braunen, ringförmigen Blattnarben und, bei frischen Exemplaren, gelegentlichen rosafarbenen Seitensprossen.

Echter Galgant ist in Südchina beheimatet und wird nur etwa halb so hoch wie sein größerer Verwandter. Obwohl man Echten Galgant in Indien und Südostasien kultiviert, ist er nicht so bekannt wie Großer Galgant und wird seltener verwendet.

Aroma

Großer Galgant duftet ähnlich wie Pinien und schmeckt würzigscharf. Noch ausgeprägter ist das Aroma von Echtem Galgant. Er hat einen kräftigeren, pfeffrigen Geschmack und sollte eher sparsam verwendet werden. Vor der Zubereitung wird Galgant gründlich gewaschen. In feine Scheiben geschnitten gibt man ihn an pikante Currys, zu denen seine würzige Schärfe gut passt.

Getrocknete Galgantscheiben

Gemahlener Galgant

Verwendung in der Küche

Galgant wird in Südostasien häufig verwendet, etwa zu Meeresfrüchten oder Huhn. Mit Zwiebeln, Knoblauch, Chillies und Ingwer zerreibt man ihn zu einer Gewürzpaste. In Scheiben geschnitten gehört er, mit gehacktem Zitronengras und Zitronenblättern, an thailändische Suppen.

Vorbereitungstipp

Frischer Großer Galgant wird dünn geschält und in Scheiben geschnitten.

Galgantscheiben kann man auch im Mörser zerreiben. Echter Galgant ist etwas faseriger. Er wird auf die gleiche Weise vorbereitet.

Frischer
Großer Galgant

Gewürzlilie

KÜCHENTIPP

Statt einer 4 cm langen frischen Wurzel 1 TL gemahlenen Galgant verwenden.

MEDIZINISCHE UND ANDERE VERWENDUNGEN

Er ist in Arzneimitteln gegen Übelkeit, Blähungen, Magenbeschwerden und Schnupfen. In Indien wird er als wirksames Mittel bei Mundgeruch empfohlen. Er wirkt antibakteriell und wird in der Homöopathie verwendet.

AUFBEWAHRUNG

Frischen Galgant kann man, in Papier gewickelt, im Gemüsefach des Kühlschranks bis zu zwei Wochen aufbewahren. Getrocknete Scheiben und gemahlenen Galgant bekommt man in asiatischen Spezialgeschäften. Die Scheiben gibt man an Currys und Eintöpfe und entfernt sie vor dem Servieren. Gemahlenen Galgant kauft man nur in kleineren Mengen und bewahrt ihn luftdicht und lichtgeschützt auf.

Lorbeer

BOTANISCHER NAME: *Laurus nobilis* • FAMILIE: *Lauraceae*

ANDERE NAMEN: *Lorbeerblatt, Suppenblatt;*
E. *bay leaf;* Frz. *feuille de laurier, laurier franc;* Sp. *hoja de laurel;*
It. *foglia d'alloro*

Der berühmte Kräutersammler Culpeper hielt den Lorbeer für eine Art Schutz vor „allem Bösen, das dem Körper des Menschen vom alten Satan droht, und davon gibt es nicht wenig". Parkinson, ein Botaniker aus dem 17. Jahrhundert, war voller Lob für die Vorzüge des Lorbeer: „Die Lorbeerblätter erfüllen, ebenso wie alles andere in unseren Gärten, ihren Nutzen – zur Freude und Zierde wie zum Gebrauch, zur reinen Erbauung wie für den Körper, ja, sowohl für die Kranken als auch für die Gesunden, für die Lebenden genauso wie für die Toten; … so dass wir von der Wiege bis zur Bahre Gebrauch davon machen können."

Frischer Lorbeer

Im alten Rom trugen Herrscher und Helden als Zeichen ihres großen Ansehens einen Lorbeerkranz. Ein Aberglaube besagte zudem, dass Lorbeer vor Blitzen schützte. Heute schmückt man den Sieger des Grand Prix mit einem Lorbeerkranz, und der Dichter der königlich britischen Hofhaltung erhält den Titel *Poeta laureatus* – nach den griechischen und römischen Dichtern, die auch mit einem Lorbeerkranz geehrt wurden.

ANBAU UND ERNTE

Der Lorbeerbaum ist in Kleinasien heimisch, breitete sich jedoch schon vor Urzeiten im ganzen Mittelmeerraum aus. Seine gelben oder grünlich weißen Blüten sind unscheinbar; aus ihnen entwickeln sich dunkelviolette Beeren mit je einem Samen. Den echten Lorbeerbaum sollte man nicht mit dem Kirschlorbeer *(Prunus laurocerasus)* verwechseln, der giftige Blätter hat, oder mit dem karibischen Bayrumbaum

(Pimenta racemosa), dessen Blätter zur Rumherstellung verwendet werden. Lorbeerbäume können über 15 m hoch werden, doch stutzt man sie meist zu kompakten Ziersträuchern oder zieht sie als mittelgroße Büsche.

Aroma

Zerkleinerte Lorbeerblätter verleihen Gerichten ein kräftiges, warmes Aroma. Getrocknete Blätter sind besonders aromatisch und sollten sparsam verwendet werden. Im Handel bekommt man frische oder getrocknete Blätter, im Ganzen oder gemahlen; letztere verlieren jedoch schnell ihren Geschmack.

Verwendung in der Küche

Lorbeerblätter gehören in Bouquet garni und Courtbouillon. Außerdem sind sie weltweit eine wichtige Würzzutat für viele klassische Saucen, etwa Béchamel-, Brot- und Tomatensauce. Sie werden verwendet, um Meeresfrüchte, Geflügel, Fleisch, Reis und Gemüse zu verfeinern. Man würzt mit ihnen Suppen, Schmorgerichte sowie Mariniertes und Gebratenes, steckt sie auf Grillspieße oder gibt sie in den Bräter. Sie werden auch zum Einlegen verwendet und sogar für einige Desserts, vor allem Puddings und Cremes. Vor dem Servieren werden die Lorbeerblätter entfernt, denn sie sind hart und schmecken sehr kräftig. Manchmal wickelt man die Blätter auch um getrocknete Feigen, um Schädlinge fern zu halten.

Medizinische und andere Verwendungen

Die Heilwirkungen der Lorbeerblätter und -beeren sind legendär: Sie haben blutstillende, harntreibende und verdauungsfördernde Eigenschaften und sind appetitanregend. Die in den Blättern enthaltene Säure hält Motten fern. Das Öl des Bayrumbaums verwendet man in der Parfümindustrie und zur Herstellung von Rum.

Vorbereitungstipp

Lorbeerblätter verleihen gegrillten Kebabs ein kräftiges Aroma: Jeweils 1 oder 2 Blätter auf einen Grillspieß zwischen die Fleischstücke stecken.

Aufbewahrung

Die Blätter sollten vorsichtig gepflückt und getrocknet werden, immer geschützt vor direktem Sonnenlicht zum Schutz der ätherischen Öle. An den Zweigen rollen sie sich mit der Zeit zusammen. Will man sie in einem Behälter aufbewahren, müssen sie zwischen zwei Lagen Papier getrocknet werden. Man bewahrt sie lichtgeschützt auf. Die glänzend dunkelgrünen Blätter kann man frisch oder getrocknet verwenden. Nur einige Tage getrocknet, schmecken sie am besten: nicht mehr so bitter, aber aromatisch.

Gefriergetrocknete Lorbeerblätter

Getrocknete zerkleinerte Lorbeerblätter

Getrocknete zerriebene Lorbeerblätter

Getrocknete Lorbeerblätter

Mangopulver

BOTANISCHER NAME: *Mangifera indica* • FAMILIE: *Anacardiaceae*

E. *mango powder;* Frz. *mangue;* Sp. *mango, manguey;* It. *mango;* In. *amchur, amchoor*

Mangopulver

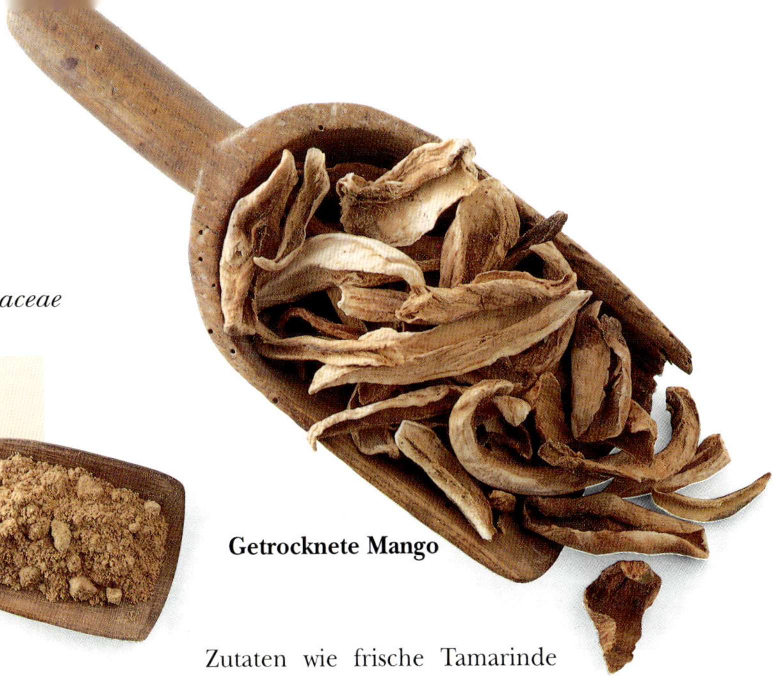

Getrocknete Mango

ANBAU UND ERNTE

Der Mangobaum ist mit der Cashewnuss und Pistazie verwandt und in Indien heimisch, wo man die Mango auch als „Königin der Früchte“ bezeichnet.

Die indische Bezeichnung *amchur* ist von den Namen der Hindus für Mango, *am*, und für Pulver, *choor* oder *chur* abgeleitet. Man schneidet die unreifen Mangos in Scheiben, trocknet sie in der Sonne und zermahlt sie zu Pulver, das mit etwas Kurkuma vermischt wird.

AROMA

Mangopulver hat ein süß-saures Aroma, das leicht an Harz erinnert.

VERWENDUNG IN DER KÜCHE

Bei den hohen Temperaturen auf dem indischen Subkontinent bleibt Mangopulver viel länger haltbar als säuerliche Zutaten wie frische Tamarinde oder Zitronen. Man gibt das Pulver hauptsächlich an vegetarische Gerichte, und zwar meist gegen Ende der Garzeit, damit das süß-saure Aroma den Geschmack mitbestimmt. Mit Mangopulver würzt man Suppen, Marinaden, Currys und Chutneys.

Curryblätter

BOTANISCHER NAME: *Murraya koenigii*
FAMILIE: *Rutaceae*

E: *curry leaves;* Frz. *feuille de cari;* Sp. *hoja;* It. *foglia di cari;* In. *karipatta, kitha neem*

ANBAU UND ERNTE

Diese Federblätter stammen von einem Baum aus der Familie der Rautengewächse. Seine Heimat sind Südindien und Sri Lanka. Die langen, schlanken Blätter haben eine dunkelgrüne Ober- und eine hellere Unterseite.

AROMA

Die zerriebenen Blätter verströmen einen kräftigen, warmen Curryduft. Speisen verleihen sie einen Currygeschmack, der durch keine andere Würzzutat ersetzt werden kann.

VERWENDUNG IN DER KÜCHE

Für die klassische Zubereitung brät man Senfkörner in heißem Ghee, fügt dann etwas Asant und einige Curryblätter hinzu, um die Mischung nach wenigen Sekunden in ein einfaches Linsengericht *(Dal)* oder eine Linsensuppe zu geben. Man kann die Blätter auch sehr fein hacken oder zerreiben und sie dann zum Würzen für Currys, Marinaden oder Omelettes verwenden. Oft gebraucht man sie für Madras-Currypulver oder -pasten und Gerichte mit Schalentieren. Ganze Blätter entfernt man vor dem Servieren.

Frische Curryblätter

Getrocknete Curryblätter

AUFBEWAHRUNG

Frische Blätter bekommt man in asiatischen Lebensmittelgeschäften. Im Gemüsefach des Kühlschranks halten sie sich bis zu zwei Wochen, oder man friert sie ein. Sie werden auch vakuumgetrocknet angeboten, wodurch die Blätter Farbe und Aroma behalten. Lässt man die Blätter lufttrocknen, verlieren sie ihre Schärfe.

Muskatnuss und Macis

BOTANISCHER NAME: *Myristica fragrans* • FAMILIE: *Myristicaceae*

E. *nutmeg;* Frz. *noix muscade;* Sp. *nuez moscada;* It. *noce moscata*

Muskatnuss und Macis (Muskatblüte) gehören beide zur Frucht des Muskatnussbaums. Bereits die Römer wussten diese Gewürze zu schätzen. Heinrich VI. ließ die Straßen Roms vor seiner Kaiserkrönung mit Muskat ausräuchern. Den Portugiesen gelang es, ihre Quellen für Muskatnuss und Macis ab dem frühen 16. Jahrhundert 100 Jahre lang streng geheim zu halten. Dann verdrängten die Holländer sie von den Gewürzinseln, um diese ihrerseits eifersüchtig zu bewachen. Im Jahr 1760 gab es in Amsterdam Lagerhäuser, die nur mit diesen wertvollen Gewürzen gefüllt waren, doch legte man in ihnen Feuer, um den Preis für Muskat künstlich in die Höhe zu treiben. Ein Pfund Macis kostete zu dieser Zeit in London 85 bis 90 Schilling. Die Holländer waren so fest entschlossen, ihr Monopol zu bewahren, dass sie versuchten, den Anbau auf zwei Inseln zu beschränken. Jedoch hatten sie nicht an die Tauben gedacht, die Samen auf benachbarte Inseln brachten, wo sich Setzlinge entwickelten.

Muskatnüsse mit Macis-Mantel

Pierre Poivre, ein französischer Missionar, war für den Transport der wertvollen Setzlinge nach Mauritius verantwortlich, wo sie hervorragend gedeihen sollten. Damit war die Monopolstellung Hollands beendet und gleichzeitig sein großer Einfluss auf den Gewürzinseln.

Die britische Ostindische Kompanie sorgte für die weitere Verbreitung des Muskatnussbaums: in Penang, Singapur, Indien, Sri Lanka und Westindien (hier vor allem Grenada). Neben Indonesien ist Grenada heute ein Hauptproduzent von Muskatnuss und Macis.

Anbau und Ernte

Der immergrüne Baum ist auf den Banda-Inseln der Molukken heimisch. Er wird 18 m hoch und entwickelt nach 15 bis 20 Jahren erstmals Früchte. Dann trägt er jährlich, 30 bis 40 Jahre lang, 1500 bis 2000 Früchte, die in Größe und Farbe Aprikosen ähneln. Wenn sie reif sind, zeigt sich innen ein leuchtend roter Samenmantel, der den braunen Samen umhüllt. Diesen Mantel nennt man Macis oder Muskatblüte. Er wird vom Samen gelöst und getrocknet, wobei er sich orange verfärbt. Auch der Samen wird getrocknet. Um die Schale zu entfernen, wird sie an einem Ende, auf keinen Fall seitlich, aufgeschlagen, damit man den Kern nicht beschädigt.

Aroma

Macis und Muskatnuss haben einen wunderbar aromatischen, warm-süßen Duft. Ihr Geschmack ist sehr ähnlich, doch schmeckt die Muskatnuss etwas süßer.

Verwendung in der Küche

Macis wird in ganzen Stücken oder gemahlen angeboten. Man verfeinert damit würzige Speisen, während Muskat, der sich ebenfalls für Pikantes eignet, besonders gut zu Puddings, Kuchen und Getränken passt. In Malaysia wird die fleischige äußere Hülle der Muskatnuss kandiert oder eingelegt und halbiert oder in Scheiben als delikater Snack verkauft.

Vorbereitungstipp

Einst war es schick, Muskatnüsse an einer Halskette und eine kleine Muskatreibe bei sich zu tragen. Auch heute gilt noch: am besten ganze Muskatnüsse kaufen und nach Bedarf reiben.

Mit Muskatreiben erhält man feines Pulver. Es eignet sich auch eine feine Rohkostreibe aus rostfreiem Stahl.

Im Handel werden auch Muskatmühlen angeboten. Doch mahlen nicht alle Modelle gleich gut, und man sollte die Mühlen vorher sorgfältig prüfen.

Ganze Muskatnüsse

Geriebene Muskatnuss

Ganze Muskatnüsse

Gemahlener Macis

Für viele klassische Gerichte sind beide Gewürze eine unerlässliche Zutat. Mit Macis würzt man Saucen, die mit Milch abgelöscht werden, wie Béchamelsauce, sowie verschiedenste Wurstwaren. Er eignet sich auch hervorragend zur Verfeinerung delikater Suppen und Saucen mit Fisch, Meeresfrüchten, vor allem Garnelen, und Eiern. Eingelegtes und Chutneys kann man damit würzen, oder geben Sie doch einmal etwas Macis an Ihren Milchpudding oder Käsekuchen.

Mit Muskat würzt man Füllungen für Nudelteig, besonders mit Spinat und Käse, und man gibt ihn an Risotto, Tomatensauce oder Saucen zu Fisch- und Hühnchenpasteten. Er ist eine hervorragende Würze für Käsesaucen zu Lammkotelett und für Kartoffelpüree.

Außerdem verfeinert man mit Muskat traditionell Kuchen, Lebkuchen, Plätzchen und verschiedene Puddings. Ein wenig geriebene Muskatnuss verleiht Kirsch- oder Apfelkuchen ein ganz neues, herrliches Aroma. Als erfrischenden Ausklang eines schmackhaften Menüs kann man gut gekühlte, mit etwas geriebener Muskatnuss und Zucker bestreute Orangenschalen reichen. An Glühwein und andere Heißgetränke mit Alkohol gibt man ebenfalls etwas Muskat: Ein Eierflip mit einer kleinen Prise Muskat schmeckt zum Beispiel außergewöhnlich und delikat. Auch zu heißen Milchgetränken passt eine Prise Muskat.

Medizinische und andere Verwendungen

Die beim Kochen verwendete Menge des Rauschmittels Muskat ist unbedenklich. Er ist blutstillend, stimulierend und aphrodisierend. Das ätherische Öl verwendet man für Parfüms und Salben.

Schwarzkümmel

BOTANISCHER NAME: *Nigella sativa* • FAMILIE: *Ranunculaceae*

E. *nigella, black caraway, black cumin, wild onion seed;* Frz. *cheveux de Venus, nigelle, poivrette;* Sp. *neguilla;* It. *nigella;* In. *kalonji*

Schwarzkümmelsamen

Verwandt ist Schwarzkümmel mit der Jungfer im Grünen, einer hübschen Pflanze mit blauen Blüten. Schon die Römer verwendeten die Schwarzkümmelsamen, und auch heute noch dienen sie in Indien zum Kochen und als Heilmittel.

Medizinische Verwendungen

Indische Naturheilkundige nehmen den Samen als Stimulans, bei Blähungen und Verdauungsstörungen.

Anbau und Ernte

Schwarzkümmel, eine einjährige Krautpflanze aus der Familie der Hahnenfußgewächse, wird etwa 60 cm hoch, hat graugrüne, gefiederte Blätter und blüht blau-weiß. Hauptanbauland ist Indien. In einer Samenhülle, die an eine Mohnkapsel erinnert, sitzen die schwarzen Samen. Sie sind dreikantig, mit zwei flachen und einer abgerundeten Seite. Oft verwechselt man sie mit den sehr ähnlichen Zwiebelsamen.

Aroma

Die Samen duften nur schwach, doch reibt man sie zwischen den Fingern, verströmen sie einen pfeffrigen Geruch. Gelegentlich werden sie als Pfefferersatz verwendet. Ihr würziger Geschmack erinnert an Oregano.

Verwendung in der Küche

Schwarzkümmel gehört in die bengalische Gewürzmischung Panch phoron. In der indischen Küche wird er häufig für Gemüse- und Linsengerichte *(Dal)* verwendet sowie für Eingelegtes und Chutneys. Man streut die Samen auch über Naan-Brot, dem sie ein typisches pfeffriges Aroma verleihen. Im Mittleren Osten gibt man die Samen ebenfalls über Brote und Kuchen, manchmal vermischt mit Sesamsamen.

Vorbereitungstipp

Damit sie ihr Aroma voll entfalten, Schwarzkümmelsamen vor der Verwendung stets ohne Fett rösten.

Die harten Samen lassen sich nur schwer von Hand mahlen. Am besten mahlt man sie in kleinen Portionen in einer Kaffee- oder Gewürzmühle.

Zwiebelsamen

Panch phoron (bengalische Gewürzmischung)

Naan-Brot

Mohn

BOTANISCHER NAME: *Papavera somniferum*
FAMILIE: *Papaveraceae*

Gelber Mohn

ANDERE NAMEN: *Schlafmohn, Mohnsamen, Blaumohn;* E. *poppy seeds, opium poppy;* Frz. *pavot somnifère, oeillette;* Sp. *adormidera, amapola;* It. *papavero;* In. *kus-kus, khus-khus*

Funde aus dem antiken Griechenland belegen, dass die medizinischen und narkotischen Wirkungen von Mohn schon seit langem bekannt sind. Durch arabische Händler und die Ausbreitung des Islams gelangte der Mohn nach Persien, Südostasien und Indien. Opium (ein Derivat) verschaffte, in kleinen Mengen eingenommen, große Erleichterung bei Schmerzen. Bald wurde der Mohn jedoch als Rauschmittel gehandelt. Viele Händler bereicherten sich an den Abertausenden, die abhängig geworden waren: Sie litten schwere Qualen, viele von ihnen starben.

Blauer Mohn

Papavera somniferum bedeutet schlafbringender Mohn und bezieht sich auf das enthaltene Opium im Milchsaft, der austritt, wenn man die unreifen Mohnkapseln aufschlitzt. Mohnsamen zum Kochen haben keine Nebenwirkungen.

Anbau und Ernte

Der Schlafmohn ist eine große, einjährige Krautpflanze mit blaugrauen Stengeln. Er wird im März gesät und im September geerntet. Holland baut den qualitativ besten blauen Mohn an; weitere Anbauländer sind Polen, der Iran, Rumänien, Russland, die Türkei und Argentinien.

Mohnsprossen

Aroma

Mohnsamen haben einen süßen Duft. Beim Garen setzen sie ein intensives, nussartiges Aroma frei.

Verwendung in der Küche

In Indien wird vor allem gelber Mohn verwendet: Gemahlen gibt man ihn etwa zum Andicken an Currys und Saucen. Außerdem verwendet man ihn für einige indische Brotsorten. In Europa wird der blaue Mohn bevorzugt. Man streut ihn zum Beispiel über Brote sowie pikante und süße Backwaren.

Blauer Mohn ist in Deutschland und Osteuropa häufige Zutat für Füllungen und Backwaren, ob für Brote, Kuchen, Plätzchen oder Pasteten. Herrliche Pasteten und Mohnkuchen aus Hefeteig sind beliebte Spezialitäten zu Weihnachten und anderen Festlichkeiten. Außerdem streut man ihn großzügig über Nudelgerichte oder bereitet aus Mohn und Honig eine Dessertsauce.

Trocken geröstete Mohnsamen passen gut zu Salaten und Dressings, etwa zu Kartoffel-, Tomaten-, Eier-, Nudel- oder Krautsalaten. Von gelbem oder blauem Mohn kann man auch Sprossen ziehen: als Garnitur für Salate, Gemüsegerichte oder Sandwiches.

Vorbereitungstipp

Mohnsamen sind sehr fest. Möchte man sie an Salate oder Nudelgerichte geben, sollte man sie vorher leicht rösten. Für eine Mohnpaste den Mohn vor dem Mahlen mit kochend heißem Wasser begießen und 2–3 Stunden einweichen lassen. Durch ein feines Baumwolltuch abgießen und zu einer Paste zermahlen. Am besten lassen sich die feuchten Samen in einer Küchenmaschine mit Metallmesser zu einer geschmeidigen Paste zerkleinern. Trockenen Mohn kann man dagegen in einer Kaffeemühle mahlen.

Medizinische und andere Verwendungen

Mohnöl verwendet man für Künstlerfarben. Blauer Mohn ist Bestandteil von Schmerz-, Husten- und schleimlösenden Mitteln. Ein Aufguss der Samen soll bei Zahn- und Ohrenschmerzen helfen.

Aufbewahrung

Benötigt man eine größere Menge Mohn, zum Beispiel für eine Füllung, sollte man ihn unbedingt in einem Geschäft kaufen, das frische Ware garantieren kann. Zu lange gelagerter Mohn bekommt einen bitteren, ranzigen Geschmack. Feinkostläden mit osteuropäischen Lebensmitteln bieten frischen Mohn meist an. Mohnsamen bewahrt man in luftdichten Behältern kühl und trocken auf – aber nur für einige Wochen, denn sie sind nicht unbegrenzt haltbar.

Küchentipp

Als Zugabe für Kürbis- oder Steckrübenpüree 1–2 EL blauen Mohn in Butter braten. Selbst gebackene Brote, Plätzchen oder Pasteten mit Mohn bestreuen. Gemahlenen Mohn mit Honig vermischen und als Füllung für Pfannkuchen verwenden.

Piment

BOTANISCHER NAME: *Pimenta dioica* • FAMILIE: *Myrtaceae*

ANDERE NAMEN: *Nelkenpfeffer, Allgewürz, Neugewürz, Jamaikapfeffer;* E. *allspice, English spice, Jamaican pepper, pimento;* Frz. *toute-épice, piment poivre de la Jamaïque;* Sp. *pimiento de Jamaica;* It. *pimento*

Lange vor Ankunft der Spanier auf den westindischen Inseln verwendeten die Mayas bereits Piment zum Einbalsamieren ihrer Toten. Christoph Kolumbus soll den Bewohnern der Karibischen Inseln eine Hand voll schwarzer Pfefferkörner gezeigt haben, und so erklärt sich vielleicht die Namensverwirrung: Möglicherweise hielt man Piment und Pfeffer (von den Spaniern „pimienta" genannt) für ein und dasselbe Gewürz.

Ganze Beeren

Die voll ausgebildeten Beeren werden grün geerntet, und zwar von Juli bis September. Man trocknet sie in der Sonne, wobei sie sich erst rotviolett, dann braun verfärben. Junge Bäume tragen nach fünf oder sechs Jahren zum ersten Mal Früchte. Nach 15 Jahren liefern sie große Erträge, und dies bis zu 100 Jahre lang. Jamaika produziert zwei Drittel der weltweiten Ernte und exportiert das Gewürz nach Deutschland, Großbritannien und in die USA.

Gemahlener Piment

Die Beeren haben eine rauhe Oberfläche mit winzigen Öldrüsen. Im Innern befinden sich zwei harte, nierenförmige Samen, das meiste Aroma sitzt aber in der Schale.

Die Seefahrer des 17. Jahrhunderts wussten die konservierenden Eigenschaften von Piment sehr zu schätzen, denn dadurch blieben Fisch und Fleisch auf langen Reisen haltbar. In der Fischindustrie Skandinaviens wird das Gewürz immer noch in großen Mengen verwendet. Gegen Ende des 19. Jahrhunderts kamen Spazier- und Schirmstöcke aus dem Holz junger Pimentbäume in Mode. Es wurde jedoch ein Gesetz erlassen, dass das Fällen der Bäume verbot, um den möglichen Niedergang der Pimentindustrie zu verhindern.

Anbau und Ernte

Der immergrüne Pimentbaum gehört zur Familie der Myrtengewächse und ist in Westindien, Mittel- und Südamerika beheimatet. Im frühen 19. Jahrundert brachte man einige Setzlinge nach Ceylon und Singapur, wo sie sich aber nicht kultivieren ließen. Der Baum erreicht eine durchschnittliche Höhe von 9 bis 12 m; in den Regenwäldern Südamerikas kann er allerdings doppelt so hoch werden. Die Plantagen mit ihren langen Baumreihen erinnern an Alleen. Sie sind erfüllt von dem würzigen Duft, den alle Teile des Baums verströmen – Rinde, Blätter, weiße Blüten und später die Beeren.

Der so genannte Gewürz- oder Erdbeerstrauch (*Calycanthus*) mit angenehmem Pimentduft ist jedoch nicht mit dem Pimentbaum verwandt.

Aroma

Piment wird zu Recht auch Allgewürz genannt, denn sein Aroma erinnert an Gewürznelken, Muskat und Zimt – manche behaupten sogar, etwas Macis und Pfeffer herauszuschmecken. Zerstoßener oder gemahlener Piment hat einen kräftigen Geschmack. Kaufen Sie am besten ganze Beeren, die Sie nach Bedarf mahlen: Bereits gemahlener verliert schnell seine Würzkraft. Piment aus Jamaika besitzt die beste Qualität.

Verwendung in der Küche

Das Nationalgetränk Jamaikas, bekannt als Jamaica dram, wird aus Piment und Rum hergestellt. Piment ist Bestandteil der Kräuterliköre Bénédictine und Chartreuse, und mit den ganzen Beeren wird gern Glühwein aromatisiert.

In den Küchen Europas ist Piment eine beliebte Würzzutat für Desserts und festliche Backwaren, wie Plumpudding, Kuchen und Plätzchen. Piment verwendet man gemahlen oder ganz zum Einlegen und für Chutneys.

Viele skandinavische Gerichte mit Hering erhalten durch Piment ein ganz besonderes Aroma, und auch viele deutsche Speisen werden mit diesem Gewürz verfeinert.

Medizinische und andere Verwendungen

Das Öl der Beeren und Blätter wird für Antiseptika und gegen Blähungen verwendet sowie in der Parfümindustrie.

Küchentipp

Gewürze wie Piment lassen sich in der Pfeffermühle mahlen. Mit Pfefferkörnern gemischt ergibt es eine aromatische Würzmischung.

Anis

BOTANISCHER NAME: *Pimpinella anisum* • FAMILIE: *Umbelliferae*

ANDERE NAMEN: *Anis-Bibernelle, süßer Kümmel;* E. *anise(ed), sweet cumin*

Gemahlener Anis

Anissamen

Anis ist im östlichen Mittelmeerraum beheimatet, in der einst als Levante bezeichneten Küstenregion. Bereits die Ägypter kannten das Gewürz, und die Römer entdeckten seine wohltuende Wirkung bei Verdauungsstörungen: Nach einem ausgedehnten Schlemmermahl servierten sie einen Gewürzkuchen, der Anis enthielt.

Aniskugeln

Anbau und Ernte

Diese Gewürzpflanze mit gefiederten Blättern gehört, wie Fenchel und Kümmel, zur Familie der Doldengewächse und wird etwa 60 cm hoch. Sie wächst heute in Nordafrika, Südrussland, Indien sowie Süd- und Mittelamerika. Die Früchte bestehen aus zwei Einzelsamen, die zu Beginn der Reifung geerntet werden. Man lagert sie in Scheunen, bis sie völlig ausgereift sind. Die winzigen, ovalen Samen werden gedroschen. Sie sind graugrün gefärbt und mit dünnen Linien gezeichnet.

Aroma

Anissamen haben einen süß-aromatischen Duft und einen ausgeprägten Lakritzgeschmack, der an Fenchel erinnert. Noch aromatischer schmecken die Samen, wenn man sie ohne Fett röstet. Da sie schnell ihre Würzkraft verlieren, sollten Sie nur kleine Mengen kaufen und nach Bedarf fein zermahlen.

Verwendung in der Küche

Mit Anis verfeinert man Pikantes und Süßes, ob würzige Gerichte aus Indien oder mildere Speisen. Man verwendet ihn für Fischsuppen, Saucen, Brote (vor allem Roggenbrot), Kuchen, Plätzchen und Süßigkeiten. Beliebte Spirituosen mit Anisaroma sind etwa Pastis, Pernod, Ricard oder Anisette aus Frankreich, spanischer Ojen, türkischer Raki, griechischer Ouzo und arabischer Arrak.

Medizinische und andere Verwendungen

Das Öl der Samen ist Bestandteil von Hustenmitteln, Halspastillen und Antiseptika. Zudem wird Anis für Parfüms und Seifen verwendet. In Indien kaut man für frischen Atem nach einer Mahlzeit Anissamen. Bei Schluckauf einfach ein paar Samen kauen und ein Glas Wasser trinken. Hunde lieben Anisgeruch, darum wird bei Hunderennen eine Anisspur ausgelegt.

Anisette

Pernod

Anisbonbons

Pfeffer

BOTANISCHER NAME: *Piper nigrum* • FAMILIE: *Piperaceae*

ANDERE NAMEN: *Schwarze, weiße, grüne Pfefferkörner;*
E. *pepper, peppercorns (black – schwarz, white – weiß, green – grün);*
Frz. *poivre (blanc – weiß, vert – grün);* Sp. *pimienta negra (blanca – weiß, verde – grün);* It. *pepe (bianco – weiß, verde – grün)*

Weiße Pfefferkörner

Gemischte Pfefferkörner (mit Piment)

Pfeffer, der König der Gewürze, ist eines der ältesten und beliebtesten Würzmittel. Auf der Suche nach Pfeffer traten Seefahrer vor vielen Jahrhunderten ungewisse Reisen nach Osten an. Es gab sogar Zeiten, in denen Pfeffer wertvoller war als Gold. Die Römer erkannten als Erste die Bedeutung der Wetterverhältnisse für ihre Seereisen, und so konnten sie bald die Versorgung mit diesem wertvollen Gewürz aus Indien sicherstellen. Sie machten Alexandria zum wichtigsten Handelshafen zwischen Europa und Asien und bauten dort große Lagerhäuser für Pfeffer. Eines der Stadttore wurde Pfeffertor genannt. Während der Belagerung Roms durch die Goten verlangten diese zur Auslösung 3000 Pfund Pfefferkörner, Gold und Silber. Widerwillig waren die Römer bereit zu zahlen, doch nichtsdestotrotz wurde die Stadt von den Goten geplündert.

Im Mittelalter war Pfeffer ein begehrtes Zahlungsmittel: Mitgift, Steuern oder Mieten wurden oft mit Pfefferkörnern gezahlt. Der Ausdruck „gepfefferte Rechnung" lässt auf eine hohe Summe schließen, wie man sie auch für das seltene Gewürz zahlen musste. In London gründete man 1180 die Gilde der Pfefferhändler, die Franzosen hatten *poivriers*, und in Deutschland gab es die „Pfeffersäcke". Pfeffer machte Lebensmittel länger haltbar und verlieh fadem, nicht mehr ganz frischem Fleisch würzigen Geschmack. Diese Eigenschaften trugen entscheidend zur hohen Nachfrage bei. Der Wettstreit um die Vorherrschaft auf den Gewürzinseln ist verknüpft mit Namen wie Marco Polo, Kolumbus, Vasco da Gama, Magellan und Sir Francis Drake: Sie alle wollten mit Pfeffer und anderen Gewürzen zu Wohlstand gelangen.

Anbau und Ernte

Der Name „Pfeffer" leitet sich von dem Sanskrit-Wort *pippali* ab, das Beere bedeutet. Ursprünglich war damit langer Pfeffer *(Piper longum)* gemeint, eine Pfefferart aus Indien mit länglicher Frucht, die bereits den Griechen und Römern bekannt war. Mittlerweile ist sie jedoch auch in ihrer Heimat Indien sehr selten geworden. *Piper nigrum*, eine mehrjährige rankende Pflanze, ist an der indischen Malabar-Küste beheimatet, wo angeblich immer noch der beste Pfeffer wächst. Hindus sollen den Pfeffer nach Java gebracht haben und sorgten so für die allmähliche Verbreitung im Fernen Osten: ob Malaysia, Borneo, Sumatra, Sri Lanka, Penang oder Singapur. In Äquatornähe gedeiht Pfeffer am besten und wird heute auch in Thailand, den Tropen Afrikas, Brasilien und auf den Südseeinseln angebaut.

Im malaysischen Staat Sarawak werden die Pfefferpflanzen an langen Gestellen gezogen, die an Wigwams erinnern. In anderen Regionen lässt man sie an Bäumen ranken. Damit sie nicht zu hoch wachsen, was die Ernte erschwert, müssen sie zurückgeschnitten werden. Die Pfefferpflanze hat lange, grüne, spitze Blätter und weiße Blüten. Ihre langen Fruchtstände ähneln schlanken Johannisbeertrauben. Nach drei bis fünf Jahren werden zum ersten Mal Früchte ausgebildet, und dann trägt die Pflanze alle drei Jahre bis zu 40 Jahre lang Früchte. Die Ernte der Fruchtstände erfolgt von Hand, wenn einige der Körner bereits rot, die meisten jedoch noch grün sind. Die geernteten Pfefferkörner werden sortiert und die Stengel weggeworfen.

Frische grüne Pfefferkörner

Schwarze Pfefferkörner

Gemahlener schwarzer Pfeffer

Grob gemahlener schwarzer Pfeffer

Eingelegte grüne Pfefferkörner

Zerstoßener schwarzer Pfeffer

Gemahlener weißer Pfeffer

Die Pfefferarten

Schwarze Pfefferkörner: Die unreifen grünen Früchte werden sonnengetrocknet und mehrmals am Tag gewendet, bis sie nach einer Woche schwarz und runzelig sind. Manchmal brüht man sie vorher auch mit kochend heißem Wasser ab.

Weiße Pfefferkörner: Die ausgereiften roten und orangefarbenen Früchte werden in Säcke gefüllt und für eine Woche in Wasser eingeweicht. Dadurch wird das Fruchtfleisch weich: Nun kann man es mit den Händen über Sieben abreiben. Die so freigelegten Steinkerne sind weiße Pfefferkörner.

Grüne Pfefferkörner: Manchmal werden davon ganze Fruchtstände angeboten. Man verwendet sie gerne in der thailändischen Küche und zu Wild, Ente, Terrinen und Sahnesaucen. Grüne Pfefferkörner bekommt man in Essig oder Salzlake eingelegt sowie gefriergetrocknet. Eingelegte Körner muss man vor der Verwendung kalt abspülen.

Langer Pfeffer: Langer Pfeffer war bei den Griechen und Römern beliebt, doch inzwischen ist er sogar in seiner Heimat Indien selten. Der botanische Name lautet *Piper longum*; er gehört auch zur Familie der Pfeffergewächse.

Kubebenpfeffer: Kubebenpfeffer wächst in den meisten Fällen wild. Kubeben sind die getrockneten unreifen Früchte von *Piper cubeba*. Sie sind so groß wie Pfefferkörner und haben einen kleinen „Stiel". Man kann sie wie schwarzen oder weißen Pfeffer verwenden. Gemahlener Kubebenpfeffer ist in Naturkostläden erhältlich.

Langer Pfeffer

Kubebenpfeffer

VORBEREITUNGSTIPP

Pfefferkörner kann man in einen Plastikbeutel geben und mit einem Nudelholz zerstoßen. Man erhält so grob zerkleinerte Pfefferkörner, die sich hervorragend zum Würzen von Steaks eignen oder als Pfefferkruste für Entenbrust. Außerdem lassen sich die Körner im Mörser oder in der Pfeffermühle zermahlen. Für den täglichen Gebrauch eignet sich die gut gefüllte Pfeffermühle allerdings am besten.

AROMA

Schwarze Pfefferkörner haben einen ganz besonderen erdig-aromatischen Duft, sie schmecken scharf und aromatisch. Das Aroma weißer Pfefferkörner ist milder und nicht so scharf. Auch grüne Pfefferkörner haben einen feineren Geschmack, sind aber ebenso scharf wie schwarzer Pfeffer. Das Aroma ist weniger ausgeprägt.

VERWENDUNG IN DER KÜCHE

Pfeffer ist ein äußerst vielseitiges Gewürz, mit dem nahezu alle pikanten Speisen verfeinert werden. Schwarzer und weißer Pfeffer finden weltweit Verwendung: Als Würze für die unterschiedlichsten Gerichte fügt man sie schon während des Garens hinzu oder reicht sie zum Würzen bei Tisch. Pfeffer hat nicht nur ein ganz eigenes Aroma, sondern er unterstreicht auch den Geschmack anderer Zutaten.

Auch für Süßspeisen wird Pfeffer verwendet: Schwarzen Pfeffer gibt man, gelegentlich in großen Mengen, an Früchtebrot und Lebkuchen, und man streut ihn über frisches Obst. Geben Sie einmal etwas gemahlenen Pfeffer über frische Ananasscheiben, die Sie dann in Butter braten und mit Rum flambieren – ein Geschmackserlebnis. Eine weitere aufregende Variante sind Erdbeeren mit einer Prise frisch gemahlenem schwarzem Pfeffer und einem Klecks Sahne. Herrlich schmecken auch saftige Feigen zu Ziegenweichkäse mit ein wenig gemahlenem Pfeffer.

Weißer Pfeffer ist milder und hat ein ganz eigenes Aroma. Er eignet sich zum Beispiel für feine helle Saucen, die mit schwarzem Pfeffer nicht so schön aussehen. Das Aroma von frisch gemahlenem weißem Pfeffer passt zu manchen Speisen besonders gut, wie etwa zu feinem Kartoffelpüree.

MEDIZINISCHE UND ANDERE VERWENDUNGEN

Seit langem weiß man, dass Pfeffer den Appetit anregt und ein hilfreiches Mittel gegen Übelkeit ist. In Indien wird er seit Urzeiten als vielseitiges Heilmittel verwendet: zur Behandlung von Lähmungserscheinungen bis hin zu Zahnschmerzen. Im Osten Afrikas glaubt man, dass der Körpergeruch nach dem Verzehr großer Mengen Pfeffer Moskitos fern hält.

Sichuanpfeffer

BOTANISCHER NAME: *Zanthoxylum piperitum, Syn. Xanthoxylum piperitum*

FAMILIE: *Rutaceae*

ANDERE NAMEN: *Anis-, Szechuanpfeffer;* E. *Szechuan pepper, anise pepper, fagara, Chinese brown pepper, Japanese pepper;* Frz. *poivre anise;* Sp. *pimienta de anís;* It. *pepe d'anis*

Oft wird irrtümlich angenommen, dass dieses Gewürz zur Familie der Pfeffergewächse gehört. Als Sichuanpfeffer bezeichnet man jedoch die Beeren einer Varietät des Gelbholzbaums. Sie finden in der Sichuanregion in China häufig Verwendung; in Japan gebraucht man auch die Blätter der Pflanze. Die reifen Fruchtkapseln öffnen sich ähnlich wie beim Sternanis: So erklärt sich vermutlich auch die Bezeichnung Anispfeffer.

Sichuanpfeffer

Anbau und Ernte
Sichuanpfeffer heißen die Früchte einer Gelbholzbaumvarietät. Die rotbraunen Fruchtkapseln haben bittere schwarze Samen – vor dem Verkauf oft entfernt.

Aroma
Sichuanpfeffer hat einen scharfen Duft, der leicht an Zitrone erinnert. Rösten ohne Fett verstärkt das pfeffrige Aroma.

Verwendung in der Küche
Sichuanpfeffer wird ganz oder gemahlen angeboten und ist häufiges Würzmittel in China, vor allem für Huhn oder Ente. Er gehört in das chinesische Fünfgewürzpulver sowie in die japanische Siebengewürzmischung. Die Blätter der Pflanze werden getrocknet und dienen zur Herstellung von Sansho (siehe unten).

Medizinische und andere Verwendungen
Die gemahlene Rinde der Pflanze wird in den USA traditionell zur Linderung von Zahnschmerzen verwendet. Rinde wie Früchte haben eine stimulierende Wirkung und sind Bestandteil von Kräuterarzneien zur Blutreinigung, Verdauungsanregung und gegen Rheumabeschwerden.

Rosa Pfefferkörner

BOTANISCHER NAME: *Schinus terebinthifolius*
FAMILIE: *Piperaceae*

E. *pink peppercorns;* Frz. *poivre rose;*
Sp. *pimienta rosa;* It. *pepe rosa*

Bei rosa Pfefferkörnern handelt es sich nicht um echten Pfeffer. Die Beeren des Brasilianischen Pfefferbaums sind aber pfeffrig scharf und ebenso groß wie Pfefferkörner.

Getrocknete rosa Pfefferkörner

Anbau und Ernte
Rosa Pfeffer ist in Südamerika beheimatet; heute baut man ihn auf Réunion im Indischen Ozean an. Die Beeren werden reif geerntet und getrocknet oder in Salzlake eingelegt.

Aroma
Das Aroma von rosa Pfefferkörnern entfaltet sich erst, wenn man sie zerstößt: Sie duften leicht süß und pfeffrig und haben ein süßes Aroma mit pfeffrigem Nachgeschmack.

Verwendung in der Küche
Rosa Pfefferkörner schätzt man vor allem wegen ihres hübschen Aussehens. Getrocknet werden sie häufig mit anderen Pfefferkörnern vermischt und ergeben in einer durchsichtigen Pfeffermühle ein dekoratives Tischgewürz. Man sollte sie beim Kochen aber nicht wie echten Pfeffer (schwarz, weiß und grün) verwenden: Sie sind eine pikante Würzzutat, als Pfefferersatz jedoch nicht zu empfehlen. Man gebraucht sie gern als Fischgewürz sowie in den Küchen im Mittelmeerraum.

Eine Zeit lang waren rosa Pfefferkörner so beliebt, dass man die verschiedensten Speisen großzügig mit ihnen würzte. Doch wie sich herausstellte, können größere Mengen gesundheitsschädliche Wirkungen haben. Verwendet man rosa Pfefferkörner jedoch nur in kleinen Mengen (für ein Gericht niemals mehr als 12–15 Pfefferkörner), kann man sie unbesorgt genießen.

Eingelegte rosa Pfefferkörner

Sansho
Manchmal wird Sansho auch japanischer Pfeffer genannt, obwohl es sich nicht um echten Pfeffer handelt. Es wird in der japanischen Küche häufig verwendet: Man streut es meist bei Tisch über die gegarten Speisen. Sansho wird nur gemahlen angeboten.

Salz

CHEMISCHE BEZEICHNUNG: *Sodium chloride*

E. *salt;* Frz. *sel de cuisine, gros sel, sel gris;*
Sp. *sal gema, sal de cocina;* It. *sale di cucina*

Salz ist eine beliebte Würze und ein wichtiges Lebensmittel: Ohne Salz können wir nicht überleben. Es setzt sich aus Natrium und Chlor zusammen, die wir für lebensnotwendige Körperfunktionen benötigen.

Feines Meersalz

Grobes Meersalz

Schwarzes Salz

Englisches Meersalz

Aroma
Salz ist ein Universalgewürz, das das Aroma pikanter wie süßer Gerichte verstärkt. Zwar ist Salz geruchlos, aber hat einen kräftigen Geschmack: ohne wären unsere Speisen fade und langweilig.

Verwendung in der Küche
Salz dient häufig zum Konservieren von Fleisch, Fisch, Gemüse. Nach einem ungewöhnlichen chinesischen Rezept gart man ein Hühnchen in heißem Salz. Das saftige Fleisch ist nach einer Stunde gar, das Salz ist nochmals zu verwenden.

Medizinische Verwendungen
Ein bewährtes Mittel bei drohender Erkältung oder einer Halsentzündung ist eine Kochsalzlösung zum Gurgeln.

Aufbewahrung
Salz sollte man luftdicht, kühl und trocken aufbewahren. Füllen Sie Salz nicht in Silberstreuer, und lassen Sie keinen silbernen Löffel darin stecken: Das enthaltene Chlor reagiert mit dem Silber, und das Salz verfärbt sich grün.

Tafelsalz

Verschiedene Salzarten
Steinsalz gewinnt man aus unterirdischen Salzlagern, die sich über die Jahrtausende aus ehemaligen Salzseen und Meeren gebildet haben. Diese Salzhöhlen werden mit Wasser gefüllt, und die entstandene Salzlösung pumpt man zur Oberfläche. Durch Erhitzen erhält man kristallisiertes Salz.

Das so gewonnene Kochsalz verkaufte man früher in Blöcken, heute wird raffiniertes Salz angeboten, das durch den Zusatz von Calciumkarbonat nicht verklumpt und rieselfähig bleibt.

Tafelsalz ist fein gemahlenes raffiniertes Kochsalz. Früher gab man einige Reiskörner zum Salz, die die Feuchtigkeit aufsaugen sollten: Eine Praxis, die sich in Ländern mit eher feuchter Witterung auch heute noch bewährt.

Als Steinsalz bezeichnet man meist das auf die beschriebene Weise gewonnene gröbere Salz. Manche halten sein Aroma für das Beste. Es wird entweder in der Salzmühle gemahlen oder im Mörser zerrieben.

Meersalz wird aus natürlich oder künstlich verdunstetem Meerwasser gewonnen. Es heißt, dass das Meer genügend Salz enthält, um die Landmassen der Erde über 30 m hoch mit Salz zu bedecken. Der Geschmack von Meersalz wird von manchen zum Kochen wie auch als Tischwürze bevorzugt.

Englisches Meersalz stammt hauptsächlich aus der Maldon-Bay in Essex. Seine charakteristischen „Flocken“ schmecken besonders salzig und eignen sich als Streugewürz für Brötchen und pikante Backwaren.

Schwarzes Salz ist dunkelgrau gefärbt und schimmert gemahlen leicht rosa. In der indischen Küche ist es ein häufiges Würzmittel. Schwarzes Salz hat ein unverwechselbares, leicht rauchiges Aroma.

Granatapfelsamen

BOTANISCHER NAME: *Punica granatum* • FAMILIE: *Punicaceae*

E. *pomegranate seeds;* Frz. *grenade;* Sp. *granada;*
It. *melagrano;* In. *anardana, anar*

Romantiker behaupteten, dass der Granatapfel die verbotene Frucht im Garten Eden war. Immerhin wuchs er schon in den Gärten Babylons, und auch in der Bibel wird er häufig erwähnt. Nach einer türkischen Legende kann eine Braut die Zahl ihrer Kinder anhand der Granatapfelsamen, die herausspritzen, voraussagen, wenn sie die Frucht fallen lässt.

Anbau und Ernte

Die kleinen immergrünen Granatapfelbäume oder -sträucher haben rote Blüten, die an Hibiskus erinnern. Manche sind dornig. Heimisch ist der Granatapfel im Iran, man baut ihn aber auch in den Mittelmeerländern, Südamerika, den USA (besonders in Kalifornien) und Teilen Afrikas an. Am besten gedeiht er in Regionen mit kalten Wintern und heißen Sommern. Die goldgelben bis roten Früchte mit glatter Schale sind etwa so groß wie ein Apfel. Ihre prallen roten Samenkerne sitzen in einzelnen Fächern, die durch gelblich weiße, bittere Häute voneinander getrennt sind. Früher benutzte man eine Nadel, um die eingeschlossenen Samen einzeln von der bitteren Haut zu picken. Die Samen werden von der Schale und den Häuten gelöst und getrocknet. Dadurch werden sie kleiner, dunkelrot bis schwarz und leicht klebrig.

Aroma

Granatapfelsamen duften säuerlich und haben einen süß-sauren Geschmack. Grenadine, ein Sirup aus dem Saft von Granatäpfeln, schmeckt frisch und süß, während Granatapfelsirup, den man in den Küchen des Mittleren Ostens verwendet, ein konzentriertes Aroma hat.

Verwendung in der Küche

Zerstoßene Granatapfelsamen werden im Mittleren Osten gern über Hummus, das beliebte Kichererbsenpüree, gestreut oder an Obstsalate gegeben. In der indischen Küche schätzt man in vielen Speisen die Säure der Samen.

Medizinische Verwendungen

Granatapfelsamen werden für Gurgellösungen verwendet. Sie sollen Fieber senken und bei Ruhr helfen. Häufige Verwendung in indischen Arzneimitteln.

Vorbereitungstipp

Frische Granatapfelsamen kann man zu Hause trocknen. Dafür das Stielende der Frucht gerade abschneiden und diese mit der Schnittstelle auf ein Brett setzen. In fünf gleich große Spalten schneiden. Die Spalten mit den Fingern auseinander ziehen. Die Samen ohne die bitteren Häute herauslösen. Die Samen auf einem Backblech verteilen und in der Sonne oder bei schwacher Hitze im Ofen trocknen, bis sie hart werden. Die getrockneten Samen kann man im Mörser zerstoßen. Eine Küchenmaschine oder elektrische Mühle ist für die klebrigen Samen nicht geeignet.

Getrocknete Granatapfelsamen

Frische Granatäpfel

Frische Granatapfelsamen

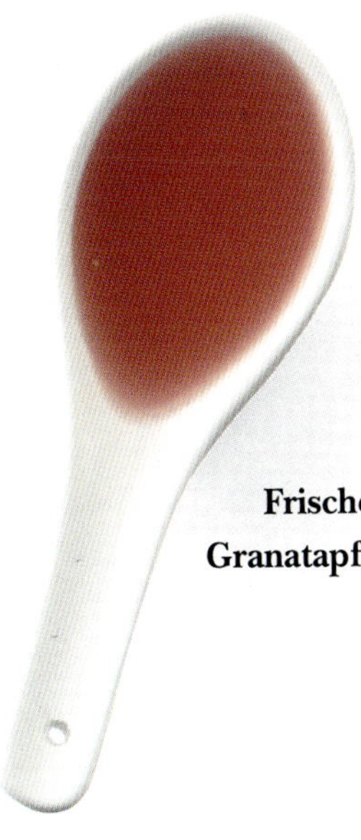

Frischer Granatapfelsaft

Granatapfelsirup

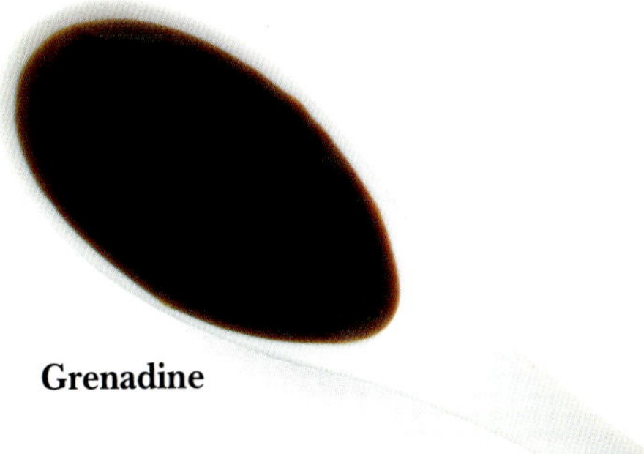

Grenadine

Mahaleb

BOTANISCHER NAME: *Prunus mahaleb*
FAMILIE: *Rosaceae*

E. *mahlebi;* Frz. *mahaleb;*
Sp. *mahaleb;* It. *mahaleb*

Mahaleb heißen die getrockneten Samenkerne der kleinen Früchte der Felsenkirsche: ein altes Gewürz aus dem Mittleren Osten und der Türkei.

Mahalebsamen

Gemahlenes Mahaleb

Anbau und Ernte

Die Felsenkirsche wächst fast ausschließlich im Mittleren Osten und der Türkei. Der sommergrüne Baum mit ausladenden Zweigen wird etwa 10 m hoch und treibt weiße Blüten. Die späteren Früchte sind klein, oval und anfänglich grün, verfärben sich nach der Ernte aber schwarz. Die Samenkerne werden beim Mahlen gelblich weiß.

Aroma

Die Samen duften stark nach Nüssen sowie ein wenig nach Mandeln und Kirschen. Sie schmecken leicht bitter.

Verwendung in der Küche

Das gemahlene Gewürz verwendet man im Mittleren Osten und der Türkei für Brot, Gebäck, Pasteten. Obstkuchenteig verleiht es ein besonderes Aroma.

Aufbewahrung

Es empfiehlt sich, ganze Samen zu kaufen und nach Bedarf in der Kaffeemühle, der Küchenmaschine oder im Mörser zu zermahlen. Das bereits gemahlene Gewürz verliert schon nach kurzer Lagerung sein besonderes Aroma. Ganze oder gemahlene Samen bewahrt man in einem luftdichten Behälter kühl und lichtgeschützt auf.

Sumach

BOTANISCHER NAME: *Rhus coriaria* • FAMILIE: *Anacardiaceae*

E. *sumac;* Frz. *sumac;* Sp. *zumaque;* It. *sommacco*

Den Römern dienten Sumachbeeren als Säuerungsmittel: so wie bei uns Zitronensaft und Weinessig oder in Asien Tamarinde verwendet wird. Sumach sollten Sie nur in einem Spezialgeschäft für Lebensmittel aus dem Mittleren Osten kaufen, denn die Beeren einiger verwandter Sumachgewächse sind giftig.

Anbau und Ernte

Der Sumach- oder Färberbaum erreicht eine Höhe von etwa 3 m. Im Herbst werden seine Blätter leuchtend rotbraun. Er wächst wild, wird aber auch in Süditalien, auf Sizilien und im gesamten Mittleren Osten angebaut. Man sagt, dass die Qualität der Früchte in großer Höhe besonders gut ist. Aus den weißen Blüten entwickeln sich Fruchtstände mit roten Beeren, die man kurz vor der Reife pflückt und trocknet. Sie sind dann beinahe unbegrenzt haltbar.

Gemahlener Sumach

Aroma

Sumachbeeren duften kaum, haben aber einen ganz typischen, angenehmen sauer-fruchtigen Geschmack.

Verwendung in der Küche

In den Küchen des Libanons, Syriens, der Türkei und des Irans wird Sumach häufig verwendet. Manchmal gebraucht man die ganze Beere mit dem kleinen braunen Samen. Man kann sie auch mahlen oder zerstoßen, 15–20 Minuten in warmem Wasser einweichen und dann ausdrücken, um ihren säuerlichen Saft zu erhalten. Dieser wird meist gegen Ende der Garzeit an die Speisen gegossen. Gemahlenen Sumach gibt es in Geschäften für Lebensmittel aus dem Mittleren Osten: Man reibt damit Fisch, Huhn, Steaks oder Kebabs vor dem Garen ein. Der Saft eignet sich für Marinaden und Salatdressings.

Medizinische Verwendungen

Im Mittleren Osten bereitet man aus Sumach einen Trank, der bei Magenbeschwerden hilft sowie bei Fieber und Verdauungsstörungen.

Sesam

BOTANISCHER NAME: *Sesamum indicum, Syn. S. orientale* • FAMILIE: *Pedaliaceae*

E. *sesame;* Frz. *sésame;* Sp. *sésamo, ajonjolí;* It. *sesamo;* Jap. *goma*

Schwarze Sesamsamen

Halva

Sesam wurde als „sesemt" um 1500 v. Chr. auf dem Ebers-Papyrus aufgelistet – einer 20 m langen Schriftrolle über alte Kräuter und Gewürze, die der berühmte deutsche Ägyptologe Ebers entdeckte. Man weiß nicht genau, ob die Sesampflanze aus Afrika oder Indien stammt, doch war sie bereits vor 5000 Jahren in China bekannt. Die Chinesen verbrannten Sesamöl, um Ruß für die Tintenherstellung zu erhalten. Samen wie Öl werden aber auch schon seit langem zum Kochen verwendet. Sklaven aus Afrika brachten Sesamsamen nach Amerika und Westindien, denn sie glaubten, diese würden ihnen Glück bringen.

Geschälte Sesamsamen

Luftgetrocknete Sesamsamen

Anbau und Ernte

Die tropische, einjährige, krautige Sesampflanze wird etwa 1,80 m hoch. Sie hat rosa oder weiße Blüten, die an Fingerhut erinnern. Ihre behaarten Blätter verwendet man in der Kräuterheilkunde oft für Augenspülungen. Bei der Ernte werden die Stengel abgeschnitten und über Matten aufgehängt, bis die Kapseln mit den reifen Sesamsamen aufspringen. Die Samen sind flach und oval und können rot, braun, schwarz oder gelb gefärbt sein. Geschälte Samen sind gelblich weiß. Sie werden auch geröstet angeboten und haben dann eine dunklere Färbung. Sesam wächst in vielen Ländern: in Indien, China, Burma, Mexiko, Pakistan, der Türkei, Uganda, Nigeria und im Sudan. Die wichtigsten Exportländer sind Nigeria und der Sudan, ansonsten wird Sesam meist für den Eigenbedarf angebaut.

Tahin

Aroma

Trotz des hohen Ölgehalts duften Sesamsamen kaum. Werden sie jedoch ohne Fett geröstet, entfaltet sich ihr nussartiges Aroma, und ihr Geschmack wird verstärkt.

Verwendung in der Küche

Sesamöl wird für Margarine, zum Braten und als Würzzutat verwendet. Die Samen zerreibt man zu einer ölhaltigen hellbraunen Paste, die als Tahin bekannt ist und unter anderem an Hummus (ein Püree aus dem Mittleren Osten) gegeben wird. Tahin vermischt man auch mit Zitronensaft und Knoblauch und reicht es als Vorspeise zu heißem Pitabrot. In China ist Sesam sehr beliebt: Sesamöl ist ein häufiges Würzmittel in der chinesischen Küche. Die Samen finden ebenfalls Verwendung. Man bestreut zum Beispiel Garnelen-Toasts vor dem Braten mit Sesamsamen oder gibt sie über gebackene Äpfel im Teigmantel mit Karamellkruste. Aber auch in anderen Ländern des Fernen Ostens, wie Singapur, Malaysia und Indonesien, kocht man mit Sesamöl und Samen. Gomasio ist eine japanische Spezialität mit Sesam: Die gemahlenen Samen verwendet man mit Salz vermischt und zum Würzen.

In Griechenland und der Türkei streut man die Samen gern über Brot sowie über süße und pikante Backwaren.

Sesamöl

Medizinische und andere Verwendungen

Sesam ist Bestandteil von Abführmitteln und wird zum Einweichen sowie für Breiumschläge verwendet. Sesamöl ist lange haltbar und wird auch bei feuchtheißer Witterung nicht so schnell ranzig. Es findet in Gleitmitteln, Seife und Salben Verwendung. Nachdem man das Öl aus den Samen gepresst hat, bleibt immer ein nahrhafter „Kuchen" übrig.

Hummus

Tamarinde

BOTANISCHER NAME: *Tamarindus indica, Syn. T. officinalis* • FAMILIE: *Leguminosae*

E. *tamarind;* Frz. *tamarin;* Sp. *tamarindo;* It. *tamarindo;* In. *imli, amyli*

Tamarindenschoten

Der Name Tamarinde bedeutet „Dattel Indiens“ und ist eine passende Beschreibung für das Gewürz. Heimisch ist die Tamarinde vermutlich im Osten Afrikas, doch wird sie heute in ganz Indien in großen Mengen angebaut sowie in Südostasien und Westindien. In diesen Regionen mit unterschiedlichsten Kochtraditionen schätzt man ihr säuerliches Aroma.

Anbau und Ernte

Der halb immergrüne, tropische Tamarindenbaum erreicht eine Höhe von 24 m und hat lange Zweige. Seine Blüten sind gelb mit jeweils einem roten Streifen. Die dunkelbraunen Fruchtschoten sind 15 bis 20 cm lang. In ihnen sitzen Samen, umgeben von klebrigem Fruchtmark – dem häufig als Säuerungsmittel verwendeten Tamarindenmark.

Gepresstes Tamarindenmark im Block

Aroma

Tamarindenmark hat einen schwachen süß-sauren Duft. Geschmacklich wiegt es dies mit seiner erfrischend fruchtigen Säure auf, die an Pflaumen erinnert.

Verwendung in der Küche

In abgewandelten asiatischen Rezepten wird als Ersatz für Tamarinde Zitronensaft vorgeschlagen. Doch lässt sich das Aroma im Grunde nicht ersetzen. In asiatischen Lebensmittelgeschäften bekommt man getrocknetes Tamarindenmark im Block oder in Scheiben sowie Tamarindenkonzentrat. Das Mark ist in Indien und Südostasien eine Würze für Currys, Chutneys, Linsen- und Bohnengerichte sowie für die berühmten scharf-sauren Suppen. Aus Tamarindenwasser bereitet man im Mittleren Osten und in Westindien ein Erfrischungsgetränk. Tamarinde ist außerdem Bestandteil der Worcestershire-Sauce.

Vorbereitungstipp

TAMARINDENMARK IM BLOCK: Etwa 1 EL Tamarindenmark abbrechen und 10 Minuten in 150 ml warmem Wasser einweichen. Mit den Fingern die Samen vom Fruchtmark lösen.

Das Einweichwasser durch ein Plastiksieb abseihen: Keinesfalls ein Metallsieb verwenden, da das Metall mit der Säure reagieren würde. Mark und Samen wegwerfen, die Flüssigkeit verwenden.

GETROCKNETES TAMARINDENMARK (in Scheiben): Das Mark in 150 ml warmem Wasser 30 Minuten einweichen. Die Scheiben mit den Fingern ausdrücken, das Einweichwasser abseihen.

TAMARINDENKONZENTRAT: 1 EL Tamarindenkonzentrat mit 4–6 EL warmem Wasser vermischen und nach Bedarf verwenden. Angebrochenes Glas verschlossen im Kühlschrank aufbewahren.

Getrocknete Tamarinde

Tamarindenkugeln

Medizinische und andere Verwendungen

Tamarinde wird als Abführmittel und bei Verdauungsstörungen verwendet. Sie wirkt antiseptisch und hilft bei der Behandlung von Geschwüren. Mit überreifen Früchten reinigte man Kupfer und Messing.

Tamarindenmark

Tamarindenpaste

Gepresstes Tamarindenmark

Bockshornklee

BOTANISCHER NAME: *Trigonella foenum-graecum*
FAMILIE: *Leguminosae*

E. *fenugreek;* Frz. *fenugrec sénegré, trigonelle;* Sp. *alholva, fenogreco;* It. *fieno greco;* In. *methi*

Getrocknete Blätter

Der botanische Name ist schnell erklärt: „Trigonella“ bezieht sich auf die eckigen Samen und „foenum-graecum“ bedeutet „griechisches Heu“, was auf die Verwendung von Bockshornklee als Viehfutter anspielt. Er wurde von den Ägyptern zum Einbalsamieren und für Räucherwerk verwendet. Die Römer bauten ihn als Viehfutter an, und dafür wird er in Indien heute noch immer kultiviert – mit dem Vorteil, dass Bockshornklee im Boden Stickstoff speichert.

Anbau und Ernte

Heimisch ist der Bockshornklee in Indien und Südeuropa. In Nordafrika, Indien, Pakistan, dem Libanon, Ägypten, Frankreich und Argentinien wächst er wild und wird von all diesen Ländern auch exportiert. Die einjährige Pflanze wird etwa 60 cm hoch, hat hellgrüne Blätter, die Kleeblättern ähneln, und weiße Blüten. Die einzelnen Hülsen enthalten 10 bis 20 Samen.

Aroma

Bockshornklee ist äußerst aromatisch. Alle Teile der Pflanze verströmen einen charakteristischen, aber milden Curryduft. Das Gewürz hat einen leicht bitteren Geschmack, der an gebrannten Zucker erinnert, und ist durch sein Curryaroma unverwechselbar.

Verwendung in der Küche

Bockshornklee-Extrakt wird als Geschmacksstoff in Mangochutney und für falschen Ahornsirup verwendet. Er enthält viel Eiweiß, Mineralien und Vitamine und ist in den ärmeren Regionen Indiens eine wichtige Zutat für Gemüse- und Linsengerichte *(Dal)*. Die Blätter, ob frisch oder getrocknet, gebraucht man in der indischen Küche ebenfalls sehr häufig. Sie werden besonders gern mit Spinat, Kartoffeln und Yamswurzeln kombiniert.

Bockshornkleesamen gehören in viele Currypulver, für den Eigenbedarf wie für den Handel. Sie sehen aus wie winzige, unregelmäßige hellbraune Steine und sind so hart, dass man sie kaum selbst mahlen kann. Man würzt damit Fischgerichte und Gemüsecurrys.

Medizinische und andere Verwendungen

Im Mittelalter bekämpfte man mit Bockshornklee Kahlköpfigkeit, und in Indonesien wird er immer noch für Haarwasser genutzt. Er ist ein bewährtes Mittel, das den Kreislauf anregt und den Blutzuckerspiegel senkt. Bockshornklee hilft bei Magen- und Verdauungsbeschwerden, und außerdem senkt er den Blutdruck. Wegen seines hohen Eisengehalts wurde er auch bei Anämie empfohlen. Die gemahlenen Samen dienen als Färbemittel.

Frische Blätter

Vorbereitungstipp

Für ein stärkeres Aroma sollte man die Samen vor dem Mahlen stets ohne Fett rösten. Durch zu langes Rösten werden sie jedoch bitter. Man kann sie auch über Nacht einweichen: Sie lassen sich so besser für Currypulver zerreiben.

AUFBEWAHRUNG
Ganze Samen bleiben im luftdichten Behälter kühl und trocken gelagert lange haltbar. Bereits gemahlene Samen sollte man nur in kleinen Mengen kaufen und lichtgeschützt aufbewahren, da sie nach einiger Zeit ihr Aroma verlieren.

Bockshornkleesamen

Frische Sprossen

Gemahlener Bockshornklee

Zerstoßener Bockshornklee

KÜCHENTIPP

Sprossen kann man selbst ziehen. Dafür 2–3 EL in ein Einmachglas geben, ein Baumwolltuch darüber legen und mit einem Gummiband befestigen. Ein- bis zweimal am Tag mit Wasser beträufeln und wieder abgießen, bis die Samen keimen. Die Sprossen verleihen Salaten ein raffiniertes Aroma und passen zu Sandwiches mit Avocado, Tomaten oder Käse.

Gemahlenen Bockshornklee sparsam zum Kochen verwenden, da er sehr kräftig schmeckt.

Vanille

BOTANISCHER NAME: *Vanilla fragrans, Syn. V. planifolia*
FAMILIE: *Orchidaceae*

E. *vanilla;* Frz. *vanille;* Sp. *vainilla;* It. *vaniglia*

Die Bezeichnug Vanille ist vom spanischen Wort „vainilla“ abgeleitet, das „kleine Schote“ bedeutet. Ein Getränk mit Schokolade und Vanille mag uns als reativ „modern“ vorkommen. Doch bereits die Azteken erfanden diese Mischung exotischer Aromen, lange bevor die Spanier im Jahr 1520 in Mexiko an Land gingen. Die Vanille wurde nach Spanien gebracht und breitete sich von dort schnell in Europa aus: Ihr magisches Aroma wurde von jenen, die es sich leisten konnten, sehr geschätzt.

ANBAU UND ERNTE
Vanille ist die Kapselfrucht einer kletternden Orchidee aus den Tropen. Sie ist in Mexiko beheimatet und wuchs bis zum 19. Jahrhundert nur dort. Zwar versuchte man, die Pflanze auch an anderen Orten zu kultivieren, doch bildeten die Blüten keine Fruchtkapseln aus. Die Blüten öffnen sich nur für einen

Vanillestangen

KÜCHENTIPP

Für Puddings oder Eiscreme 1 Vanillestange mit der Breitseite eines Messers zerdrücken und in warmer Milch oder Sahne einweichen (je 1 Vanillestange in 600 ml). Ist die Milch abgekühlt, die Vanillestange entfernen, abspülen, trocknen lassen und nochmals verwenden. Für fein-aromatische Eiscreme 1 Vanillestange in Sahne oder Milch einweichen, herausnehmen und längs aufschneiden. Mit einem Messer die schwarzen Samen herauskratzen und zu der Eiscreme geben. Die Vanillestange mehrere Tage trocknen lassen. In einem Glas mit Zucker aufbewahren.

Tag und werden von der Melipona-Biene und einer ganz speziellen Kolibriart bestäubt: Beide sind in Mexiko heimisch, was die Misserfolge der Kultivierungsversuche erklärt. Später bestäubte man die Pflanzen von Hand. Sie wachsen heute vor allem auf Madagaskar und den Seychellen sowie auf Réunion, Mauritius, Puerto Rico, in Indonesien, Mexiko und Westindien.

Die Kletterpflanzen lässt man an Bäumen ranken, deren Blätter den für die Vanille notwendigen Schatten spenden. Nach drei Jahren trägt die Pflanze zum ersten Mal Früchte. Sie liefert zwölf Jahre lang Erträge, danach wird sie ersetzt. Die unreifen Kapseln erntet man, wenn sie 13 bis 20 cm lang und noch gelb sind. Sie besitzen dann noch nicht den typischen Duft.

Die Trocknung ist sehr zeitaufwendig und trägt zum hohen Preis des Gewürzes bei. Auf Madagaskar und in Mexiko werden die Kapseln kurz in heißem Wasser abgebrüht, dann lässt man sie schwitzen und viele Wochen lang trocknen, bis sie dunkelbraun und runzelig, aber auch biegsam sind. Die qualitativ besten Schoten sind mit kristallisiertem weißem Vanillin bedeckt, dem echten Vanillearoma. Die Schoten bleiben lange aromatisch.

AROMA

Echte Vanille hat einen intensiven Duft. Ihr wunderbar exotisches, warmes Aroma ist unvergleichlich.

VERWENDUNG IN DER KÜCHE

Vanille ist eines der feinsten Würzmittel und wird fast ausschließlich für Süßspeisen verwendet. Man gibt Vanille an Kuchen, Plätzchen, Puddings und Desserts. Sie dient zur Verfeinerung von Süßigkeiten und passt besonders gut zu Schokolade. Vanille gehört zu den wichtigsten Bestandteilen von Crème de Cacao und Galliano, zwei beliebten Likören.

MEDIZINISCHE UND ANDERE VERWENDUNGEN

Vanille wirkt anregend und fiebersenkend. Sie soll außerdem aphrodisische Eigenschaften haben und wird zur Parfümherstellung verwendet.

AUFBEWAHRUNG

Vanillestangen werden meist einzeln oder paarweise in langen, durchsichtigen Plastikröhrchen verkauft. Geben Sie eine Vanillestange in ein Schraubglas mit Zucker und lassen Sie das Glas drei oder vier Wochen stehen, bis der Zucker das Aroma aufgenommen hat. Dieser wunderbar aromatische Vanillezucker eignet sich sehr gut für Kuchen, Plätzchen, süße Pasteten, Eiscreme und Puddings. Vanillestangen von guter Qualität mit vielen Vanillinkristallen bleiben bis zu vier Jahre aromatisch.

VANILLEAROMEN

Der Extrakt oder die Essenz aus echter Vanille gewinnt man aus den fein gehackten Schoten, die mit Alkohol beträufelt werden. Hierfür verwendet man beschädigte Schoten, die sich nicht zum Verkauf eignen, aber ein feines Aroma haben. Bourbonvanille ist zum Beispiel eine Bezeichnung für hochwertiges Vanillearoma.

Synthetische Vanille-Essenz oder Vanillearomen haben mit der echten Vanille wenig gemein. Man stellt sie

Galliano

Vanillezucker

Natürliche Vanille-Essenz

Vanille-Essenz

aus Holzzellstoff oder Steinkohlenteer her. Jedes Jahr werden große Mengen der synthetischen Vanille verkauft. Diese Vanille-Essenz hat ein derbes Aroma mit eigenartigem Nachgeschmack. Wenn Sie echte Vanillestangen oder natürliche Essenz verwenden, werden Sie den deutlichen Unterschied bemerken.

Ingwer

BOTANISCHER NAME: *Zingiber officinale, Syn. Amoumum officinale*
FAMILIE: *Zingiberaceae*

ANDERE NAMEN: *Ingber, Immerwurzel;* E. *ginger, Jamaican ginger;* Frz. *gingembre;* Sp. *jengibre;* It. *zenzero*

Frischer Ingwer

Der Name soll von dem Sanskrit-Wort „singabera" stammen, das „wie ein Horn geformt" bedeutet. Daraus wurde im Griechischen „zingiberi" und schließlich die lateinische Bezeichnung „zingiber". Das Gewürz hat eine lange Geschichte. Beheimatet ist der Ingwer entweder in Indien oder China, wo er um 500 v. Chr. in den Schriften des Philosophen Konfuzius erwähnt wird. Die Griechen und Römer lernten ihn durch arabische Händler kennen. Möglicherweise brachten die Römer ihn auf ihren Feldzügen ins heutige Großbritannien. Das Rhizom ließ sich leicht befördern, und so gelangte es durch die Araber nach Ostafrika, durch die Portugiesen im 13. Jahrundert nach Westafrika. Vergrößert wurde das Handelsgebiet von den Spaniern, die den Ingwer in Mexiko und Westindien einführten. Vor allem Jamaika behauptet, immer noch die beste Qualität zu produzieren. Im 14. Jahrhundert war Ingwer nach dem Pfeffer das zweithäufigste Gewürz.

Anbau und Ernte

Die aufrechte tropische Pflanze vermehrt man durch Teilung der Rhizome. Sie wird etwa 90 cm hoch, hat elegante lanzettförmige Blätter und gelbe Blüten mit leichtem rosa Schimmer. Neun oder zehn Monate nach der Pflanzung werden die Rhizome geerntet, und zwar vielerorts immer noch mit der Hand. Ein Großteil wird gewaschen, in der Sonne getrocknet und zu Pulver zermahlen: sowohl für den Eigenbedarf als auch für den Verkauf. Die größten Absatzmärkte für Ingwer sind Großbritannien, der Jemen, die USA, der Mittlere Osten, Singapur und Malaysia. Wichtige Anbauländer sind Indien, China, Taiwan, Nigeria, Jamaika, Mauritius und neuerdings Australien.

Aroma

Schneidet man ein Stück Ingwer auseinander, entfaltet sich sein zitronenartiges, erfrischend scharfes Aroma. Ingwer aus Jamaika soll am feinsten schmecken; das in Kenia angebaute Gewürz ist auch von guter Qualität. Anderer afrikanischer und auch indischer Ingwer hat eine dunklere Schale und schmeckt schärfer.

Verwendung in der Küche

Das ätherische Öl des Ingwer wird für Aromastoffe verwendet. Frischen Ingwer gibt man gern an verschiedenste Currygerichte und gebratene Speisen. In Indien und vielen orientalischen Ländern ist frischer Ingwer eine beliebte Würzzutat für unzählige Gerichte, die unterschiedliche Vorbereitungstechniken erfordern: Ingwerscheiben gibt man an Marinaden oder fügt sie beim Garen hinzu, sie werden beim Essen beiseite gelegt. Geriebener, gehackter oder zerdrückter Ingwer eignet sich für Pasten und Speisen mit feiner Konsistenz. Fein gehackt harmoniert er mit Gebratenem oder roh mit Salaten. Eingelegter Ingwer dient als Vorspeise oder für pikante Gerichte.

Auf diese Weise vorbereiteter Ingwer passt auch zu Speisen mit Fisch und Meeresfrüchten, Geflügel, Fleisch, Ge-

Vorbereitungstipp

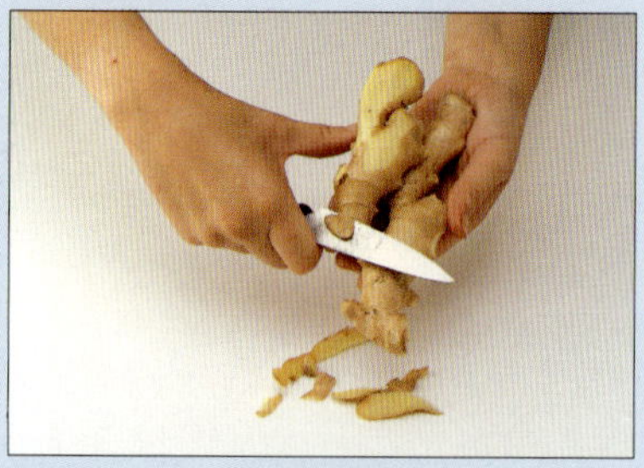

Die Schale von frischem Ingwer dünn abschälen oder abschaben.

Mit der Rohkostreibe den frischen Ingwer vorsichtig reiben.

Geschälten Ingwer kann man mit Knoblauch, weiteren Gewürzen und Öl zu einer glatten Paste zerreiben.

Dünne, geschälte Ingwerscheiben in Stifte schneiden und an Gebratenes geben. Die Stifte lassen sich nochmals quer in kleine Würfel schneiden. Man kann den Ingwer aber auch in der Küchenmaschine grob zerkleinern.

Wird der Ingwer nach dem Garen entfernt, diesen vorher mit der Breitseite eines Messer flach drücken.

müse und Nudeln. In der modernen Küche ist Ingwer ebenfalls beliebt, etwa für Schmorgerichte mit Huhn oder Wild.

Für viele Backrezepte ist Ingwer unverzichtbare Zutat, ob Ingwerplätzchen, Kuchen, Gebäck, französische Biscuits d'épice oder Pfefferkuchen. Außerdem würzt man mit Ingwer Chutneys, Eingelegtes und Yamswurzeln oder aromatisiert Getränke wie Ingwerbier, Gingerale und Ingwerwein.

Medizinische und andere Verwendungen

Heinrich VIII. soll Ingwer als Arzneimittel verwendet haben, und zwar aufgrund jener Qualitäten, die der Kräuterexperte Culpeper 150 Jahre später auflistete: „Ingwer fördert die Verdauung, wärmt den Magen, klärt den Blick und ist für alte Männer von Nutzen; er wärmt die Gelenke und schützt so vor Gicht." Ingwer ist ein bemerkenswertes Heilmittel für alle möglichen Leiden: Er soll den Kreislauf anregen und bei Blähungen und Verdauungsstörungen helfen; als Heiltrunk nimmt man ihn bei Husten, Übelkeit (etwa auf Reisen) und Grippe ein. In Asien wird Ingwer gekaut, um böse Geister fern zu halten. Das ätherische Öl wird für Parfüms verwendet.

Ingwer im Handel

Frischer Ingwer: Wählen Sie nur pralle Ingwerstücke mit silbrig schimmernder Schale. Junger Ingwer besitzt eine glattere, dünne Schale, die fest am relativ schweren Rhizom sitzt. Die Schale älterer Rhizome ist dicker und papierartig; sie sitzt nicht so fest. Ältere Rhizome sind außerdem etwas leichter, faseriger und sehen im Vergleich zu jungen Exemplaren verkümmert aus. Kaufen Sie keinen runzeligen, weichen und sehr leichten Ingwer. Stücke mit trockenen oder grob faserigen Schnittstellen sind ebenfalls zu meiden! Frischen, jungen Ingwer erhält man meist nur in asiatischen Lebensmittelgeschäften: Wenn Sie Stücke mit scharfem, zitronenartigem Aroma finden, sollten Sie sie kaufen.

Küchentipp

Zerriebenen Ingwer gibt man an Marinaden für Schweinesteaks oder Koteletts. Probieren Sie etwas geriebenen frischen oder gehackten kandierten Ingwer zu Obstpuddings mit Rhabarber, Pflaumen oder Pfirsichen, zu Plumpudding oder gedeckten Kuchen.

Getrockneter Ingwer: Man verwendet ihn traditonell zum Einlegen. In einem Säckchen gibt man ihn mit anderen Gewürzen zum Aromatisieren in Essig. Wer frischen Ingwer bekommt, verzichtet gern auf das getrocknete Gewürz.

Gemahlener Ingwer: Das hellbeige gefärbte Pulver wird häufig zum Backen verwendet.

Eingelegter Ingwer: Eine pikante Würze in den Küchen Asiens. Es gibt verschiedene Sorten: Chinesischer, in süßem Essig eingelegter Ingwer hat ein süßsaures, relativ scharfes Aroma. Man isst ihn als Vorspeise oder verwendet ihn zum Kochen. Süßer, roter eingelegter Ingwer ist künstlich gefärbt. Er schmeckt leicht bitter, doch da er kandiert ist, vorwiegend süß. Eingelegter Ingwer aus Japan ist feiner als der chinesische. Er hat eine rote oder helle Farbe und ist traditionelles Würzmittel.

Ingwer in Sirup: Er wird traditionell in dekorativen zwiebelförmigen Näpfchen aus China angeboten. Man schält dafür jungen prallen Ingwer und konserviert ihn in Sirup. Er schmeckt süß und relativ würzig.

Gehackter kandierter Ingwer: Eine süße Würzzutat. Der Ingwer wird in Sirup konserviert, gehackt und mit etwas Sirup abgepackt.

Kandierter Ingwer: Er wird zur Konservierung in Sirup gekocht, dann getrocknet und in Zucker gewendet.

Eingelegter Ingwer

Gemahlener Ingwer

Kandierter Ingwer

Ingwer in Sirup

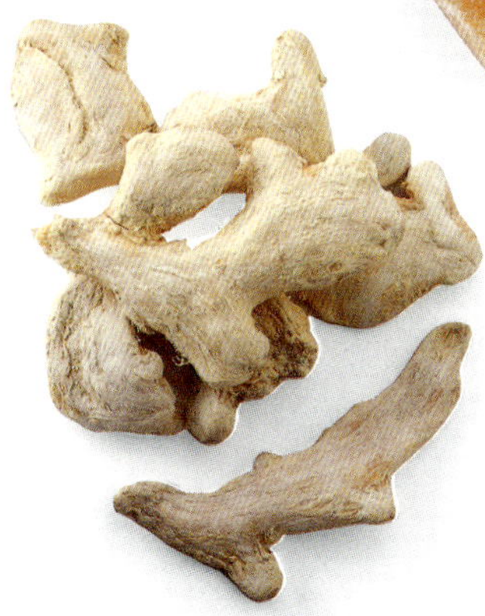

Getrockneter Ingwer

Gewürzmischungen

Currypulver

Die Bezeichnung Curry leitet sich von dem tamilischen Wort „karhi" her. Zu Zeiten der Radschas meinte man damit alle indischen Gerichte, die mit einer Sauce bereitet wurden. Die ersten Liebhaber stark gewürzter indischer Speisen – Händler und Soldaten, die nach Indien kamen – wollten die neuen Aromen bei ihrer Rückkehr in den heimischen Küchen einführen. So erfreute sich industriell hergestelltes Currypulver über die Jahrzehnte wachsender Nachfrage. Heute wird fertiges Currypulver für fernöstliche wie indische Gerichte in fast jedem Supermarkt angeboten.

Currypulver ist eine Mischung verschiedener Gewürze, die je nach Zusammenstellung die Würzmittel unterschiedlicher Regionen repräsentieren. Es ist jedoch keine traditionelle, authentische Würzzutat der indischen Küche: Vielmehr vermischt man auf dem riesigen Subkontinent Indien und in vielen anderen asiatischen Ländern ganz spezielle, für Region und Klima typische Gewürze nach den jeweils vorherrschenden Kochtraditionen.

Gewürzmischungen aus den heißeren Regionen enthalten mehr feurig scharfe Chillies: Mischungen aus Madras, Mysore und Goa sind zum Beispiel alle sehr scharf, während Gewürzmischungen aus kühleren nördlichen Gebieten aromatisch-warme Zutaten enthalten. Das richtige Mischungsverhältnis der Würzzutaten für ein Currypulver bestimmt vor allem der eigene Geschmack. Unser Grundrezept mit Varianten kann man je nach Geschmack abwandeln.

Currypulver

ERGIBT 16 EL

6–8 getrocknete rote Chilischoten
8 EL Korianderkörner
4 EL Kreuzkümmelsamen
2 TL Bockshornkleesamen
2 TL schwarze Senfkörner
2 TL schwarze Pfefferkörner
1 EL gemahlene Kurkuma
1 TL gemahlener Ingwer

1 Samen und Scheidewände der Chillies entfernen. Für eine besonders scharfe Mischung einige Samen mitverwenden.

2 Chillies, Koriander, Kreuzkümmel, Bockshornklee, schwarze Senfkörner und schwarzen Pfeffer in einer Pfanne mit schwerem Boden bei mittlerer Hitze ohne Fett rösten. Dabei die Pfanne häufig schwenken, damit die Gewürze gleichmäßig geröstet werden.

3 Die gerösteten Gewürze im Mörser oder in der Kaffeemühle zermahlen. Zum Schluss Kurkuma und Ingwer untermischen.

VARIANTE

4 Curryblätter ohne Fett rösten, zu der fertigen Mischung geben und die vorgesehene Speise damit würzen. Nach dem Garen die Blätter wieder entfernen.

Für ein milderes Aroma nur die Hälfte der Chillies verwenden. Vor dem Rösten 1 Zimtstange, 1 EL Fenchelsamen und 6 Gewürznelken hinzufügen.

Getrocknete rote Chillies

Schwarze Senfkörner

Korianderkörner

Schwarze Pfefferkörner

Kreuzkümmelsamen

Gemahlene Kurkuma

Bockshornkleesamen

Gemahlener Ingwer

Sambaar-Pulver

Diese klassische Gewürzmischung wird in Südindien häufig verwendet: für Speisen mit Gemüse und Linsen, Schmorgerichte und würzige Brühen, die für die Brahmin-Küche so typisch sind. Sambaar-Pulver hat ein angenehmes nussartiges Aroma, denn die verwendeten Hülsenfrüchte werden vor dem Mahlen geröstet. Außerdem verleihen sie gewürzten Saucen eine sämige Konsistenz. Man bekommt sie in Geschäften für asiatische Lebensmittel und in einigen größeren Supermärkten.

Getrocknete rote Chillies

Korianderkörner

Schälerbsen (Channa Dal)

ERGIBT 17 EL

8–10 getrocknete rote Chilischoten
6 EL Korianderkörner
2 EL Kreuzkümmelsamen
2 TL schwarze Pfefferkörner
2 TL Bockshornkleesamen
2 TL enthülste, halbierte Urdbohnen (Urad Dal)
2 TL halbierte gelbe Schälerbsen (Channa Dal)
1 TL enthülste, halbierte Mungobohnen (Mung Dal)
1½ EL gemahlene Kurkuma

Schwarze Pfefferkörner

Mungobohnen (Mung Dal)

Bockshornkleesamen

Gemahlene Kurkuma

Urdbohnen (Urad Dal)

Kreuzkümmelsamen

1 Die Chillies von Samen und Scheidewänden befreien. Eine Pfanne mit schwerem Boden erhitzen. Chillies, Koriander, Kreuzkümmel, schwarzen Pfeffer und Bockshornkleesamen hineingeben und bei mittlerer Hitze ohne Fett rösten, bis sie aromatisch duften. Dabei die Pfanne häufig schwenken. Die Gewürzmischung in eine Schüssel geben.

2 Die Hülsenfrüchte bei mittlerer Hitze unter ständigem Schwenken der Pfanne ebenfalls ohne Fett rösten, aber nicht braun werden lassen.

3 Gewürze und Hülsenfrüchte fein zermahlen, dann die Kurkuma untermischen.

KÜCHENTIPP

In Indien werden die Gewürze nach Bedarf frisch vorbereitet und vermischt. Man kann das Pulver aber auch im Voraus herstellen und in einem luftdichten Behälter 3–4 Monate lichtgeschützt aufbewahren. Die Gewürzmischung lässt sich einfrieren.

Panch Phoron

Für diese bengalische Gewürzmischung werden fünf verschiedene Gewürze zu gleichen Teilen vermischt – ohne sie vorher zu rösten oder zu mahlen. Panch Phoron kann man auf zwei verschiedene Weisen verwenden: Die Mischung wird entweder zum Aromatisieren in Öl gebraten, ehe man die anderen Zutaten hineingibt, oder in Ghee gebraten und kurz vor dem Servieren in ein Linsen- oder Gemüsegericht gerührt.

ERGIBT 10 EL

2 EL Kreuzkümmelsamen
2 EL Fenchelsamen
2 EL gelbe oder weiße Senfkörner
2 EL Bockshornkleesamen
2 EL Schwarzkümmelsamen

1 Die Gewürze vermischen und in einem luftdichten Behälter lichtgeschützt aufbewahren.

Senfkörner

Kreuzkümmelsamen

Bockshornkleesamen

Fenchelsamen

Schwarzkümmelsamen

Currypulver aus Sri Lanka

Diese Mischung unterscheidet sich deutlich von indischen Currypulvern. Koriander, Kreuzkümmel, Fenchel und Bockshornklee werden stark geröstet, und zwar getrennt: So wird das Pulver dunkler und herrlich aromatisch. Es passt zu Fisch-, Geflügel-, Fleisch- oder Gemüsecurrys.

ERGIBT 12 EL

6 EL Korianderkörner
3 EL Kreuzkümmelsamen
1 EL Fenchelsamen
1 TL Bockshornkleesamen
1 Zimtstange (5 cm lang)
1 TL Gewürznelken
8 grüne Kardamomkapseln
6 getrocknete Curryblätter
1–2 TL Chilipulver

Zimtstange

1 Koriander, Kreuzkümmel, Fenchel und Bockshornklee ohne Fett getrennt stark rösten, da sie zu unterschiedlichen Zeiten braun werden. Zimtstange, Gewürznelken und Kardamomkapseln zusammen ohne Fett rösten, bis sie aromatisch duften.

Getrocknete Curryblätter

2 Die Kardamomsamen aus den Kapseln befreien und mit den gerösteten Gewürzen sowie den Curryblättern und dem Chilipulver fein zermahlen.

Korianderkörner

Grüne Kardamomkapseln

Chilipulver

Kreuzkümmelsamen

Bockshornkleesamen

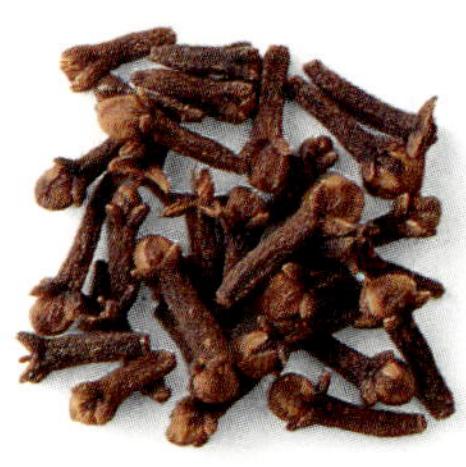

Gewürznelken

Currypulver auf Singapur-Art

Singapur ist ein kulinarischer Schmelztiegel: Vertreter der unterschiedlichen Landesküchen, die hier zusammentreffen, legen großen Wert auf die eigene Kochtradition und kreieren ganz besondere Gewürzmischungen. Dieses Grundrezept passt zu Geflügel- und Fleischgerichten.

ERGIBT 10 EL

3–4 getrocknete rote Chilischoten
6 EL Korianderkörner
1 EL Kreuzkümmelsamen
1 EL Fenchelsamen
2 TL schwarze Pfefferkörner
1 Zimtstange (2,5 cm lang)
4 grüne Kardamomkapseln
6 Gewürznelken
2 TL gemahlene Kurkuma

1 Samen, Scheidewände der Chillies entfernen. Für feurig scharfes Pulver die Samen mitverwenden.

2 Die Chillies mit allen Gewürzen außer der Kurkuma unter ständigem Rühren ohne Fett rösten, bis sie ein intensives Aroma verströmen.

3 Die Zimtstange in kleine Stücke zerbrechen und die Kardamomsamen aus den Kapseln befreien. Die Gewürze zu einem feinen Pulver zermahlen. Anschließend die Kurkuma untermischen.

Getrocknete rote Chillies

Schwarze Pfefferkörner

Korianderkörner

Zimtstange

Kreuzkümmelsamen

Grüne Kardamomkapseln, Gewürznelken

Fenchelsamen

Gemahlene Kurkuma

Singapur-Currypulver für Meeresfrüchte

ERGIBT 8 EL

2–3 getrocknete rote Chilischoten
6 EL Korianderkörner
1 EL Kreuzkümmelsamen
2 EL Fenchelsamen
1 TL Bockshornkleesamen
1 TL schwarze Pfefferkörner
2 TL gemahlene Kurkuma

1 Ebenso verfahren wie beim Currypulver nach Singapur-Art. Zum Schluss die gemahlene Kurkuma dazugeben.

Getrocknete rote Chillies

Korianderkörner

Kreuzkümmelsamen

Fenchelsamen

Gemahlene Kurkuma

Bockshornkleesamen

Schwarze Pfefferkörner

Sieben-Meere-Currypulver

Diese mildere Gewürzmischung schätzt man vor allem in den Küchen Indonesiens und Malaysias: Sie eignet sich für Currys, Sambals, Schmorgerichte und Kebabs. Den Namen verdankt es den sieben Meeren, unter anderem der Andamanen- und südchinesischen See, die die Küsten Malaysias und der vielen tausend Inseln Indonesiens umspülen.

ERGIBT 13 EL

6–8 weiße Kardamomkapseln
6 EL Korianderkörner
3 EL Kreuzkümmelsamen
1½ EL Selleriesamen
1 Zimtstange oder 1 Stück Kassiarinde (5 cm lang)
6–8 Gewürznelken
1 EL Chilipulver

1 Die Kardamomkapseln im Mörser zerstoßen und mit den restlichen Gewürzen bis auf das Chilipulver in eine Pfanne mit schwerem Boden geben. Die Mischung ohne Fett rösten, bis sie intensiv duftet. Dabei ständig rühren und die Pfanne schwenken.

2 Die Kardamomsamen aus den Kapseln befreien und mit den anderen gerösteten Gewürzen fein zermahlen. Das Chilipulver zugeben. Gut untermischen.

Kassiarinde

Weiße Kardamomkapseln

Korianderkörner

Kreuzkümmelsamen

Selleriesamen

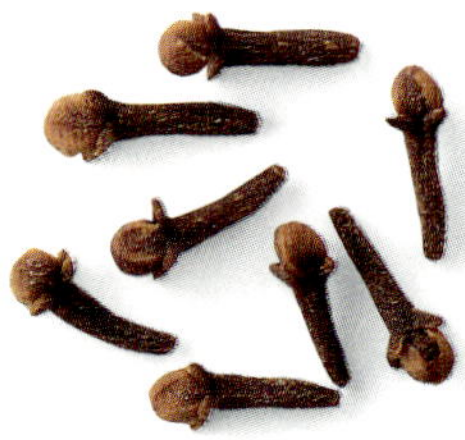

Gewürznelken

Chilipulver

Tadka

MENGE FÜR 1 GERICHT

8 frische oder getrocknete Curryblätter
2 EL Ghee
2 TL schwarze Senfkörner
½ TL gemahlener Asant

1 Die Zutaten zusammenstellen – nach Geschmack mehr Curryblätter zufügen.

2 Ghee in einer Pfanne oder einem Topf schmelzen. Wenn das Ghee heiß ist, die Senfkörner hineingeben. Damit sie beim Erhitzen nicht herausspringen, die Pfanne rechtzeitig abdecken.

3 Die Pfanne vom Herd nehmen, Asant und Curryblätter zufügen. Die Mischung umrühren und an eine Suppe, ein Linsen- oder Eintopfgericht geben.

Schwarze Senfkörner

Gemahlener Asant

Curryblätter

Ghee

Koriander-Baghar

„Baghar“ oder „Tadka“ nennt man Gewürzmischungen, die in heißem Ghee oder Senföl gebraten werden, damit sich ihr Aroma entfaltet. Die heißen Mischungen gibt man über oder rührt sie unter indische Gerichte mit Hülsenfrüchten und Gemüse oder Salate mit Joghurt. Je nach Region werden traditionell unterschiedliche Mischungen verwendet: Knoblauch und getrocknete rote Paprikaschoten gehören in der nordindischen Küche zum Beispiel in ein Baghar für Linsen. Unsere Gewürzkombination stammt ebenfalls aus Nordindien: Man gibt sie über Dal. Im Süden verwendet man Senfkörner, Asant und frische oder getrocknete Curryblätter.

Senföl

MENGE FÜR 1 GERICHT

4 EL Senföl
3–4 TL Kreuzkümmelsamen
1 kleine Zwiebel, fein gehackt
4 EL fein gehacktes frisches Koriandergrün

Frisches Koriandergrün

1 Die Zutaten bereitstellen. Das Senföl heiß werden lassen, bis es gerade zu dampfen beginnt. Die Hitze reduzieren und das Öl leicht abkühlen lassen.

2 Das Öl nochmals heiß werden lassen und die Kreuzkümmelsamen so lange erhitzen, bis sie sich verfärben. Die Zwiebeln dazugeben und goldbraun braten.

3 Zum Schluss das gehackte Koriandergrün zufügen und unter Rühren wenige Sekunden mitbraten. Die heiße Mischung über Dal, eine Suppe oder einen Eintopf geben.

Gehackte Zwiebeln

Kreuzkümmelsamen

Masalas

Masalas sind Gewürzmischungen, die als Pulver oder Paste hergestellt werden. Es gibt milde und duftende oder schärfere Mischungen: Dies hängt vor allem vom persönlichen Geschmack und dem jeweiligen Gericht ab, für das man die Masalas verwendet. Meist werden die Gewürze für ein besonders intensives Aroma vor dem Mahlen ohne Fett geröstet.

Garam Masala

„Garam" bedeutet warm oder heiß, und „garam masala" heißt warme oder heiße Gewürze. Die nordindische Gewürzkombination wird im Gegensatz zu anderen Mischungen über fertige Speisen gestreut, um diesen kurz vor dem Servieren ein zartes Aroma gerösteter Gewürze zu verleihen. Man kann Garam Masala aber auch schon während des Garens zufügen.

Korianderkörner

Schwarze Pfefferkörner

Kreuzkümmelsamen

Lorbeerblätter

Grüne Kardamomkapseln

Gemahlener Macis

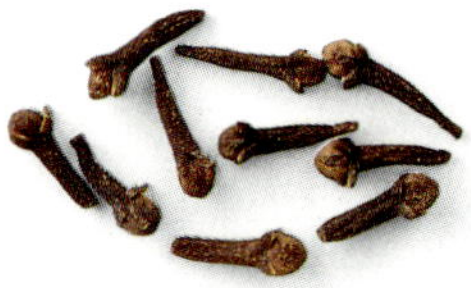

Gewürznelken

Zimtstange

ERGIBT 16 EL

10 grüne Kardamomkapseln
6 EL Korianderkörner
4 EL Kreuzkümmelsamen
10 Gewürznelken
1 EL schwarze Pfefferkörner
3 getrocknete Lorbeerblätter
1 Zimtstange (5 cm lang)
1 EL gemahlener Macis

1 Eine Pfanne mit schwerem Boden leicht erhitzen.

2 Die Kardamomkapseln im Mörser zerstoßen und mit allen Gewürzen bis auf den Macis in der Pfanne bei schwacher Hitze ohne Fett rösten, bis sie duften. Dabei die Pfanne ständig schwenken.

3 Die Kardamomsamen von den Kapseln befreien, die Zimtstange in kleine Stücke brechen. Die Gewürze fein zermahlen. Zum Schluss den gemahlenen Macis untermischen.

Kashmiri Masala

Diese Gewürzmischung passt besonders gut zu Gerichten mit Garnelen und Lamm.

ERGIBT $4^1/_2$ EL

12 grüne Kardamomkapseln
1 Zimtstange (5 cm lang)
1 EL Gewürznelken
1 EL schwarze Pfefferkörner
1 EL schwarze Kreuzkümmelsamen
2 TL Kümmelkörner
1 TL geriebene Muskatnuss

Zimtstange

Schwarze Pfefferkörner

Gewürznelken

1 Die Kardamomkapseln zerstoßen, die Zimtstange in Stücke brechen.

2 Eine Pfanne mit schwerem Boden heiß werden lassen. Alle Gewürze bis auf den Muskat unter Schwenken der Pfanne ohne Fett rösten, bis sie duften.

3 Die Kardamomsamen aus den Kapseln befreien und die Gewürze fein zermahlen. Den Muskat untermischen.

Grüne Kardamomkapseln

Gemahlene Muskatnuss

Kümmelkörner

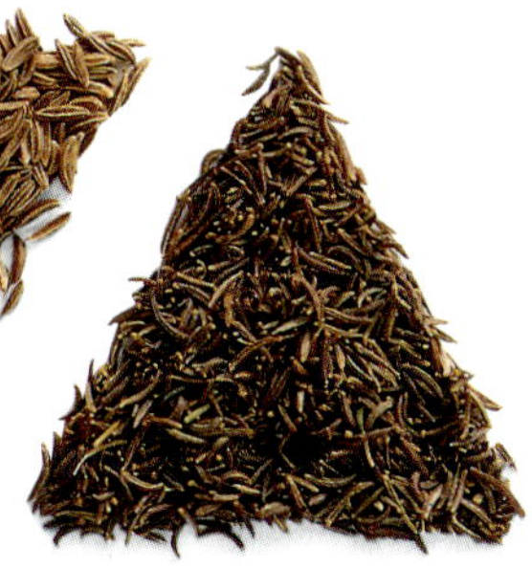
Schwarze Kreuzkümmelsamen

Chat Masala

Chat ist ein indischer Salat-Snack, der in Imbissbuden oder von Straßenhändlern verkauft wird: Er kann aus Bananen, Papayas, Guaven und Äpfeln bestehen. Mit der folgenden Gewürzmischung bekommt er ein pikant-säuerliches Aroma. Er eignet sich auch als erfrischende Vorspeise. Alle Gewürze und das Salz werden nicht geröstet, sondern nur gemahlen und dann mit den restlichen Zutaten vermischt.

ERGIBT 2½ EL

1 TL schwarze Pfefferkörner
1 TL Kreuzkümmelsamen
1 TL Ajowansamen
1 TL Granatapfelsamen
1 TL vermischtes schwarzes Salz und Meersalz (oder nach Geschmack)
¼ TL gemahlener Asant
1 TL Mangopulver
½ TL Cayennepfeffer (oder nach Geschmack)
½ TL Garam Masala (nach Belieben)

1 Schwarzen Pfeffer, Kreuzkümmel, Ajowan, Granatapfelsamen und Salz zu einem Pulver zermahlen.

2 Die restlichen Zutaten gut untermischen. Dabei die Menge des Cayennepfeffers nach Geschmack bestimmen und nach Belieben Garam Masala hinzufügen.

Schwarze Pfefferkörner

Kreuzkümmelsamen

Ajowansamen

Granatapfelsamen

Meersalz

Mangopulver

Gemahlener Asant

Cayennepfeffer

Garam Masala

Grüne Masala

Diese milde Gewürzpaste hat dank der Minze- und Korianderblätter ein säuerlich frisches Aroma: eine wunderbare Beigabe zu Garnelen, Geflügel, Gemüse und – mit Kokosmilch zubereitet – auch zu Dal.

ERGIBT 17 EL

1 TL Bockshornkleesamen
10 grüne Kardamomkapseln
6 Gewürznelken
2 TL gemahlene Kurkuma
2 TL Salz
4 Knoblauchzehen, zerdrückt
1 Stück frischer Ingwer (5 cm lang), geschält und fein gerieben
50 g frische Minzeblätter
50 g frisches Koriandergrün
1 kleine grüne Paprikaschote, Samen und Scheidewände entfernt, gehackt (nach Belieben)
50 ml Cidre-Essig
60 ml Sonnenblumenöl
60 ml Sesamöl

1 Bockshornkleesamen über Nacht in Wasser einweichen.

2 Die Kardamomkapseln im Mörser zerstoßen und mit den Gewürznelken ohne Fett rösten, bis sie duften. Die gerösteten Gewürze zu Pulver zermahlen und mit Kurkuma und Salz vermischen.

3 Den Bockshornklee abgießen und in einem Mixer oder einer Küchenmaschine zusammen mit Knoblauch, Ingwer, Minze, Koriandergrün, Paprika (nach Belieben) und Essig pürieren. Dann Salz und gemahlene Gewürze untermischen.

Frisches Koriandergrün

Bockshornkleesamen

Grüne Kardamomkapseln

Knoblauchzehen

Frische Minzeblätter

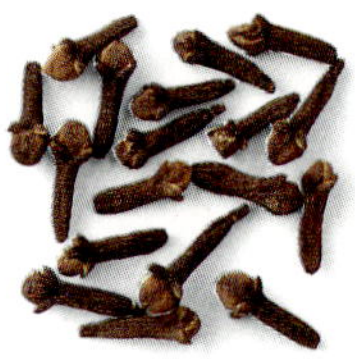

Gewürznelken

Gemahlene Kurkuma

Frischer Ingwer

Salz

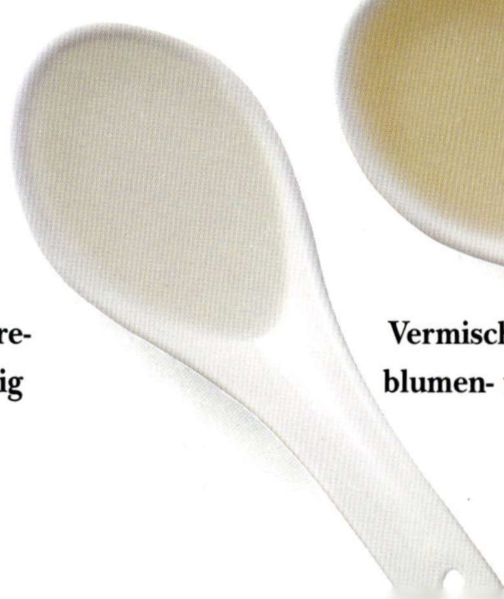

Cidre-Essig

Vermischtes Sonnenblumen- und Sesamöl

Grüne Paprikaschote

4 Die beiden Ölsorten vermischen und in einer Pfanne erhitzen. Die Paste hineingeben und so lange miterhitzen, bis sich im Öl Bläschen bilden. Die Pfanne vom Herd nehmen und die Mischung abkühlen lassen.

5 Die Gewürzpaste in ein sauberes Schraubglas füllen. An der Oberfläche sollte sich das Öl absetzen, um die Paste luftdicht zu versiegeln: Sie bleibt so länger frisch und behält ihre Farbe. Lichtgeschützt oder im Kühlschrank 2–3 Wochen aufbewahren.

KÜCHENTIPP

Für 450 g Geflügel oder Fleisch rechnet man 1–1½ EL grüne Masala. Die Paste ist eine gute Marinade für Huhn. Dafür die Paste zusätzlich mit Salz und Öl vermischen. Die Haut des Huhns einritzen und mit der Marinade einreiben. Für einige Stunden marinieren. Das Huhn auf dem Grill garen.

Madrasi Masala

Eine typische Gewürzmischung aus Südindien: Die getrockneten Gewürze werden geröstet, gemahlen und mit Knoblauch, geriebenem Ingwer und Essig zu einer Paste vermischt. Anschließend erhitzt man sie in Öl, um das Aroma zu intensivieren. Aufbewahrt wird sie in einem luftdichten Schraubglas.

ERGIBT 450 G

8 EL Korianderkörner
4 EL Kreuzkümmelsamen
1 EL schwarze Pfefferkörner
1 EL schwarze Senfkörner
11 EL gemahlene Kurkuma
3–4 TL Chilipulver
1 EL Salz
8 Knoblauchzehen, zerdrückt
1 Stück frischer Ingwer (7,5 cm lang), geschält und fein gerieben
50 ml Cidre-Essig
175 ml Sonnenblumenöl

1 Eine Pfanne mit schwerem Boden erhitzen. Koriander, Kreuzkümmel und schwarzen Pfeffer darin ohne Fett kurz rösten. Die Senfkörner dazugeben. Unter ständigem Schwenken rösten, bis die Gewürze duften. Nicht zu stark bräunen.

2 Die gerösteten Gewürze fein zermahlen, mit Kurkuma, Chilipulver und Salz vermischen. Mit Knoblauch, Ingwer und genügend Essig zu einer Paste verrühren.

3 Das Öl heiß werden lassen und die Paste unter ständigem Rühren erhitzen, bis sich das Öl von der Gewürzmischung absetzt.

4 Die Paste abkühlen lassen und in einem luftdichten Schraubglas lichtgeschützt und nach Möglichkeit kühl aufbewahren. Sie hält sich etwa 2–3 Wochen.

Sonnenblumenöl

Cidre-Essig

Korianderkörner

Kreuzkümmelsamen

Schwarze Pfefferkörner

Schwarze Senfkörner

Gemahlene Kurkuma

Chilipulver

Salz

Knoblauchzehen

Frischer Ingwer

Gewürzpasten

Überall in Südostasien werden auf den Märkten in großer Fülle frische Gewürze angeboten: Die Verkäufer erkundigen sich, ob man ein Fleisch-, Fisch- oder Gemüsecurry zubereiten möchte und ob es scharf-würzig oder lieber etwas milder sein soll. Dann geben sie die entsprechende Menge Chillies, Galgant, Zitronengras und Knoblauch auf ein frisches Bananenblatt und falten es kegelförmig zusammen. Vielleicht wurde das Bananenblatt inzwischen auch schon durch die unvermeidliche Plastiktüte ersetzt! Bei uns werden heute industriell gefertigte Gewürzpasten in Gläsern und Dosen angeboten. Sie sind meist von hervorragender Qualität, doch macht es einfach Spaß, eigene Gewürzpasten herzustellen.

Malaysische Gewürzpaste für Huhn

Wenn Ihnen diese Paste zu scharf ist, lassen Sie ein paar Chillies weg. Ihre leuchtende Farbe verdankt sie den roten Zwiebeln und der frischen Kurkuma. Die Zugabe von Trassi mag ungewöhnlich erscheinen, doch verleiht es der Paste ein intensives Aroma. Die Macadamianüsse steuern eine dicke Konsistenz bei, und das Zitronengras unterstützt den wunderbaren Geschmack dieses Klassikers.

ERGIBT ETWA 350 G

6 frische rote Chilischoten, Samen und Scheidewände entfernt
3 große rote Zwiebeln oder 12 Schalotten, grob gehackt
4 Knoblauchzehen
1 Stück frische Kurkuma (2,5 cm lang), geschält und in Scheiben geschnitten, ersatzweise 1 TL gemahlene Kurkuma
10 Macadamianüsse
1 Stück Trassi (2,5 cm lang), geröstet
3 Stengel frisches Zitronengras

1 Chillies, Zwiebeln oder Schalotten, Knoblauch, Kurkuma, Nüsse und Trassi in eine Küchenmaschine geben.

2 Das Wurzelende vom Zitronengras entfernen und den unteren Teil der Stengel (etwa 6 cm) in dünne Scheiben schneiden.

3 Das Zitronengras ebenfalls in die Küchenmaschine geben und alles zu einer Paste pürieren. Die Paste sofort verwenden oder im luftdichten Schraubglas im Kühlschrank oder im Plastikbehälter im Gefrierfach einige Tage aufbewahren.

KÜCHENTIPP

Den oberen Teil der Zitronengrasstengel kann man flach klopfen und zum Garen an das Curry geben. Vor dem Servieren wieder entfernen.

Rote Currypaste aus Thailand

In Thailand heißt sie „krueng gaeng phed". Man würzt mit der Paste Fleisch-, Geflügel- und Gemüsegerichte.

ERGIBT ETWA 175 G

10 frische rote Chilischoten, Samen und Scheidewände entfernt, oder 1½ EL Chilipulver
100 g rote Zwiebeln oder Schalotten, in Scheiben geschnitten
4 Knoblauchzehen
3 Stengel Zitronengras, den unteren Teil in Scheiben geschnitten und zerdrückt
1 Stück Großer Galgant (1 cm lang), geschält, in Scheiben geschnitten und zerdrückt
4 Zweige frisches Koriandergrün, nur die Stengel
1–2 EL Erdnussöl
1 TL getrocknete Zitronenschale
1 Stück Trassi (1 cm lang), geröstet
1 EL Korianderkörner
2 TL Kreuzkümmelsamen
1 TL Salz

1 Chillies oder Chilipulver, Zwiebeln oder Schalotten, Knoblauch, Zitronengras, Galgant und die Stengel vom Koriandergrün im Mörser zu einer Paste zerreiben. Dabei nach und nach das Öl zugießen. Als Alternative die Zutaten im Mixer oder in der Küchenmaschine pürieren. Zitronenschale und Trassi hinzufügen.

2 Korianderkörner und Kreuzkümmel ohne Fett rösten. Im Mörser zu einem Pulver zermahlen und mit dem Salz gründlich unter die Paste mischen.

3 Die Paste sofort verwenden oder in ein Schraubglas füllen. Mit Plastikfolie bedecken, mit einem Deckel verschließen und im Kühlschrank aufbewahren. Die Paste hält sich 3–4 Wochen. Man kann sie auch in einem Plastikbehälter (mit der Mengenangabe) einfrieren.

Rote Chillies

Frisches Zitronengras

Erdnussöl

Rote Zwiebel

Trassi

Großer Galgant

Knoblauchzehen

Salz

Kreuzkümmelsamen

Grüne Chillies

Getrocknete Zitronenschale

Weiße Zwiebel

Frisches Koriandergrün

Korianderkörner

Grüne Currypaste

Der Name der grünen Paste lautet „gaeng khiev wan". Sie wird nahezu aus den gleichen Zutaten hergestellt: Die roten Chillies ersetzt man durch grüne und die roten Zwiebeln durch weiße. Die zusätzlichen Korianderblätter liefern eine kräftigere Farbe.

Nam-Prik-Sauce aus Thailand

Dies ist die bekannteste thailändische Sauce. Man kann sie ohne weitere Zugaben servieren, unter gegarten Reis mischen oder als Dip zu rohem oder blanchiertem Gemüse reichen. Die Mengenverhältnisse mögen in Thailand je nach Geschmack variieren, die Zutaten sind stets die gleichen.

Ergibt 275 g

50 g getrocknete Garnelen, 15 Min. in Wasser eingeweicht, abgegossen
1 Stück Trassi (1 cm lang), geröstet
3–4 Knoblauchzehen, zerdrückt
3–4 frische rote Chilischoten, Samen und Scheidewände entfernt
50 g Garnelen, gegart und geschält (nach Belieben)
Einige Zweige Koriandergrün
8–10 sehr kleine junge Auberginen, Stielansätze entfernt (nach Belieben)
3–4 EL frisch gepresster Zitronen- oder Limettensaft
2 EL Fischsauce (oder nach Geschmack)
1 EL brauner Zucker (oder nach Geschmack)

1 Garnelen, Trassi, Knoblauch und Chillies in einem Mörser zerreiben. Als Alternative die Zutaten in der Küchenmaschine oder im Mixer pürieren. Nach Belieben die frischen Garnelen und das Koriandergrün dazugeben. Die Zutaten wieder zerreiben, bis eine Paste entsteht.

2 Die Auberginen, falls sie verwendet werden, nach und nach mit der Paste zerreiben.

3 Mit Zitronen- oder Limettensaft, Fischsauce und Zucker abschmecken. Ist die Sauce zu dickflüssig, etwas Wasser unterrühren.

Frische rote Chillies

Getrocknete Garnelen

Brauner Zucker

Fischsauce

Zitronensaft

Trassi

Geschälte und gegarte Garnelen

Frisches Koriandergrün

Knoblauchzehen

Mus-sa-man-Currypaste

Ergibt 225 g

10 frische rote Chilischoten, Samen und Scheidewände entfernt, ersatzweise 1½ EL Chilipulver
100 g rote Zwiebeln oder Schalotten, in Scheiben geschnitten
4 Knoblauchzehen, geschält
3 Stengel Zitronengras, der untere Teil in Scheiben geschnitten und zerdrückt
1 Stück Großer Galgant (1 cm lang), geschält, in Scheiben geschnitten und zerdrückt
Etwas Erdnussöl
4 Zweige Koriandergrün, nur die Stengel
1 TL getrocknete Zitronenschale
1 Stück Trassi (1 cm lang), geröstet
6 grüne Kardamomkapseln
1 EL Korianderkörner
2 TL Kreuzkümmelsamen
1 TL Salz
½ TL gemahlene Gewürznelken
½ TL gemahlener Zimt

1 Die frischen Chillies mit den Zwiebeln oder Schalotten, dem Knoblauch, Zitronengras und Galgant in Öl bei schwacher Hitze braten. Dabei rühren.

2 Die gebratenen Gewürze mit dem Chilipulver, falls es verwendet wird, in der Küchenmaschine oder im Mixer zu einer glatten Paste pürieren. Die Stengel vom Koriandergrün, Zitronenschale und Trassi zufügen. Die Mischung wiederum pürieren.

3 Die Kardamomkapseln im Mörser zerstoßen und mit Koriander, Kreuzkümmel und Salz ohne Fett rösten. Die Kardamomsamen von den Kapseln befreien und mit den anderen gerösteten Gewürzen im Mörser zermahlen. Zusammen mit Gewürznelken und Zimt zu der Paste geben und nochmals pürieren. Nach Bedarf verwenden oder 2–3 Wochen im Kühlschrank aufbewahren.

Sambals

Mit Sambal ist hier eine Beigabe gemeint, die man ähnlich wie Senf verwendet, um zum Beispiel einem Hauptgericht eine pikante Note zu verleihen. Darüber hinaus ist Sambal oelek ein guter Ersatz für frische Chillies und kann sowohl als Würzzutat für Sambal Ketjap als auch für Sambal Trassi gebraucht werden. Industriell gefertigte „gehackte Chillies" werden inzwischen in den meisten großen Supermärkten angeboten und machen unsere wachsende Vorliebe für würzige Speisen deutlich.

Sambals können außerdem würzige Chilisaucen mit den unterschiedlichsten Zutaten sein: Fleischbällchen, kleine Fischstücke, hart gekochte Eier oder Gemüse. In indonesischen Kochbüchern stehen sie unter der Bezeichnung sambal goreng.

Sambal oelek

Sambal oelek hält sich 4–6 Wochen in einem luftdichten Behälter im Kühlschrank. Man kann also ruhig eine größere Portion davon herstellen, wenn man häufiger indonesische Speisen kocht. Verwenden Sie zum Abmessen der Sauce einen Löffel aus rostfreiem Stahl oder Plastik. Sie ist feurig-scharf und kann mitunter zu Hautreizungen führen. Darum sollten Sie sich sofort die Hände mit Seife waschen, wenn diese mit der Sauce in Berührung kommen.

ERGIBT 450 G

450 g frische rote Chillies, Samen und Scheidewände entfernt
2 TL Salz

1 Wasser in einem Topf zum Kochen bringen. Die Chillies darin 5–8 Minuten garen.

2 Die Chillies abgießen und in der Küchenmaschine oder im Mixer zu einer groben Paste pürieren.

3 Die Paste in ein Schraubglas füllen und das Salz unterrühren. Das Glas mit Wachspapier oder Plastikfolie bedecken, dann mit dem Deckel fest verschließen.

4 Das fertige Sambal im Kühlschrank aufbewahren. Zum Servieren als Beigabe etwas Sambal in ein kleines Schälchen füllen oder für verschiedene Gerichte nach den Rezeptangaben verwenden.

Sambal Ketjap

Diese indonesische Sauce kann man als Dip zu „Satays" oder „Satehs" (Fleischspießchen) reichen. Sie passt gut zu Rind und Huhn.

ERGIBT 10 EL

1 frische rote Chilischote, Samen und Scheidewände entfernt, fein gehackt
2 Knoblauchzehen, zerdrückt
4 EL dunkle Sojasauce
4 TL frisch gepresster Zitronensaft oder 1–1½ EL Tamarindenwasser
2 EL heißes Wasser
2 EL goldbraun gebratene Zwiebelringe (nach Belieben)

1 Gehackte Chilischote, Knoblauch, Sojasauce, Zitronensaft oder Tamarindenwasser und heißes Wasser in einer Schüssel vermischen.

2 Nach Belieben die Zwiebelringe unterrühren. Die Sauce vor dem Servieren 30 Minuten durchziehen lassen.

Sambal Trassi

Dieses Sambal bereitet man am besten nur in kleinen Portionen vor und serviert es als Beigabe zu Reisgerichten. Die Menge von Chillies und Trassi kann man reduzieren: Trotzdem ist die Sauce feurig-scharf.

ERGIBT 2 EL

2–4 frische rote Chilischoten, Samen und Scheidewände entfernt
Salz
1 Stück Trassi (1 cm lang)
Frisch gepresster Saft einer ½ Zitrone oder Limette

1 Die Chillies längs halbieren. Im Mörser unter Beigabe von etwas Salz zu einer Paste zerreiben.

2 Mit Trassi und Zitronen- oder Limettensaft abschmecken.

Afrikanische Gewürzmischungen

Stark gewürzte Gerichte sind überall auf dem afrikanischen Kontinent sehr beliebt. Seit biblischen Zeiten hatten arabische Händler Gewürze nach Afrika gebracht. Meist kochen die Frauen. Die Rezepte werden von Generation zu Generation weitergegeben, etwa wenn die Familien zusammenkommen, um Speisen für Feste und Hochzeiten zu bereiten, und so bleiben die Kochtraditionen lebendig. Das bekannteste der folgenden fünf Rezepte ist Harissa: Die Paste lässt sich leicht zu Hause herstellen, doch wird sie auch in vielen Supermärkten in kleinen Gläschen angeboten. Nach dem Öffnen sollte man sie im Kühlschrank aufbewahren.

Harissa

Diese pikante Gewürzpaste mit Chillies wird in den Küchen Marokkos, Tunesiens und Algeriens häufig verwendet. Man serviert Harissa als Dip zu gegrilltem Fleisch, rührt sie in Suppen und Eintöpfe oder gibt sie an eine Sauce zu Couscous. Manchmal würzt man damit auch ein Püree aus geschälten und entkernten frischen Tomaten, das zu Kebabs und kleineren Speisen gereicht wird. Vermischt mit Joghurt, ist Harissa eine hervorragende Marinade für Schwein und Huhn.

ERGIBT 120 ML

12 getrocknete rote Chilischoten
1 EL Korianderkörner
2 TL Kreuzkümmelsamen
2 Knoblauchzehen
½ TL Salz
4–6 EL natives Olivenöl extra

1 Scheidewände und einige Samen der Chillies entfernen. Die Chillies 30 Minuten in warmem Wasser einweichen.

2 In der Zwischenzeit Koriander und Kreuzkümmel ohne Fett rösten. Anschließend zu einem Pulver zermahlen.

3 Den Knoblauch mit dem Salz im Mörser zerreiben. Die Chillies dazugeben und alles zu einer glatten Paste zerreiben.

4 Die gemahlenen Gewürze hinzufügen. Nach und nach das Öl dazugießen und unterrühren, bis eine cremige Mischung entstanden ist.

5 Die Paste sofort verwenden oder in ein Schraubglas füllen. Zur besseren Haltbarkeit mit zusätzlichem Öl begießen. Das Glas verschließen und im Kühlschrank bis zu 3 Wochen aufbewahren.

VARIANTE

Für eine mildere Paste 4–6 getrocknete Chillies verwenden. 2 rote Paprikaschoten grillen und enthäuten. Die Samen für eine dickere Konsistenz zugeben. Paprikaschoten fein pürieren. Die Zutaten wie beschrieben vermischen.

Getrocknete rote Chillies

Natives Olivenöl extra

Korianderkörner

Knoblauchzehen

Kreuzkümmelsamen

Salz

Berbere

Die Gewürzmischung gibt man in Äthiopien an viele verschiedene Gerichte – von gebackenem Fisch bis zu Eintöpfen mit Huhn. Der Name wird „bari-baray“ ausgesprochen.

ERGIBT 50 G

10 getrocknete rote Chilischoten
8 weiße Kardamomkapseln
1 TL Kreuzkümmelsamen
1 TL Korianderkörner
1 TL Bockshornkleesamen
8 Gewürznelken
1 TL Pimentkörner
2 TL schwarze Pfefferkörner
1 TL Ajowansamen
1 TL gemahlener Ingwer
½ TL geriebene Muskatnuss
2 EL Salz

1 Scheidewände und einige Samen der Chillies entfernen.

2 Eine Pfanne mit schwerem Boden erhitzen. Die Kardamomkapseln zerstoßen und zusammen mit Kreuzkümmel, Koriander, Bockshornklee, Gewürznelken, Piment, schwarzem Pfeffer und Ajowan bei mittlerer Hitze ohne Fett rösten, bis sie duften und sich leicht verfärben. Dabei die Pfanne häufig schwenken.

3 Die Kardamomsamen aus den Kapseln befreien und mit den anderen gerösteten Gewürzen fein zermahlen. Ingwer, Muskat und Salz untermischen.

4 Die Gewürzmischung sofort verwenden oder luftdicht verschlossen lichtgeschützt aufbewahren. Man kann sie auch in einem Plastikbehälter einfrieren.

Getrocknete rote Chillies

Weiße Kardamomkapseln

Pimentkörner

Schwarze Pfefferkörner

Kreuzkümmelsamen

Korianderkörner

Ajowansamen

Gemahlener Ingwer

Bockshornkleesamen

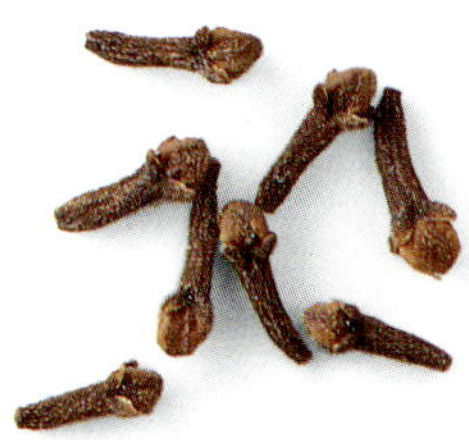

Gewürznelken

Geriebene Muskatnuss

Salz

Ras el Hanout

Jeder Gewürzhändler in Marokko hat sein eigenes Rezept für „ras el hanout", das „Haupt des Ladens" bedeutet. Die Mischung kann über 20 verschiedene Gewürze enthalten, unter anderem Zimt, Kardamom, Chillies, Kreuzkümmel, Koriander, Gewürznelken, Salz, Pfeffer, Ingwer, Muskat, Kurkuma, ein paar getrocknete Blüten und eine beliebige Würzzutat mit aphrodisischer Wirkung. Nichts wird vergessen oder dem Zufall überlassen! Es werden immer ganze Gewürze vermischt und verkauft, so dass man sie nach Bedarf mahlen kann.

Schwarze Pfefferkörner

Korianderkörner

Kreuzkümmelsamen

Gewürznelken

Grüne Kardamomkapseln

Gemahlene Kurkuma

Zimtstange

Gemahlener Ingwer

Salz

Muskatnüsse

Getrocknete rote Chillies

Getrocknete Blüten

La Kama

La Kama ist eine marokkanische Gewürzmischung, die in Tanger sehr beliebt ist: Mit ihren fünf Gewürzen lässt sie sich einfacher zubereiten als „ras el hanout". Man würzt damit Suppen und Eintöpfe, und sie passt besonders gut zu Lamm.

ERGIBT 3 EL

1 Zimtstange (2,5 cm lang)
2 TL schwarze Pfefferkörner
2 TL gemahlener Ingwer
2 TL gemahlene Kurkuma
¼ TL geriebene Muskatnuss

1 Für ein intensiveres Aroma die Zimtstange und den schwarzen Pfeffer in einer Pfanne mit schwerem Boden ohne Fett rösten.

2 Die gerösteten Gewürze zu einem Pulver zermahlen und mit Ingwer, Muskat und Kurkuma vermischen.

3 Sofort verwenden oder luftdicht und lichtgeschützt aufbewahren.

Schwarze Pfefferkörner

Gemahlener Ingwer

Gemahlene Kurkuma

Zimtstange

Geriebene Muskatnuss

Tsire-Pulver

Diese einfache Gewürzmischung wird in Westafrika für Kebabs verwendet: Das rohe Fleisch wird in Öl oder ein verquirltes Ei getaucht und dann in der Gewürzmischung gewendet. Vor dem Servieren streut man noch eine Prise über das gegarte Fleisch.

ERGIBT 4 EL

50 g gesalzene Erdnüsse
1 TL Mixed Spice (S. 107)
½–1 TL Chilipulver
Salz

1 Die Erdnüsse in einem Mörser, Mixer oder einer Küchenmaschine zu einem groben Pulver zermahlen. Dann die gemahlenen Gewürze, Chilipulver und etwas Salz untermischen.

2 Sofort verwenden oder luftdicht verschlossen bis zu 6 Wochen an einem kühlen Ort aufbewahren.

Chilipulver

Mixed Spice

Salz

Gesalzene Erdnüsse

KÜCHENTIPP

„Mixed Spice", auch „Pudding Spice" genannt, ist eine industriell gefertigte Gewürzmischung, die Piment, Zimt, Gewürznelken, Ingwer und Muskat enthält.

Gewürzmischungen zum Grillen

Das Grillen ist vielleicht die einfachste Garmethode, doch mit sehr schmackhaftem Ergebnis. Die gegarten Fleisch-, Geflügel- oder Fischstücke schmecken noch delikater, wenn man sie mit Gewürzmischungen verfeinert. Diese verwendet man für eine Marinade oder reibt das Fleisch kurz vor dem Garen damit ein. Trockene Gewürzmischungen kann man kühl und dunkel aufbewahren.

Grill-Gewürzmischung

ERGIBT ETWA 4 EL

2 TL Selleriesamen
1 TL Paprikapulver
1 TL geriebene Muskatnuss
1 TL Chilipulver
1 TL Knoblauchpulver
1 TL Zwiebelsalz
2 TL getrockneter Majoran
1 TL Salz
1–2 TL hellbrauner Zucker
1 TL gemahlener schwarzer Pfeffer

1 Die Selleriesamen im Mörser zerreiben und mit den restlichen Zutaten vermischen. Die Mischung sofort verwenden oder aber in einem luftdichten Schraubglas an einem kühlen Ort aufbewahren.

KÜCHENTIPP

Für eine Marinade die Gewürzmischung in ein Glas Rot- oder Weißwein geben, einige Zwiebelringe zufügen und 4 EL Knoblauchöl unterrühren.

Selleriesamen

Paprikapulver

Geriebene Muskatnuss

Chilipulver

Knoblauchpulver

Zwiebelsalz

Getrockneter Majoran

Salz

Hellbrauner Zucker

Gemahlener schwarzer Pfeffer

Grillgewürz mit Wacholder

Diese scharfe Gewürzmischung passt hervorragend zu Entenbrust, Rind und Wild. Für eine Marinade verrührt man die Mischung mit einem kleinen Glas Gin sowie 1–2 gehackten Schalotten und fügt Rosmarinzweige hinzu.

ERGIBT 4 EL

2 EL Wacholderbeeren
1 TL schwarze Pfefferkörner
½ TL Salz
1 TL gemahlener Piment
1 EL dunkelbrauner Zucker

1 Wacholder und schwarzen Pfeffer mit dem Salz im Mörser fein zerreiben. Piment und Zucker untermischen.

2 Das Fleisch vor dem Grillen mit der Gewürzmischung einreiben.

Wacholderbeeren

Salz

Schwarze Pfefferkörner

Gemahlener Piment

Dunkelbrauner Zucker

Philadelphia-Gewürzpulver

Mit dieser Mischung würzt man Schweinekoteletts: Reiben Sie das Fleisch einige Stunden vor dem Grillen ein, damit sich das Aroma entfalten kann.

ERGIBT 2–3 EL

8 Gewürznelken
1 TL Chilipulver
½ TL geriebene Muskatnuss
¼ TL gemahlener Macis
1 TL getrocknetes Basilikum
1 TL getrockneter Thymian
2 getrocknete Lorbeerblätter
Salz

1 Die Gewürznelken im Mörser grob zerreiben. Die anderen Gewürze hinzufügen und zu feinem Pulver zerreiben.

2 Sofort verwenden oder in einem luftdichten Behälter lichtgeschützt aufbewahren.

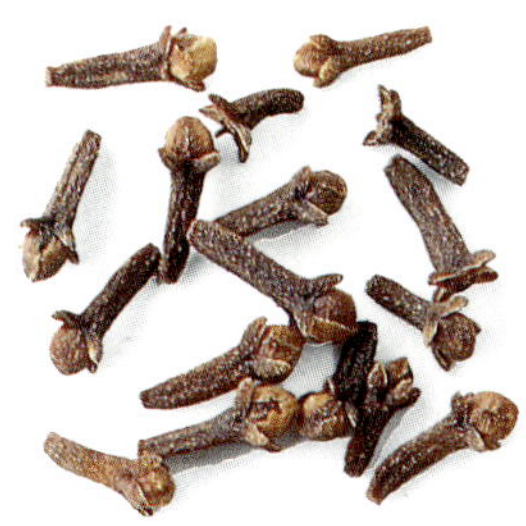

Gewürznelken

Chilipulver

Lorbeerblätter

Geriebene Muskatnuss

Gemahlener Macis

Getrocknetes Basilikum

Getrockneter Thymian

Salz

Cajun-Gewürzmischung

Der Name Cajun entstand durch Verdrehung des Worts „Acadian". So hießen die französischen Siedler, die Kanada verließen, als die Engländer 1755 die Vormachtstellung erlangten. Sie ließen sich in Louisiana nieder, wo sich kreolische und französische Kochtradition vermischten. Die Gewürzmischung eignet sich für die berühmten Jambalaya und Gumbo, aber auch für Fischsteaks, Huhn oder Fleisch. Soll sie im Voraus zubereitet werden, bewahren Sie die gemahlenen Gewürze in einem luftdichten Behälter auf. Sie müssen dann bei Bedarf nur noch Zwiebel und Knoblauch zerkleinern und mit den Gewürzen vermischen.

ERGIBT ETWA 10 EL

1 TL schwarze Pfefferkörner
1 TL Kreuzkümmelsamen
1 TL weiße Senfkörner
2 TL Paprikapulver
1 TL Chilipulver oder Cayennepfeffer
1 TL getrockneter Oregano
2 TL getrockneter Thymian
1 TL Salz
2 Knoblauchzehen
1 Zwiebel, in Scheiben geschnitten

1 Schwarzen Pfeffer, Kreuzkümmel und Senfkörner bei mittlerer Hitze ohne Fett rösten.

2 Die gerösteten Gewürze fein zermahlen. Paprikapulver, Chilipulver oder Cayennepfeffer, Oregano, Thymian und Salz zufügen. Nochmals mahlen.

3 Soll die Mischung sofort verwendet werden, fein gehackten Knoblauch und Zwiebel mit den Gewürzen im Mixer oder in der Küchenmaschine pürieren.

Knoblauchzehen

Getrockneter Oregano

Weiße Senfkörner

Salz

Schwarze Pfefferkörner

Chilipulver

Zwiebel

Kreuzkümmelsamen

Paprikapulver

Getrockneter Thymian

Chinesisches Fünfgewürzpulver

Der Duft dieser Gewürzmischung ist typisch für chinesische Supermärkte. Die Mischung wird zu gleichen Teilen aus Sichuanpfeffer, Zimt oder Kassia, Gewürznelken, Fenchelsamen und Sternanis bereitet. Sie passt zu Huhn, Schwein und Fleischgerichten mit Sojasauce sowie zu chinesischen Schweinerippen. Alle Würzzutaten fein zermahlen und in einem luftdichten Behälter aufbewahren.

Sichuanpfeffer

Kassiarinde

Gewürznelken

Sternanis

Fenchelsamen

Chinesisches Gewürzsalz

Eine wunderbare Beigabe zu gegrilltem Hühnchen mit knuspriger Haut: Das gegarte Fleisch wird vor dem Essen in die Gewürzmischung gestippt. Für die Mischung 1 EL Salz mit ½ TL Fünfgewürzpulver vermischen und auf 4 flache Schälchen verteilen.

Chinesisches Fünfgewürz-pulver

Salz

Variante

Für eine Salz-Zimt-Mischung das Salz in einer Pfanne mit schwerem Boden rösten, bis es sich leicht verfärbt. Vom Herd nehmen und 1 TL gemahlenen Zimt sowie 1 Prise chinesisches Fünfgewürzpulver untermischen. Ebenso verwenden wie oben beschrieben.

Geröstete Salz-Pfeffer-Mischung aus China

Diese Würzzutat wird am besten nach Bedarf zubereitet. Sie ist eine besonders gute Beigabe zu Sichuan-Ente, die zuerst gedämpft und dann gebraten wird, damit sie eine richtig knusprige Haut bekommt. Die Fleischstücke stippt man in die Salz-Pfeffer-Mischung und isst sie zu gedämpften Brötchen. Die Mischung passt außerdem hervorragend zu gebratenem Huhn, Garnelen und Fleisch, vor allem Schwein.

Für 4–6 Personen

2 EL Salz
2 TL gemahlener schwarzer Pfeffer

1 Salz und Pfeffer in einer Pfanne mit schwerem Boden bei mittlerer Hitze rösten, bis der Pfeffer aromatisch duftet. Dabei ständig die Pfanne schwenken. Abkühlen lassen.

Gemahlener schwarzer Pfeffer

Salz

Süße Gewürzmischungen

Pickling Spice

Diese typisch britische Gewürzmischung kann man fertig gemischt kaufen, doch ist es auch reizvoll, verschiedene Aromen selbst auszuprobieren. Manchmal werden die Zutaten zerstoßen, ehe man sie vermischt. Für andere Rezepte füllt man sie in ein Baumwollsäckchen, das nach dem Garen entfernt werden kann. Gelegentlich gibt man das Säckchen auch in kochenden Essig, um ihn zu aromatisieren. Die Gewürze werden entfernt und der Essig zum Einlegen verwendet.

Pimentkörner

Weiße Pfefferkörner

Korianderkörner

Gewürznelken

Getrocknete rote Chillies

Weiße Senfkörner

Getrocknete Lorbeerblätter

Zimtstange

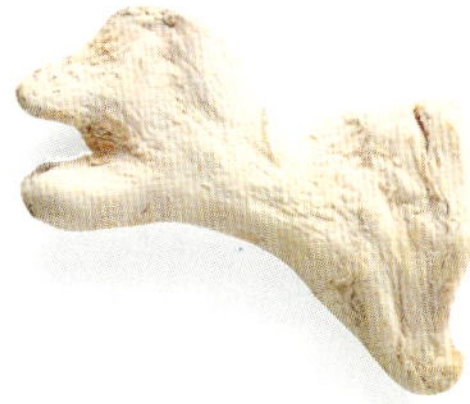

Getrockneter Ingwer

ERGIBT 8 EL

1 EL Korianderkörner
1 EL weiße Senfkörner
1 EL schwarze oder weiße Pfefferkörner
1 EL Gewürznelken
1 EL Pimentkörner
3–4 getrocknete rote Chilischoten
1 Stück getrockneter Ingwer (2,5 cm lang)
1 Zimtstange (2,5 cm lang)
3 getrocknete Lorbeerblätter

1 Alle Gewürze vermischen. Ein Baumwollsäckchen damit füllen und zubinden. Wie beschrieben verwenden.

2 Als Alternative die Gewürze in einem säurebeständigen Topf mit Essig begießen. Schwach erhitzen, bis der Essig zu kochen beginnt. Den Essig abkühlen lassen, abgießen und die Gewürze wegwerfen.

3 Um kalten Essig zu aromatisieren, die Gewürze in ein Glas oder eine Flasche mit Essig geben und 1–2 Tage durchziehen lassen. Den Essig abgießen und nach Bedarf verwenden. Die Gewürze wegwerfen oder für eine weitere Flasche Essig gebrauchen.

Apfelkuchengewürz

Diese Gewürzmischung verleiht dem so beliebten Apfelkuchen das ideale Aroma. Manche verwenden die Gewürznelken im Ganzen. Die Mischung passt auch zu gedämpftem Obst, Fruchtsaucen und Obstkuchen mit Pflaumen, Birnen oder Rhabarber.

ERGIBT 4–5 TL

1 TL gemahlene oder ganze Gewürznelken
1 EL gemahlener Zimt
½–1 TL geriebene Muskatnuss

1 Die Gewürze vermischen und sofort verwenden oder in einem luftdichten Behälter lichtgeschützt aufbewahren.

Gemahlene Gewürznelken

Gemahlener Zimt

Geriebene Muskatnuss

Mixed Spice oder Pudding Spice

Eine weitere typisch britische Gewürzmischung, die man fertig gemahlen kaufen kann. Sie eignet sich für Kuchen und Puddings, etwa Früchtebrot, Lebkuchen und Plumpudding. Sie können die Mischung selbst herstellen oder kleine Mengen kaufen, da sie schnell ihr Aroma verliert. Die Zutaten sind meist Piment, Zimt, Gewürznelken, Muskat und Ingwer. Manche fügen außerdem etwas Kardamom und Koriander hinzu.

ERGIBT 2 EL

1 TL Pimentkörner
1 Zimtstange (2,5 cm lang)
1 TL Gewürznelken
1 TL geriebene Muskatnuss
1 TL gemahlener Ingwer

1 Piment, Zimt und Gewürznelken zu einem feinen Pulver zermahlen und mit Muskat und Ingwer vermischen. Sofort verwenden oder in einem luftdichten Schraubglas lichtgeschützt aufbewahren.

Pimentkörner

Geriebene Muskatnuss

Gewürznelken

Zimtstange

Gemahlener Ingwer

Quatre Epices

Wie der Name verrät, handelt es sich um eine Mischung aus vier Gewürzen. Sie wird gern für französische Wurstwaren und für arabische Gerichte verwendet. Die Mengenverhältnisse der Zutaten kann man je nach Speise variieren, weißen Pfeffer und Ingwer durch Piment und Zimt ersetzen.

ERGIBT 5 EL

3 EL gemahlener weißer Pfeffer
1 EL geriebene Muskatnuss
1 TL gemahlene Nelken
1 EL gemahlener Ingwer

1 Alle Gewürze vermischen und sofort verwenden oder in einem luftdichten Schraubglas lichtgeschützt aufbewahren.

Weißer Pfeffer

Geriebene Muskatnuss

Gemahlene Gewürznelken

Gemahlener Ingwer

Aromatisierte Öle

Selbst gemachte Geschenke bereiten besonders viel Freude. Ein hervorragendes Beispiel dafür sind aromatisierte Öle: Die Zubereitung hat scheinbar viele Stunden in Anspruch genommen, doch in Wirklichkeit lassen sie sich schnell und einfach herstellen. Sie sollten im Voraus dekorative Weinflaschen mit Korken sammeln. Wenn Sie die Flaschen kaufen wollen, gibt es in Versandhäusern und vielen Geschäften eine reiche Auswahl. Die Flaschen müssen sauber sein und sollten einen Korkverschluss besitzen. Waschen Sie die Flaschen gründlich aus und sterilisieren Sie sie, falls nötig (geeignet sind etwa sterilisierende Lösungen für die Weinherstellung oder zum Reinigen von Milchfläschchen für Säuglinge). Stürzen Sie die Flaschen auf ein Abtropfgestell, damit sie vollständig austrocknen.

Es gibt keine festen Regeln für geeignete Öle und Gewürze, doch sollten sie zusammenpassen. Natives Olivenöl extra passt zum Beispiel ideal zu Gewürzen und Kräutern aus dem Mittelmeerraum; Erdnussöl ergänzt sich gut mit den fernöstlichen Aromen von Zitronengras und Ingwer; für Nussöle, wie Walnuss- und Haselnussöl, eignen sich wunderbar Korianderkörner und Zimtstangen – man gibt sie an Salate zu Nudelgerichten. Vergessen Sie nicht, die Flaschen zu etikettieren, damit keine Verwechslungen auftreten!

Öl mit Ingwer, Knoblauch und Schalotten

Diese Würzzutaten werden oft als „aromatisches Dreigestirn“ fernöstlicher Rezepte bezeichnet. Das Öl passt zu Fisch, Schalentieren und Huhn. Für 475 ml Öl 1 Stück frischen Ingwer (6 cm lang) schälen, zerdrücken und mit 2 ganzen Knoblauchzehen, 3 kleinen geschälten Schalotten und dem Öl in eine saubere Flasche geben. Fest verschließen und für 2 Wochen an einem kühlen, trockenen Ort stehen lassen. Wenn das Aroma intensiv genug ist, das Öl in eine Flasche abseihen. Soll das Aroma kräftiger sein, das Öl eine weitere Woche stehen lassen. Die abgefüllte Flasche etikettieren.

Knoblauchzehen

Schalotten

Frischer Ingwer

Gewürzöl mit Knoblauch

Eine saubere Flasche fast vollständig mit nativem Olivenöl extra füllen. Für 600 ml Öl 1 große Knoblauchzehe schälen und halbieren und mit 3 ganzen getrockneten roten Chilischoten, 1 TL Korianderkörner, 3 Pimentkörnern, 6 schwarzen Pfefferkörnern, 4 Wacholderbeeren und 2 frischen Lorbeerblättern zum Öl geben. Die Flasche fest verschließen und für 2 Wochen an einem kühlen, trockenen Ort stehen lassen. Ist das Aroma noch nicht kräftig genug, das Öl eine weitere Woche stehen lassen. Die abgefüllte Flasche etikettieren und lagern oder als Geschenk dekorativ verpacken.

Wacholderbeeren

Frische Lorbeerblätter

Getrocknete rote Chilischoten

Pimentkörner

Korianderkörner

Schwarze Pfefferkörner

Öl mit Zitronengras und Zitronenblättern

Eine saubere Flasche fast vollständig mit Erdnussöl füllen. 1 Stengel Zitronengras vom Wurzelende befreien. Den unteren Teil leicht flach klopfen und den Stengel in Stücke schneiden. 3–4 Zitronenblätter zerpflücken und mit dem Zitronengras in die Flasche geben. Fest verschließen und an einem kühlen, trockenen Ort für 2 Wochen stehen lassen. Etikettieren und lagern. Ist das Aroma noch nicht intensiv genug, das Öl eine weitere Woche stehen lassen.

Zitronenblätter

Zitronengras

Zimtstangen

Nussöl mit Zimt und Koriander

Eine saubere Flasche fast vollständig mit Walnuss- oder Haselnussöl füllen. 1 Zimtstange und 2 TL Korianderkörner hineingeben. Fest verschließen und an kühlem, dunklem Ort für 2 Wochen stehen lassen. Ist das Aroma kräftig genug, das Öl in eine saubere Flasche abseihen.

Als Alternative die Korianderkörner durch ein großes Stück unbehandelte Zitronen- oder Orangenschale ersetzen. Das Öl für Dressings und Mayonnaise verwenden.

Korianderkörner

Aromatisierte Essige

Essig ist in jeder Küche eine unverzichtbare Zutat, und aromatisierte Essigsorten verleihen Salatdressings, Mayonnaise, Marinaden, Saucen und Eingelegtem eine neue Geschmacksdimension. In Weiß-, Rotwein-, Sherry- oder Cidre-Essig lassen sich die unterschiedlichsten Gewürze einlegen. Aromatisierten Essig kann man auf zwei Arten herstellen: Für kräftige Aromen, wie etwa bei Knoblauch, wird der Essig erhitzt, um einen besonders intensiven Geschmack zu erhalten. Werden mildere Gewürze verwendet, legt man diese bis zu 2 Wochen in kaltem Essig ein, ehe man den Geschmack prüft.

Knoblauchessig

3–4 Knoblauchzehen zerstoßen und im Mörser zerreiben, dann in eine säurebeständige Metall- oder Glasschüssel geben. Inzwischen etwa 250 ml Weißwein- oder Cidre-Essig erhitzen, bis er gerade zu kochen beginnt, und über den Knoblauch gießen. Abkühlen lassen. Weitere 250 ml kalten Essig dazugießen. In ein sauberes Schraubglas füllen, fest verschließen und für 2 Wochen stehen lassen – für ein milderes Aroma etwas weniger. Das Glas ab und zu schwenken. Den Essig in eine saubere Flasche abseihen und 2 ungeschälte Knoblauchzehen hineingeben. Die Flasche sollte vollständig gefüllt sein. Fest verschließen, etikettieren und an einem kühlen, dunklen Ort lagern.

Knoblauchzehen

Ingweressig

Auf die gleiche Weise wie den Knoblauchessig mit Reisweinessig herstellen und den Knoblauch durch Ingwer ersetzen. Dafür 1 Stück frischen Ingwer (5 cm lang) auf jeweils 600 ml Essig verwenden. Ingweressig passt zu fernöstlichen Speisen mit süß-saurer Sauce oder zu Kung-Po-Gerichten.

Frischer Ingwer

Fenchelessig

Für dieses Rezept benötigen Sie ein sauberes Einmachglas, keine Flasche mit dünnem Hals. Jeweils 2 EL Fenchelsamen auf 600 ml Weißweinessig in das Glas geben. Verschließen und für 2–3 Wochen an einem kühlen, dunklen Ort stehen lassen, bis das Aroma kräftig genug ist. Ab und zu das Glas schwenken. Den Essig in saubere Flaschen abseihen, etikettieren und an einem kühlen, lichtgeschützten Ort lagern. Er eignet sich für Salatdressings und verleiht Kräutersaucen einen schärferen Geschmack.

Selleriesamen

Fenchelsamen

VARIANTE

Für diesen Essig eignen sich zum Beispiel auch Sellerie- oder Dillsamen.

Dillsamen

Chiliessig

In ein sauberes Einmachglas 25 g getrocknete rote Chilischoten geben. 600 ml Rotwein- oder Sherryessig erhitzen, bis er gerade zu kochen beginnt, und in das Glas gießen. Abkühlen lassen, fest verschließen und für 2 Wochen stehen lassen. Ab und zu das Glas schwenken. Wenn das Aroma intensiv genug ist, den Essig in eine saubere Flasche abseihen. Sie sollte vollständig gefüllt sein. Fest verschließen, etikettieren und lagern. Der Essig ist eine pikante Würze für Suppen und Saucen, vor allem zu Wild oder Rind.

Getrocknete rote Chillies

Chilli Ho Ho

Dieser aromatisierte Essig nach einem Rezept aus Kolonialzeiten verleiht eher milden Suppen, Saucen und Eintöpfen einen besonderen Pfiff. In eine saubere Flasche, etwa eine hübsche Weinflasche, viele kleine rote Chilischoten geben. Die Flasche mit Sherryessig auffüllen, fest verschließen und für 2 Wochen stehen lassen. Ab und zu die Flasche schwenken. Immer nur wenige Tropfen zum Würzen verwenden und die Flasche wieder mit Sherryessig auffüllen: So behält man einen Vorrat für viele Monate. Etikettieren und an einem kühlen, dunklen Ort lagern. Statt des Sherryessigs eignet sich auch Sherry, Gin oder Wodka.

Kleine rote Chilischoten

Aromatisierte Getränke

Kardamom, Zimt, Gewürznelken, Ingwer und Muskat passen hervorragend zu heißen oder kalten Getränken, ob mit oder ohne Alkohol. In Indien, wo man sehr viel Tee anbaut, wird dieser manchmal mit Kardamom, Zimt und Gewürznelken aromatisiert und oft mit heißer Milch und Zucker serviert, oder man gibt eine Gewürzmischung an eine Kanne Tee.

Kaffee stammt vermutlich aus dem Jemen oder Äthiopien. Als er zu einem internationalen Getränk wurde und der Geschmack sich allgemein verfeinerte, erfand man auch neue Zubereitungsmethoden: Capuccino, Café Brûlot und Southern Iced Spiced Coffee sind nur einige genussreiche Varianten dieses weltweit beliebtesten Getränks.

Kardamom-Tee

In Indien wird dieser Tee mitunter zu sehr süßem Konfekt oder pikanten Snacks serviert. Wenn Sie ihn ohne Milch und Zucker trinken wollen, halbieren Sie einfach die Teemenge, sonst wird er zu stark.

Für 4 Personen

8 grüne Kardamomkapseln
1,2 l kaltes Wasser
4 TL Orange Pekoe, ersatzweise 4 Teebeutel
4 kleine Streifen unbehandelte Orangenschale
Zucker und heiße Milch, zum Servieren

VARIANTE

Statt der Kardamomkapseln 1 Zimtstange verwenden.

Grüne Kardamomkapseln

1 Die Kardamomkapseln zerstoßen. Das Wasser mit den Kapseln in einem großen Topf aufkochen. Bei schwacher Hitze 3–4 Minuten köcheln lassen. Vom Herd nehmen und 10 Minuten ziehen lassen.

2 Eine Teekanne erhitzen, den Tee und die Orangenschale hineingeben. Das Wasser nochmals zum Kochen bringen und in die Kanne gießen. Den Tee 2–3 Minuten ziehen lassen.

3 Auf traditionelle Art mit Zucker und heißer Milch servieren.

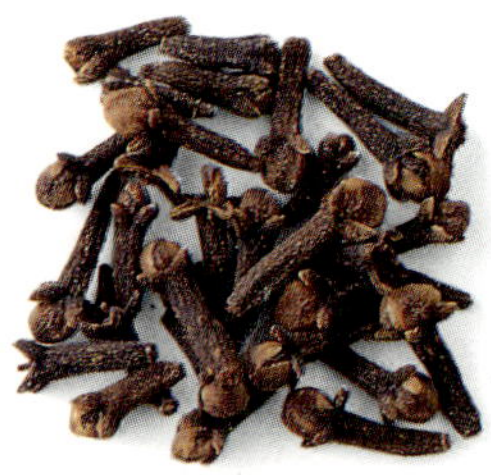

Gewürznelken

Eistee mit Zitrone

Am besten eignet sich ein Plastikbehälter für dieses Rezept. Waschen Sie den Behälter vor der Verwendung gründlich mit heißem, aber nicht kochendem Wasser aus. Vor dem Gebrauch nochmals ausspülen.

1 Alle Zutaten in einen sauberen Behälter geben. Fest verschließen und mindestens für 1 Nacht in den Kühlschrank stellen.

2 Den Eistee in die Gläser abseihen. Mit Gurken-, Zitronen- oder Orangenscheiben und Minzeblättern dekoriert servieren.

Für 6 Personen

1,75 l kaltes Wasser
8–10 Gewürznelken
1 Zimtstange
3–4 Earl-Grey- oder Lapsang-Souchong-Teebeutel
Frisch gepresster Saft von 2 Zitronen, abgeseiht
6 EL Zucker (oder nach Geschmack)
6–8 frische Minzeblätter

Für die Garnitur

Zitronen- oder Orangenscheiben
Frische Minzeblätter

Zimtstange

Gewürzter Tee

Dieser Tee, „masala chah" oder „chai", ist ein hervorragender Abschluss für ein indisches Menü. Man serviert ihn traditionell mit Milch und viel Zucker. Doch viele finden ihn ohne weitere Zugaben am erfrischendsten.

Für 4 Personen

1,2 l kaltes Wasser
1 Zimtstange
4 grüne Kardamomkapseln
3 Gewürznelken
2 TL Orange Pekoe oder 2 Teebeutel
Zucker nach Geschmack (nach Belieben)

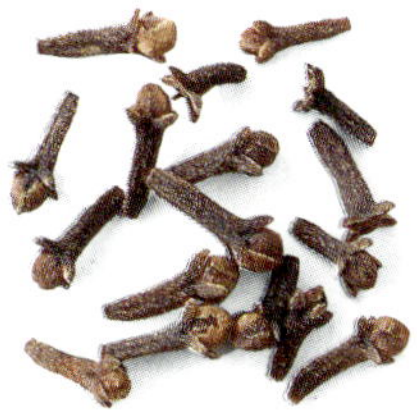

Gewürznelken

Zimtstange

1 Das Wasser mit der Zimtstange, Kardamom und Gewürznelken zum Kochen bringen. Vom Herd nehmen und 10 Minuten ziehen lassen.

2 Tee und Zucker, falls er verwendet wird, hineingeben. Das Wasser nochmals aufkochen, 3–4 Minuten köcheln lassen.

3 Den fertigen Tee in vorgewärmter Teekanne abseihen und sofort servieren. Nach Belieben jeweils 1 oder 2 Kardamomkapseln in eine Tasse geben.

Grüne Kardamomkapseln

Masala für Tee

In Bombay reicht man den Gästen als Begrüßungstrunk „masala chai". Die Gewürzmischung (Masala) wird gemahlen und bis zur Verwendung luftdicht aufbewahrt.

Ergibt 6 EL

12 grüne Kardamomkapseln
1 EL schwarze Pfefferkörner
6 Gewürznelken
2 EL gemahlener Ingwer

1 Die Kardamomkapseln zerstoßen. Die Samen herauskratzen und mit dem Pfeffer und den Gewürznelken fein zermahlen. Den Ingwer untermischen.

2 Sofort verwenden oder in einem luftdichten Schraubglas lichtgeschützt aufbewahren. Jeweils ½ TL Masala an eine Kanne frischen Tee geben.

Schwarze Pfefferkörner

Gewürznelken

Café Brûlot

Die feurige Kombination von Kaffee, Gewürzen und Weinbrand ist eine Spezialität aus den Südstaaten der USA. In einem Fonduetopf lässt sich der Kaffee sehr gut am Tisch zubereiten: Sobald die Weinbrand-Gewürz-Mischung warm ist, wird sie angezündet und dann mit starkem schwarzem Kaffee begossen. In Restaurants gießt der Ober den Kaffee oft aus einer Schöpfkelle an einem langen Stück Orangenschale in den Topf.

Für 4–6 Personen

1 langes Stück unbehandelte Orangenschale
1 langes Stück unbehandelte Zitronenschale
4 Zuckerwürfel
6 Gewürznelken
1 Zimtstange
175 ml Weinbrand
3–4 EL Curaçao oder Orangenlikör
475 ml starker schwarzer Kaffee

1 Alle Zutaten bereitstellen. Die Orangen- und Zitronenschale in einen Topf geben. Zucker, Gewürznelken, Zimt, Weinbrand und Curaçao oder Orangenlikör hinzufügen. Unter Rühren erhitzen, bis sich der Zucker auflöst.

2 Die Weinbrandmischung anzünden und den bereitgestellten Kaffee in dünnem Strahl zugießen. Nach Belieben mit einer Zimtstange und Orangenschale garnieren. Sofort servieren.

Gewürznelken

Zimtstangen

Southern Iced Spiced Coffee

Ein weiterer Klassiker aus den Südstaaten der USA. Dieser Kaffee wird eisgekühlt serviert und ist ein erfrischendes Sommergetränk.

Für 4 Personen

1 l frischer starker schwarzer Kaffee
4 Zimtstangen
6 Gewürznelken
3–4 EL Zucker (oder nach Geschmack)
4 EL Tia Maria oder Kaffeelikör
Eiswürfel

1 Den Kaffee in eine große Schüssel gießen. Zimtstangen, Gewürznelken und Zucker hineingeben, verrühren und mindestens 1 Stunde ziehen lassen.

2 Den Kaffee in einen großen Krug abseihen. Likör und Eiswürfel hinzufügen. In gekühlten Gläsern servieren.

Zimtstange

Gewürznelken

Mocha on a Cloud

Diese Mischung aus Kaffee und Schokolade wird mit Vanille gewürzt. Mit der Zimtstange im Glas kann man die Sahne umrühren.

Für 6 Personen

1,2 l Milch
1 Vanillestange oder 2–3 Tropfen natürliche Vanille-Essenz
600 ml frischer starker schwarzer Kaffee
Zucker nach Geschmack
3 EL Vanillezucker
100 g zartbittere Schokolade
150 ml süße Sahne, geschlagen
Für die Garnitur
6 Zimtstangen
Geriebene Muskatnuss

1 750 ml Milch in einen Topf gießen. Die Vanillestange hineingeben, falls sie verwendet wird, und die Milch heiß werden, aber nicht kochen lassen. Vom Herd nehmen und 10 Minuten ziehen lassen. Die Vanillestange entfernen.

2 Den Kaffee mit der restlichen Milch vermischen und in einen hitzebeständigen Krug füllen. Zucker nach Geschmack zugeben, doch nicht zu viel, da die heiße Milch noch gezuckert wird.

3 Den Topf mit der Milch wieder auf den Herd stellen und den Vanillezucker mit der Vanille-Essenz zufügen, falls sie verwendet wird. Zum Kochen bringen. Die Schokolade in kleinen Stücken in die Milch geben. Bei schwacher Hitze so lange rühren, bis sie sich aufgelöst hat.

4 Schokoladenmilch in den Krug füllen und die Mischung schaumig rühren.

5 In große Gläsern füllen. Mit einem Klecks geschlagener Sahne, 1 Zimtstange und 1 Prise Muskat servieren.

Vanillezucker

Gemahlener Zimt

Natürliche Vanille-Essenz

Geriebene Muskatnuss

Vanillestangen

Glühwein

Zimt, Gewürznelken, Ingwer und Muskat würzen dieses heiße Wintergetränk.

FÜR 6–8 PERSONEN

1 Zimtstange
8 Gewürznelken
Jeweils 1 kräftige Prise gemahlener Ingwer und geriebene Muskatnuss
Jeweils 1 unbehandelte Orange und Zitrone, in Scheiben geschnitten
2 EL dunkelbrauner Zucker
750 ml (1 Flasche) Rotwein
4 EL Weinbrand
120 ml Wasser

VARIANTE

Für heißen Bischof mit Zitronen-Sherryaroma die Orange durch 1 Zitrone ersetzen und Sherry statt Portwein verwenden. Wie beschrieben zubereiten. Nach Bedarf den Saft von 1 Zitrone zugießen.

Gewürznelken

1 Zimtstange, Gewürznelken, Ingwer, Muskat, Orangen- und Zitronenscheiben in einen großen Topf geben. Zucker, Wein, Weinbrand und Wasser hinzufügen.

2 Die Mischung bei schwacher Hitze heiß werden lassen, bis der Zucker sich auflöst. Nicht zum Kochen bringen, da sonst der Alkohol verdampft. Das heiße Getränk in Tassen oder hitzebeständige Gläser füllen.

Pimentkörner

Heißer Bischof

Eine mit Gewürznelken gespickte Orange gibt dem festlichen Getränk ein würziges Aroma.

FÜR 8 PERSONEN

1 unbehandelte Orange
12 Gewürznelken
12 Pimentkörner
750 ml Portwein
3–4 EL Zucker (nach Geschmack)

1 Den Backofen auf 160 °C (Umluft 140 °C) vorheizen. Die Orange mit den Gewürznelken spicken, locker in Alufolie wickeln und 45 Minuten backen.

2 Die gebackene Orange vierteln und in einen Topf geben. Piment, Portwein und Zucker nach Geschmack hinzufügen. Leicht erhitzen, aber den Portwein nicht zum Kochen bringen. In vorgewärmte Gläser füllen und mit einer Orangenscheibe garnieren.

Jamaika-Rum-Punsch

Piment, Macis und Zimtstangen aromatisieren diesen Punsch auf Cidrebasis.

<u>Für 8–10 Personen</u>

10 Pimentkörner
1 ganzes Macisstück
2 Zimtstangen
1,2 l süßer Cidre
3 EL brauner Jamaika-Rum
3 EL Weinbrand

1 Piment, Macis und Zimtstangen in einem Topf mit dem Cidre begießen. Die Mischung 20–30 Minuten leicht erhitzen, aber nicht zum Kochen bringen.

2 Rum und Weinbrand dazugießen. In vorgewärmten Gläsern heiß servieren.

Pimentkörner

Zimtstangen

Gemahlener schwarzer Pfeffer

Tequila Maria

In Mexiko wird dieses Getränk mit Blüten der Bougainvillea oder des Hibiskus garniert.

<u>Für 2 Personen</u>

½ Meerrettichwurzel, frisch gerieben, ersatzweise 2 TL Meerrettichsauce
1 kräftige Prise frisch gemahlener schwarzer Pfeffer
1 kräftige Prise Selleriesalz
175 ml Tomatensaft
50 ml Tequila
1 Spritzer Worcestersauce
1 Spritzer Tabascosauce
Saft von 1 Limette
1 Prise getrockneter Oregano
Eiswürfel
Zerstoßenes Eis
2 Limettenscheiben, zum Garnieren

1 Alle Zutaten in großem Krug vermischen. Einige Eiswürfel hineingeben, nochmals mischen und abschmecken.

2 Zwei Gläser zur Hälfte mit zerstoßenem Eis füllen. Mit Tequila Maria auffüllen und mit einer Limettenscheibe servieren.

Frischer Meerrettich

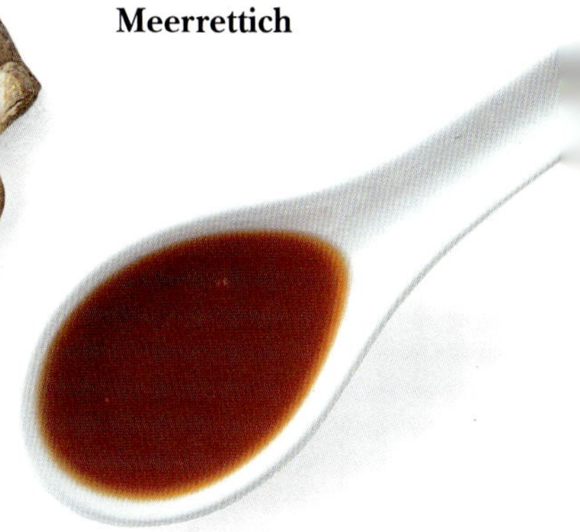

Tabascosauce

Gewürze für das Heim

Gewürze zur Dekoration und für Geschenke

KONSERVIERUNGSTIPP

Gemahlene Veilchenwurzel bekommt man bei Kräuterhändlern. Man konserviert damit die ätherischen Öle der Frucht, um ihren Duft zu bewahren.

Heutzutage bringen wir Gewürze vor allem mit der Küche in Verbindung, doch früher spielten sie im häuslichen Leben eine viel größere Rolle – den Räumen verliehen sie aromatische Düfte, und man sprach ihnen antiseptische Wirkungen sowie Schutz vor Krankheiten und Insekten zu. Gewürzsäckchen trug man etwa am Gürtel bei sich, duftende Gewürzmischungen wurden in Schalen aufgestellt. Wir zeigen einige traditionelle Verwendungen für Ihr Zuhause: mit Gewürznelken gespickte Zitrusfrüchte, dekorative Ingwerplätzchen, Duftmischungen und Geschenke für passionierte Köche, wie Gewürzkörbchen oder gebündelte Zimtstangen und Chilischoten.

Dekorative Zitrusfrüchte

Mit Nelken gespickte Zitrusfrüchte sind schöne Weihnachtsgeschenke und sehr lange haltbar. Sie sollten sie drei bis vier Wochen vor dem Fest herstellen, damit die Früchte richtig durchziehen. Man befestigt sie an langen Schmuckbändern.

ERGIBT 1 FRUCHT

1 Orange mit dünner Schale
300–400 Gewürznelken
1 TL gemahlener Zimt
1 TL gemahlene Veilchenwurzel
Schmuck- oder Samtband

Gemahlener Zimt

1 Die ausgewählte Orange waschen und abtrocknen. Mit einem Fleischspieß ein dekoratives Muster rundum einstechen, damit sich die Frucht leichter mit den Gewürznelken spicken lässt. Die Nelken sollten sie ganz bedecken.

2 Zimt und Veilchenwurzel in eine Plastiktüte geben und die Orange in der verschlossenen Tüte häufig wenden, damit sie rundum mit der Mischung bedeckt wird. Die Orange in einen mit Frischhalte- oder Alufolie ausgekleideten Korb legen und 3–4 Wochen stehen lassen, bis sie getrocknet und hart geworden ist. Werden mehrere Früchte getrocknet, dürfen sich diese nicht berühren, da sie sonst schimmeln könnten. Zum Aufhängen ein Schmuck- oder Samtband um die Orange binden.

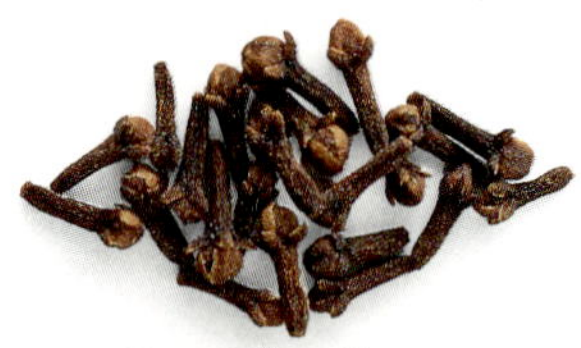

Gewürznelken

VARIANTEN

Statt der Orangen eignen sich auch Zitronen und Limetten. Dafür ein langes Geschenkband um die Früchte binden, und diese wie beschrieben einstechen und mit Nelken spicken. Nach Belieben jeweils einen Teil frei lassen oder die gesamte Frucht mit Nelken bedecken. Mit Nelken gespickte Kumquats oder Mandarinen kann man ebenso vorbereiten und mit Hilfe von Draht einen Kranz aus Tannenzapfen, Lorbeerblättern und Zweigen damit dekorieren.

Christbaumschmuck aus Ingwerplätzchen

Diese Plätzchen bäckt man in Skandinavien traditionell zur Weihnachtszeit. Gewürzt werden sie mit Ingwer und Zimt, doch kann man auch ½ TL gemahlene Gewürznelken dazugeben. Verzieren Sie das noch weiche Gebäck mit Zuckerguss und nach Belieben mit goldenen und silbernen Zuckerperlen.

ERGIBT 30–40 PLÄTZCHEN

250 g Mehl
1 TL Backpulver
2 TL gemahlener Ingwer
1 TL gemahlener Zimt
50 g Butter oder Margarine
50 g hellbrauner Zucker
2 EL heller Zuckersirup

FÜR DIE GARNITUR
125 g Puderzucker, gesiebt
Schmuck- oder Samtband

1 Den Backofen auf 180 °C (Umluft 160 °C) vorheizen. Zwei Backbleche einfetten. Mehl, Backpulver, Ingwer und Zimt in eine Schüssel sieben.

2 Die Butter oder Margarine mit Zucker und Sirup in einem Topf bei schwacher Hitze zerlassen. Zu der Mehlmischung geben und alles zu einem Teig verarbeiten.

3 Den Teig auf einer leicht bemehlten Arbeitsfläche so lange kneten, bis er geschmeidig ist. Falls er zum Ausrollen zu weich ist, den Teig einige Minuten ruhen lassen.

4 Den Teig 5 mm dick ausrollen und mit Ausstechförmchen Weihnachtsmotive – Sterne, Tannenbäume, Engel – ausstechen. Zum Aufhängen mit einem Fleischspieß in jedes Plätzchen ein Loch stechen. Die Plätzchen auf den Blechen verteilen und 10–12 Minuten (oder bis sie goldbraun und fest sind) backen.

5 Die Löcher der noch warmen Plätzchen eventuell vergrößern, so dass das Band hindurchgezogen werden kann. Die Plätzchen zum Auskühlen auf einen Rost setzen.

6 Den Puderzucker in eine Schüssel geben und so viel kaltes Wasser mit einem Teelöffel hinzufügen, dass beim Mischen ein dicker Zuckerguss entsteht. In einen kleinen Spritzbeutel füllen und die Plätzchen damit verzieren.

7 Wenn der Zuckerguss getrocknet ist, die Plätzchen an Schmuckbändern befestigen. Man kann damit den Weihnachtsbaum oder Adventskränze dekorieren.

KÜCHENTIPP

Die Plätzchen sollten noch am selben Tag, an dem man sie aufhängt, gegessen werden. Zur längeren Haltbarkeit wickelt man sie in Frischhaltefolie.

Potpourris

Blüten und Gewürze für Duftschalen

4 Tassen getrocknete Rosenblüten mit 1 Tasse Gewürzmischung aus getrocknetem Rosmarin, Zitronenthymian und getrockneten Lavendelblüten vermischen. Sehr fein abgeriebene Schale von jeweils 1 Zitrone und Orange zugeben und 24 Stunden stehen lassen. 2 TL grob zerstoßene Gewürznelken und 1 TL zerstoßenen Piment hinzufügen sowie 1 EL gemahlene Veilchenwurzel, um das Aroma zu bewahren. Die Mischung 1 Woche lang täglich leicht vermischen. In Schalen verteilen.

Getrocknete Rosenblüten

Getrocknete Rosenblätter

Getrocknete Zitronen- und Orangenschale

Pimentkörner

Getrocknete Lavendelblüten

Getrocknete Rosenknospen

Gewürznelken

Getrockneter Rosmarin

Getrocknete Rosenknospen

VARIANTEN

Getrockneten Rosmarin, Zitronenverbenen- und Rosenblüten sowie grob zerstoßene Gewürznelken zu gleichen Teilen vermischen. In Baumwollsäckchen füllen und diese mit Schmuckband zubinden. Jeweils 1 Hand voll getrocknete Goldlack- und Rosmarinblüten mit 1 TL geriebener Muskatnuss und 3 EL gemahlener Veilchenwurzel vermischen. Kleine Baumwollsäckchen damit füllen.

Bauerngartenmischung

Rosen-, Orangen-, Lavendel- und Geißblattblüten zu gleichen Teilen vermischen. Auf einem Holzbrett ausbreiten und an einem warmen, trockenen Ort einige Tage stehen lassen. Dabei gelegentlich wenden. Zu jeweils 5 Tassen getrockneten Blüten 1 TL gemahlenen Zimt, 6 grob zerstoßene Gewürznelken und 1 EL gemahlene Veilchenwurzel dazugeben sowie 1–2 Tropfen Rosenölparfüm und 2 TL Weinbrand. In Schalen verteilen.

Gewürzkörbchen

Gewürzkörbchen sind nützliche und hübsche Geschenke. Dafür werden kleine Körbchen mit schön gemusterten Stoffen, Papierservietten oder Bananenblättern ausgelegt und mit verschiedenen Gewürzen gefüllt. Die Gewürze können Sie speziell zusammenstellen, etwa für thailändische oder indische Gerichte oder für Glühwein. Aber auch eine Auswahl der folgenden Gewürzen ist gut geeignet:

Mit Schmuckband oder Raffiabast zusammengebundene Zimstangen
Ganze Muskatnüsse
In Baumwoll- oder Plastikbeutel gebundene Kardamomkapseln
In Baumwollsäckchen gefüllte Korianderkörner und Kreuzkümmelsamen
Vanillestangen
Einige Stengel Zitronengras und Zitronenblätter
Zusammengebundene frische rote und grüne Chilischoten
Getrocknete Granatäpfel

Getrocknete rote Chillies

Küchenteufel

Für eine „Kette" aus getrockneten Chillies bindet man diese einzeln an eine lange Schnur und hängt sie an einen kühlen, belüfteten Ort. Sie behalten ihre Farbe und sind getrocknet zu verwenden.

Gebündelte Zimtstangen

Jeweils 3 Zimtstangen und 1 Stück getrocknete Orangenschale mit einem karierten Schmuckband zusammenbinden.

Kleine frische grüne Chillies

Kochen mit Gewürzen

Suppen und Vorspeisen

Scharf-saure Garnelensuppe

Der Schärfegrad dieser Suppe hängt von der verwendeten Chilisorte ab. Wenn Sie es richtig scharf mögen, probieren Sie einmal die winzigen Thai-Chillies.

Für 6 Personen

250 g rohe Garnelen mit der Schale
2 Stengel Zitronengras
1,5 l Gemüsebrühe
4 frische Zitronenblätter
2 dünne Scheiben frischer Ingwer, geschält
4 EL thailändische Fischsauce (nam pla)
4 EL frisch gepresster Limettensaft
2 Knoblauchzehen, zerdrückt
6 Lauchzwiebeln, gehackt
1 frische rote Chilischote, Samen und Scheidewände entfernt, in dünne Streifen geschnitten
100 g Austernpilze, in Scheiben geschnitten

Für die Garnitur
Frisches Koriandergrün
Kaffirlimettenscheiben

1 Die Garnelen auslösen, von den Därmen befreien und beiseite stellen. Die Schalen in einen Topf geben.

Küchentipp

Die Garnelen dürfen nicht zu lange garen, da sie sonst hart werden.

2 Das Zitronengras mit der Breitseite eines großen Messers leicht zerdrücken und mit Gemüsebrühe, Zitronenblättern und Ingwer in den Topf geben. Die Brühe zum Kochen bringen und bei schwacher Hitze 20 Minuten köcheln lassen.

3 Die Brühe in eine saubere Stielpfanne abseihen und Garnelenschalen, Gewürze wegwerfen. Fischsauce, Limettensaft, Knoblauch, Lauchzwiebeln, Chili und Pilze hinzufügen. Zum Kochen bringen. Bei schwacher Hitze 5 Minuten köcheln lassen. Die Garnelen hineingeben und 2–3 Minuten mitgaren. Garnieren und servieren.

Provenzalische Fischsuppe mit Rouille

Obwohl viele der winzigen Mittelmeerfische, die für dieses Gericht verwendet werden, nur im Mittelmeerraum erhältlich sind, ist auch die hier gezeigte Version reich an Aromen der Provence.

FÜR 4–6 PERSONEN

FÜR DIE ROUILLE

1 Scheibe Weißbrot, Kruste entfernt
1 rote Paprikaschote, Samen und Scheidewände entfernt, geviertelt
1–2 frische rote Chilischoten, Samen und Scheidewände entfernt, gehackt
2 Knoblauchzehen, zerdrückt
Natives Olivenöl extra (nach Belieben)

FÜR DIE SUPPE

2 EL natives Olivenöl extra
1 Stange Lauch, in Scheiben geschnitten
2 Stangen Bleichsellerie, in dünne Scheiben geschnitten
1 Zwiebel, gehackt
2 Knoblauchzehen, gehackt
4 reife Tomaten, gewürfelt
1 EL Tomatenmark
150 ml trockener Weißwein
1 Lorbeerblatt
1 TL Safranfäden
Fischabschnitte (Gräten, Köpfe und Schwänze)
1 kg vorbereitete Schalentiere und gemischte Fischfilets
Salz
Frisch gemahlener schwarzer Pfeffer
Croûtons und geriebener Greyerzer als Beigabe

1 Für die Rouille das Brot in 2–3 EL kaltem Wasser 10 Minuten einweichen. Inzwischen die Paprikaviertel mit der Schnittfläche nach unten im Backofen grillen, bis die Haut schwarz wird und Blasen wirft. Die Paprika in einen Plastikbeutel geben. Leicht abkühlen lassen, dann die Haut abziehen. Das Brot abgießen und ausdrücken.

2 Die Paprikaviertel würfeln. Mit Chilies und Knoblauch in einen Mixer oder eine Küchenmaschine geben und zu einer eher groben Paste verarbeiten. Bei Bedarf etwas Olivenöl dazugießen. Die Rouille in eine kleine Schale füllen und beiseite stellen.

3 Für die Suppe das Olivenöl in einem Topf erhitzen. Lauch, Sellerie, Zwiebel und Knoblauch hineingeben und in 10 Minuten weich braten. Tomaten, Tomatenmark, Wein, Lorbeer, Safran, Schalentiere und Fischabschnitte hinzufügen. Zum Kochen bringen und bei schwacher Hitze 30 Minuten leicht kochen lassen.

4 Die Suppe durch ein Sieb in einen sauberen Topf abseihen. Die Fischfilets in große Stücke schneiden und in die Suppe geben. Zugedeckt 5–10 Minuten köcheln lassen, bis der Fisch gar ist.

5 Die Suppe nochmals durch ein Sieb in einen sauberen Topf abseihen. Die Hälfte des gegarten Fischs mit 300 ml Suppe im Mixer oder in einer Küchenmaschine pürieren, so dass die Mischung eine grobe Konsistenz erhält.

6 Fischstücke und Fischpüree unter die Suppe rühren. Mit Salz und Pfeffer abschmecken, leicht erhitzen und mit Rouille, Croûtons und Käse servieren.

Kürbissuppe mit Curry-Meerrettichsahne

Die Kombination von Crème double, Currypulver und Meerrettich harmoniert wunderbar mit dieser herrlichen goldgelben Suppe.

FÜR 6 PERSONEN

1 Butternusskürbis
1 Kochapfel
25 g Butter
1 Zwiebel, fein gehackt
1–2 TL Currypulver
1 l Hühnerfond oder Gemüsebrühe
1 TL gehackter frischer Salbei
150 ml Apfelsaft
Salz
Frisch gemahlener schwarzer Pfeffer
FÜR DIE CURRY-MEERRETTICHSAHNE
4 EL Crème double
2 TL Meerrettichsauce
½ TL Currypulver
In Streifen geschnittene unbehandelte Limettenschale (nach Belieben)

1 Kürbis und Apfel schälen, halbieren, von den Kernen befreien und klein würfeln.

2 Die Butter in einem großen Topf zerlassen. Die Zwiebel hineingeben und unter gelegentlichem Rühren 5 Minuten braten, bis sie glasig ist. Das Currypulver unterrühren. Etwa 2 Minuten weiterbraten, bis die Mischung intensiv duftet. Dabei ständig rühren.

3 Hühner- oder Gemüsebrühe, Kürbis, Apfel und Salbei hinzufügen und zum Kochen bringen. Bei schwacher Hitze zugedeckt 20 Minuten köcheln, bis der Kürbis und der Apfel weich sind.

4 In der Zwischenzeit für die Meerrettichsahne die Crème double in einer Schüssel steif schlagen und Meerrettichsauce und Currypulver unterheben. Zugedeckt kalt stellen.

5 Die Suppe im Mixer oder einer Küchenmaschine pürieren. In einen sauberen Topf füllen, Apfelsaft zufügen und mit Salz und Pfeffer abschmecken. Leicht erhitzen, aber nicht aufkochen.

6 Die Suppe in Teller schöpfen. Mit einem Klecks Curry-Meerrettichsahne und einer Prise Currypulver servieren. Nach Belieben mit in Streifen geschnittener Limettenschale garnieren.

Würzige Linsensuppe

Diese stärkende Suppe verdankt einer raffinierten Gewürzmischung ihr außergewöhnliches Aroma.

FÜR 6 PERSONEN

2 Zwiebeln, fein gehackt
2 Knoblauchzehen, zerdrückt
4 Tomaten, gewürfelt
½ TL gemahlene Kurkuma
1 TL gemahlener Kreuzkümmel
6 grüne Kardamomkapseln
½ Zimtstange
250 g rote Linsen
400 g Kokosmilch
1 EL frisch gepresster Limettensaft
Salz
Frisch gemahlener schwarzer Pfeffer
Kreuzkümmelsamen zum Garnieren

1 Zwiebeln, Knoblauch, Tomaten, Kurkuma, Kreuzkümmel, Kardamom, Zimt und Linsen mit 1 l Wasser in einen Topf geben. Zum Kochen bringen und bei schwacher Hitze zugedeckt 20 Minuten leicht kochen lassen, bis die Linsen weich sind.

2 Kardamomkapseln und Zimtstange entfernen. Die Suppe in einem Mixer oder einer Küchenmaschine pürieren, durch ein Sieb passieren und in einen sauberen Topf füllen.

3 Etwas Kokosmilch zum Servieren zurückbehalten. Die restliche Milch mit dem Limettensaft gründlich unterrühren. Mit Salz und Pfeffer abschmecken. Die Suppe nochmals erhitzen, aber nicht aufkochen. Kokosmilch und Kreuzkümmel darüber geben.

KÜCHENTIPP

Sind die Tomaten nicht aromatisch genug, kann man Tomatenmark unterrühren.

Frühlingsrollen mit Krabben und Sambal Ketjap

Chili und Ingwer verleihen Frühlingsrollen eine leichte Schärfe. Als Vorspeise servieren oder zu anderen chinesischen Gerichten.

FÜR 4–6 PERSONEN

1 EL Erdnussöl
1 TL Sesamöl
1 Knoblauchzehe, zerdrückt
1 frische rote Chilischote, Samen und Scheidewänden entfernt, in feine Streifen geschnitten
450 g asiatisches Tiefkühlgemüse zum Frittieren
1 Stück frischer Ingwer (2,5 cm lang), gerieben
1 EL trockener Sherry oder Reiswein
1 EL Sojasauce
350 g ausgelöstes Krabbenfleisch
Salz
Frisch gemahlener schwarzer Pfeffer
12 Teigplatten für Frühlingsrollen
1 kleines Ei, verquirlt
Öl zum Braten
Limettenspalten und frisches Koriandergrün zum Garnieren
1 Portion Sambal Ketjap (S. 97) als Dip

1 Einen Wok kurz erhitzen, dann Erdnuss- und Sesamöl hineingießen. Ist das Öl heiß, Knoblauch und Chilistreifen 1 Minute darin frittieren. Tiefkühlgemüse und Ingwer hinzufügen und 1 Minute frittieren. Sherry oder Reiswein und Sojasauce darüber gießen. Die Mischung 1 Minute dünsten.

2 Das Gemüse mit einem Schöpflöffel in eine Schüssel geben und abkühlen lassen. Das Krabbenfleisch untermischen, mit Salz und Pfeffer würzen.

VORBEREITUNGSTIPP

Die Teigplatten bekommt man in vielen Supermärkten und in Geschäften für asiatische Lebensmittel. Als Ersatz können Sie auch Reisblätter verwenden. Teigplatten und gefüllte Frühlingsrollen sollten Sie bis zur Verwendung mit Frischhaltefolie abdecken, da sie an der Luft schnell austrocknen.

3 Nach Packungsanweisung die Teigplatten einweichen. Jeweils 1 EL Füllung auf 1 Teigplatte geben. Die Ränder nach innen schlagen, die Teigplatte zusammenrollen und die Kanten mit verquirltem Ei verschließen. Mit den restlichen Platten ebenso verfahren.

4 Das Öl erhitzen und die Frühlingsrollen portionsweise goldbraun frittieren. Dabei mehrmals wenden. Mit einem Schöpflöffel herausnehmen. Auf Küchenpapier abtropfen lassen. Warm halten, bis alle Portionen fertig sind. Mit Limetten und Koriander garniert sofort mit Sambal Ketjap servieren.

Kichererbsenfrikadellen mit Koriander und Tahin

Diese würzigen kleinen Frikadellen schmecken heiß ebenso gut wie kalt. Sie eignen sich auch gut als Füllung für Pitabrot zu Salat.

FÜR 4 PERSONEN

2 Dosen Kichererbsen (jeweils 425 g)
2 Knoblauchzehen, zerdrückt
1 Bund Lauchzwiebeln (nur die weißen Schäfte), gehackt
2 TL gemahlener Kreuzkümmel
2 TL gemahlene Korianderkörner
1 frische grüne Chilischote, Samen und Scheidewänden entfernt, gehackt
2 El gehacktes frisches Koriandergrün
1 kleines Ei, verquirlt
2 EL Mehl, zusätzlich Mehl für die Frikadellen
Salz, frisch gemahlener schwarzer Pfeffer
Öl
Zitronenspalten und frisches Koriandergrün zum Garnieren

FÜR DEN TAHIN-ZITRONENDIP
2 EL Tahin
Frisch gepresster Saft von 1 Zitrone
2 Knoblauchzehen, zerdrückt

1 Die Kichererbsen abgießen und im Mixer oder einer Küchenmaschine zu einer glatten Paste pürieren. Knoblauch, Lauchzwiebeln, Kreuzkümmel und Koriander dazugeben und pürieren, bis alles vermischt ist.

2 Die Mischung in eine Schüssel füllen. Gehackte Chilischote, Koriandergrün, Ei und Mehl unterrühren und mit Salz und Pfeffer würzen. Falls die Mischung zu weich ist, etwas mehr Mehl zufügen. Für 30 Minuten kalt stellen, damit die Mischung fest wird.

3 Für den Dip Tahin, Zitronensaft und Knoblauch in einer Schüssel vermischen. Eventuell etwas Wasser unterrühren, falls die Sauce zu dick ist.

4 Kichererbsenmischung mit bemehlten Händen zu 12 Frikadellen formen. Das Öl in einer Pfanne erhitzen und die Frikadellen portionsweise von beiden Seiten je 1 Minute braten. Auf Küchenpapier abtropfen lassen. Mit Zitronen und Koriander zum Dip servieren.

VARIANTE

Für eine weitere schnell zubereitete Sauce griechischen Joghurt mit etwas gehacktem Chili und frischer Minze mischen.

Weinblätter mit würziger Füllung

Diese Weinblätter enthalten Sumach, ein Gewürz mit scharfem Zitronenaroma. Es wird in gut sortierten Feinkostläden angeboten.

ERGIBT 20 STÜCK

20 vakuumverpackte Weinblätter in Salzlake
100 g Langkornreis
3 EL natives Olivenöl extra
1 kleine Zwiebel, fein gehackt
50 g Pinienkerne
3 EL Rosinen
2 EL gehackte frische Minze
½ TL gemahlener Zimt
½ TL gemahlener Piment
2 TL gemahlener Sumach
Salz
Frisch gemahlener schwarzer Pfeffer
2 TL frisch gepresster Zitronensaft
2 EL Tomatenmark
Zitronenscheiben und frische Minzezweige zum Garnieren

1 Weinblätter unter fließendem kaltem Wasser waschen, abtropfen lassen. Wasser in einem Topf salzen und zum Kochen bringen. Den Reis hineingeben und zugedeckt bei schwacher Hitze in 10–12 Minuten bissfest garen. Abgießen.

2 In einer Pfanne 2 EL Olivenöl erhitzen. Die Zwiebeln hineingeben und weich braten. Die Pinienkerne hinzufügen und mitbraten, bis sie leicht gebräunt sind. Rosinen, Minze, Zimt, Piment und Sumach dazugeben und mit Salz und Pfeffer abschmecken. Den Reis untermischen. Abkühlen lassen.

VARIANTE

Sie können auch frische Weinblätter verwenden. Diese müssen zuerst blanchiert werden, damit sie sich rollen lassen.

3 Den Topf mit beschädigten Weinblättern auslegen. Die restlichen Blätter von den Stielen befreien und flach ausbreiten. Auf jedes Blatt 1 EL Füllung geben. Die Blattränder nach innen falten und die Blätter zusammenrollen. Nebeneinander in den Topf legen.

4 In einer Schüssel 300 ml Wasser mit Zitronensaft und Tomatenmark verrühren. Das restliche Olivenöl untermischen. Die Weinblätter damit begießen und mit einem hitzebeständigen Teller bedecken.

5 Die Weinblätter zugedeckt 1 Stunde bei schwacher Hitze garen, bis die gesamte Flüssigkeit aufgesogen ist und sie weich sind. Auf einem Teller anrichten, mit Zitronenscheiben und Minzezweigen garnieren. Heiß oder kalt servieren.

Marinierter Schafskäse mit Kapern

Marinierte Schafskäsewürfel mit Kräutern und Gewürzen schmecken gut auf Toast oder zu Salat.

FÜR 6 PERSONEN

350 g Schafskäse
2 Knoblauchzehen
½ TL gemischte Pfefferkörner
8 Korianderkörner
1 Lorbeerblatt
1–2 EL abgetropfte Kapern
Frische Oregano- oder Thymianzweige
Natives Olivenöl extra
Heißer Toast zum Servieren

1 Den Schafskäse würfeln, den Knoblauch in dicke Scheiben schneiden. Pfeffer- und Korianderkörner vermischen und im Mörser grob zerstoßen.

2 Eine Schicht Käsewürfel mit dem Lorbeerblatt in ein Einmachglas geben. Abwechselnd mit weiteren Schichten Käse, Knoblauch, Pfeffer-Koriander-Mischung, Kapern und Oregano- oder Thymianzweigen füllen.

3 Olivenöl zugießen, bis der Käse bedeckt wird. Fest verschlossen für 2 Wochen im Kühlschrank marinieren.

4 Den marinierten Käse mit etwas Öl aus dem Glas beträufeln und auf heißem Toast servieren.

VARIANTE

Entsteinte schwarze oder grüne Oliven zusammen mit dem Schafskäse marinieren.

Knusprige Kartoffelspalten mit Chilisauce

Für diesen Snack werden Kartoffelspalten ohne Fett gebacken. Mit ihrer herrlich würzigen Kruste und serviert zu Chilisauce sind sie unwiderstehlich.

FÜR 2 PERSONEN

2 große festkochende Kartoffeln
2 EL natives Olivenöl extra
2 Knoblauchzehen, zerdrückt
1 TL gemahlener Piment
1 TL gemahlene Korianderkörner
1 EL Paprikapulver
Salz
Frisch gemahlener schwarzer Pfeffer

FÜR DIE SAUCE

1 EL natives Olivenöl extra
1 kleine Zwiebel, fein gehackt
1 Knoblauchzehe, zerdrückt
200 g Tomaten aus der Dose, gehackt
1 frische rote Chilischote, Samen und Scheidewände entfernt, fein gehackt
1 EL Balsamessig
1 EL gehacktes frisches Koriandergrün, Koriandergrün zum Garnieren

1 Den Backofen auf 200 °C (Umluft 180 °C) vorheizen. Die Kartoffeln halbieren und in 8 Spalten schneiden.

2 Die Kartoffelspalten in einen Topf mit kaltem Wasser geben. Das Wasser aufkochen und die Kartoffeln bei schwacher Hitze 10 Minuten garen, bis sie gerade weich werden. Abgießen, auf Küchenpapier abtropfen lassen.

3 Olivenöl, Knoblauch, gemahlenen Piment und Koriander sowie Paprikapulver in einem Bräter vermischen. Mit Salz und Pfeffer abschmecken. Die Kartoffeln hinzufügen und mehrmals in der Gewürzmischung wenden, um sie gleichmäßig zu bedecken. Im Backofen die Kartoffeln in 20 Minuten goldbraun und knusprig backen. Dabei gelegentlich wenden.

4 Inzwischen für die Sauce das Olivenöl in einem Topf erhitzen und Zwiebel und Knoblauch darin in 5–10 Minuten weich braten. Die Tomaten mit dem Saft zufügen, gehackte Chilischote und Essig unterrühren. Die Mischung 10 Minuten bei schwacher Hitze köcheln lassen, bis sie eindickt. Gehackten Koriander untermischen und die Sauce heiß zu den Kartoffelspalten servieren. Garnieren.

VORBEREITUNGSTIPP

Um Zeit zu sparen, die Kartoffeln weich garen und im Voraus in der Gewürzmischung wenden. Die Kartoffeln müssen jedoch trocken und gleichmäßig mit der Mischung bedeckt sein.

Junge Zwiebeln und Champignons auf griechische Art

Für diese klassische Vorspeise gibt es viele Varianten, doch wird sie stets mit Koriander gewürzt.

FÜR 4 PERSONEN

2 Möhren
400 g junge Zwiebeln
4 EL natives Olivenöl extra
125 ml Weißwein
1 TL Korianderkörner, grob zerstoßen
2 Lorbeerblätter
1 Prise Cayennepfeffer
1 Knoblauchzehe, zerdrückt
400 g junge Champignons
3 Tomaten, enthäutet, entkernt und geviertelt
Salz
Frisch gemahlener schwarzer Pfeffer
3 EL gehackte frische Petersilie zum Garnieren

1 Die Möhren schälen und in kleine Würfel schneiden. Die Zwiebeln ebenfalls schälen und die Wurzelenden abschneiden.

2 In einer großen Pfanne 3 EL Olivenöl erhitzen. Möhren und Zwiebeln hineingeben und unter gelegentlichem Rühren bei schwacher Hitze braten, bis das Gemüse leicht gebräunt ist und weich wird.

3 Weißwein, Koriander, Lorbeerblätter, Cayennepfeffer, Knoblauch, Champignons und Tomaten zufügen. Mit Salz und Pfeffer abschmecken. Das Gemüse ohne Deckel in 20–30 Minuten weich garen, bis die Sauce eindickt.

VORBEREITUNGSTIPP

Die Zwiebelenden nicht zu hoch abschneiden, da die Zwiebeln sonst beim Garen zerfallen.

4 Auf eine Servierplatte geben, abkühlen lassen und zugedeckt kalt stellen. Vor dem Servieren das restliche Olivenöl und die Petersilie darüber verteilen. Dazu kräftiges Brot reichen.

VARIANTE

Die Vorspeise kann mit einer oder mehreren Gemüsesorten zubereitet werden. Probieren Sie einmal Gemüsefenchel oder Artischocken mit oder ohne Zwiebeln.

Putenterrine mit Wacholder und Pfeffer

Eine ideale Vorspeise, wenn Sie Gäste empfangen, denn man kann sie einige Tage im Voraus zubereiten. Etwas Pancetta und Pistazienkerne können Sie nach Belieben in einer Lage in der Mitte zufügen.

FÜR 10–12 PERSONEN

250 g Hühnerlebern
450 g gehacktes Putenfleisch
450 g gehacktes Schweinefleisch
250 g Pancetta, gewürfelt
50 g geschälte Pistazienkerne, grob gehackt
1 TL Salz
½ TL gemahlener Macis
2 Knoblauchzehen, zerdrückt
1 TL grüne Pfefferkörner in Salzlake, abgetropft
1 TL Wacholderbeeren
125 ml trockener Weißwein
2 EL Gin
Fein abgeriebene Schale von 1 unbehandelten Orange
8 vakuumverpackte Weinblätter in Salzlake
Öl für die Form

1 Die Hühnerlebern fein hacken. Mit dem Puten- und Schweinefleisch, Pancetta, Pistazien, Salz, Macis und Knoblauch in einer Schüssel vermischen.

2 Pfefferkörner und Wacholderbeeren grob zerstoßen und zu der Mischung geben. Weißwein, Gin, Orangenschale unterrühren. Über Nacht zugedeckt kalt stellen.

3 Den Backofen auf 160 °C (Umluft 140 °C) vorheizen. Die Weinblätter unter fließendem kaltem Wasser waschen, gut abtrocknen. Eine Pasteten- oder Kastenform (Fassungsvermögen 1,5 l) einfetten und mit den Blättern auslegen, so dass diese am Rand überhängen. Die Putenmischung in die Form füllen, die überhängenden Blätter darüber legen. Mit Öl bestreichen.

4 Die Form mit einem Deckel oder Aluminiumfolie bedecken. In einen Bräter stellen und diesen mit kochend heißem Wasser füllen, bis die Form zur Hälfte im Wasser steht. Die Terrine 1¾ Stunden backen und dabei gelegentlich etwas Wasser nachgießen.

5 Die Terrine abkühlen lassen, angesammelte Flüssigkeit abgießen. Zuerst mit Frischhaltefolie, dann mit Aluminiumfolie abdecken und mit Gewichten beschweren. Über Nacht kalt stellen. Die Terrine bei Raumtemperatur servieren und dazu zum Beispiel würzig eingelegte Kumquats (S. 246) oder Chili-Gelee (S. 244) reichen.

Auberginen-Dip mit libanesischem Fladenbrot

Baba Ganoush heißt der delikate Auberginen-Dip aus dem Mittleren Osten. Sein zart würziges Aroma verdankt er Tahin, einer Sesampaste mit Kreuzkümmel.

FÜR 6 PERSONEN

FÜR DAS FLADENBROT

4 Pitabrote
3 EL geröstete Sesamsamen
3 EL gehackter frischer Thymian
3 EL blauer Mohn
150 ml natives Olivenöl extra

FÜR DEN DIP

2 kleine Auberginen
1 Knoblauchzehe, zerdrückt
4 EL Tahin
25 gemahlene Mandeln
Frisch gepresster Saft einer ½ Zitrone
½ TL gemahlener Kreuzkümmel
2 EL frische Minzeblätter
2 EL natives Olivenöl extra
Salz
Frisch gemahlener schwarzer Pfeffer

1 Für das libanesische Fladenbrot die Pitabrote in der Mitte durchbrechen und die Hälften vorsichtig horizontal teilen. Sesam, Thymian und Mohn für ein kräftigeres Aroma im Mörser grob zerreiben.

2 Das Olivenöl unterrühren. Die Pitabrote auf der Innenseite mit der Mischung bestreichen und im Backofen oder unter dem Grill goldbraun und knusprig rösten. Abkühlen lassen, in Stücke brechen und beiseite stellen.

3 Die Auberginen unter gelegentlichem Wenden grillen, bis die Haut rundum schwarz ist und Blasen wirft. Die Haut abziehen, die Auberginen grob hacken und in einem Sieb abtropfen lassen.

VORBEREITUNGSTIPP

Die Pitabrote lassen sich leichter teilen, wenn man sie vorher unter dem Grill oder im Backofen leicht erwärmt.

4 Die Auberginen kräftig ausdrücken und in einen Mixer oder eine Küchenmaschine geben. Knoblauch, Tahin, Mandeln, Zitronensaft und Kreuzkümmel hinzufügen, mit Salz und Pfeffer abschmecken und zu einer cremigen Paste pürieren. Die Hälfte der Minze grob hacken und unter die Masse rühren.

5 Den Dip in eine Schüssel füllen, mit den restlichen Minzeblättern bestreuen und mit Olivenöl beträufeln. Dazu libanesisches Fladenbrot reichen.

Fisch und Meeresfrüchte

Muscheln mit Zitronengras und Kokoscreme

In der Küche Thailands wird Zitronengras mit seinem angenehmen Aroma häufig gebraucht, vor allem zu Meeresfrüchten. Wenn Sie keine Venusmuscheln bekommen können, verwenden Sie einfach mehr Miesmuscheln.

FÜR 6 PERSONEN

2 kg Miesmuscheln
450 g kleine Venusmuscheln
125 ml Weißwein
1 Bund Lauchzwiebeln
2 Stengel Zitronengras, gehackt
6 frische Zitronenblätter, gehackt
2 TL grüne Currypaste aus Thailand (S. 93)
200 ml Kokoscreme
2 EL gehacktes frisches Koriandergrün
Salz
Frisch gemahlener schwarzer Pfeffer
Schnittknoblauch zum Garnieren

1 Die Schalen der Miesmuscheln gründlich sauber bürsten und den Bart entfernen. Beschädigte Muscheln und solche, die sich nicht schließen, wenn man draufklopft, wegwerfen. Die Venusmuscheln waschen.

2 Wein, Lauchziebeln, Zitronengras, Zitronenblätter und Currypaste in einem großen Topf köcheln lassen, bis der Wein fast ganz verdampft ist.

VORBEREITUNGSTIPP

Kaufen Sie zusätzliche Muscheln, da bei der Zubereitung eventuell ein paar Muscheln weggeworfen werden müssen.

3 Miesmuscheln und Venusmuscheln hineingeben und zugedeckt bei starker Hitze 5–6 Minuten garen, bis sich die Muscheln öffnen.

4 Die Muscheln mit einem Schöpflöffel auf einer vorgewärmten Platte verteilen und warm stellen. Muscheln, die sich nicht geöffnet haben, wegwerfen. Den Kochsud in einen sauberen Topf abseihen und bei schwacher Hitze auf etwa 250 ml einkochen lassen.

5 Kokoscreme und Koriander unter den Sud rühren, mit Salz und Pfeffer abschmecken und erhitzen. Die Sauce über die Muscheln gießen und mit Schnittknoblauch garniert servieren.

Marinierte Sardinen

Die Escabeche genannte Marinade verwendet man in Spanien und Portugal zum Konservieren von Fisch, Geflügel oder Wild. Sie passt gut zu gebratenem Fisch.

FÜR 2–4 PERSONEN

16 Sardinen, gewaschen
Mehl zum Wenden, mit Salz und Pfeffer gewürzt
2 EL natives Olivenöl extra

FÜR DIE MARINADE

6 EL natives Olivenöl extra
1 Zwiebel, in Ringe geschnitten
1 Knoblauchzehe, zerdrückt
3–4 Lorbeerblätter
2 Gewürznelken
1 getrocknete rote Chilischote
1 TL Paprikapulver
Salz, frisch gemahlener schwarzer Pfeffer
125 ml Wein- oder Sherryessig
125 ml Weißwein
1 rote Zwiebel, 1 grüne Paprikaschote und Tomaten, gegrillt, zum Garnieren

1 Die Köpfe der Sardinen abschneiden und jeden Fisch an der Bauchseite längs aufschneiden. Mit einer Hand jeweils eine Sardine festhalten und mit Daumen und Zeigefinger der anderen Hand das Rückgrat und so viele Gräten wie möglich vorsichtig herausziehen.

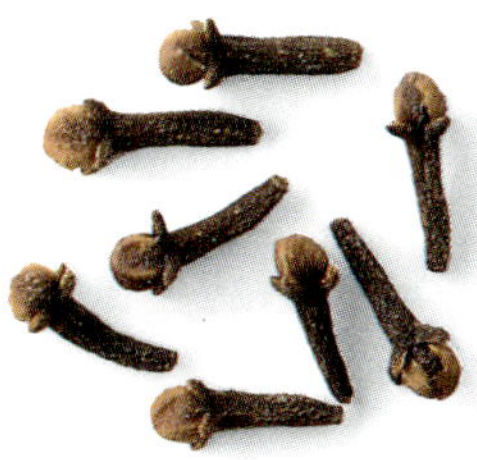

2 Sardinen zusammenklappen und mehrmals im Mehl wenden. Das Olivenöl in einer Pfanne erhitzen und die Sardinen von beiden Seiten jeweils 2–3 Minuten braten. Aus der Pfanne nehmen und abkühlen lassen. Die Sardinen in eine flache Schüssel legen.

VARIANTE

Weißbarsch lässt sich ebenso zubereiten. Besonders gut eignet sich diese Methode für fetten Fisch wie Hering oder Sprotte.

3 Für die Marinade die 6 EL Olivenöl zum Öl in die Pfanne geben. Zwiebel und Knoblauch darin in 5–10 Minuten weich braten. Lorbeer, Gewürznelken, Chilischote und Paprikapulver zufügen, mit Salz und Pfeffer abschmecken. Unter Rühren 2 Minuten braten.

4 Essig, Weißwein und etwas Salz unterrühren, kurz aufkochen lassen und über die Sardinen gießen. Abkühlen lassen. Zugedeckt über Nacht oder bis zu 3 Tagen kalt stellen. Mit gegrilltem Gemüse garniert servieren.

Gebratener Fisch mit Cajun-Gewürzmischung und Papaya-Salsa

Durch diese Garmethode bleibt der Fisch innen saftig und bekommt außen eine würzige Kruste.

FÜR 4 PERSONEN

1 Papaya
1 kleine rote Zwiebel, gewürfelt
1 frische rote Chilischote, Samen und Scheidewände entfernt, fein gehackt
3 EL gehacktes frisches Koriandergrün
Abgeriebene Schale und Saft von 1 unbehandelten Limette
Salz
1 Portion Cajun-Gewürzmischung (S. 104), ohne Zwiebel und Knoblauch
4 Fischfilets (jeweils 225–275 g), Häute abgelöst
50 g Butter, zerlassen
Limettenspalten und Koriandergrün

1 Für die Salsa die Papaya halbieren und die Samen herauslösen. Die Schale entfernen, das Fruchtfleisch würfeln und in eine Schüssel geben. Zwiebel, Chili und Koriander sowie Limettenschale und -saft zufügen. Mit Salz würzen, vermischen und beiseite stellen.

KÜCHENTIPP

Bei dieser Garmethode entsteht sehr viel Dampf, darum sollte die Küche beim Kochen gut belüftet werden.

2 Eine Pfanne mit schwerem Boden bei mittlerer Temperatur etwa 10 Minuten erhitzen. Die Cajun-Gewürzmischung auf einen Teller streichen. Die Fischfilets mit der zerlassenen Butter einpinseln und in der Gewürzmischung wenden.

3 Den Fisch in die heiße Pfanne legen und von beiden Seiten jeweils 1–2 Minuten knusprig braten. Mit Limettenspalten und Koriandergrün garniert sofort servieren. Dazu die Papaya-Salsa reichen.

Karibische Fisch-Steaks

In der westindischen Küche sind Gewürze sehr beliebt und werden reichlich verwendet. Durch Chillies, Cayennepfeffer und Piment bekommt die Tomatensauce zum Fisch ein wunderbar exotisches Aroma.

FÜR 4 PERSONEN

3 EL Öl
6 Schalotten, fein gehackt
1 Knoblauchzehe, zerdrückt
1 frische grüne Chilischote, Samen und Scheidewände entfernt, fein gehackt
1 Dose gehackte Tomaten (400 g)
2 Lorbeerblätter
¼ TL Cayennepfeffer
1 TL zerstoßener Piment
Frisch gepresster Saft von 2 Limetten
Salz
4 Kabeljausteaks
1 TL brauner Zucker
2 TL Angostura-Extrakt

1 Öl in einer Pfanne erhitzen. Schalotten hineingeben und in 5 Minuten weich braten. Knoblauch und gehackte Chilischote zufügen und 2 Minuten mitbraten. Tomaten, Lorbeerblätter, Cayennepfeffer, Piment, Limettensaft unterrühren. Mit Salz abschmecken.

VARIANTE

Auf diese Weise lassen sich viele Fischfilets zubereiten. Probieren Sie einmal Schellfisch oder Schwertfisch. Die Sauce passt auch zu gegrillten Schweinekoteletts.

2 Tomatensauce 15 Minuten köcheln lassen. Fisch hineingeben und mit der Sauce bedecken. Etwa 10 Minuten garen. Fisch auf eine vorgewärmte Platte legen und warm halten. Zucker und Angostura-Extrakt unter die Sauce rühren, 2 Minuten köcheln lassen und über den Fisch gießen. Mit gedämpften Okraschoten oder grünen Bohnen servieren.

Krabbenfrikadellen mit Ingwer und Wasabi

Wasabi – japanischer Meerrettich – ist als Pulver oder Paste erhältlich. Wegen seiner Schärfe sollte er sparsam verwendet werden.

FÜR 6 PERSONEN

450 g ausgelöstes Krabbenfleisch
4 Lauchziebeln, fein gehackt
1 Stück frischer Ingwer (2,5 cm lang), gerieben
2 EL gehacktes frisches Koriandergrün
2 EL Mayonnaise
½–1 TL Wasabi-Paste (S. 24)
½–1 EL Sesamöl
Salz, frisch gemahlener schwarzer Pfeffer
50–100 g Semmelbrösel
Öl zum Braten

FÜR DIE GARNITUR

Salatblätter, Limettenscheiben, gehackte Chillies und Lauchzwiebeln

FÜR DIE SAUCE

1 TL Wasabi-Paste (S. 24)
6 EL Sojasauce

1 Für die Sauce Wasabi-Paste und Sojasauce in einer kleinen Schüssel verrühren. Beiseite stellen.

2 In einer Schüssel Krabbenfleisch, Lauchzwiebeln, Ingwer, Koriander, Mayonnaise, Wasabi-Paste und Sesamöl vermischen. Mit etwas Salz und Pfeffer würzen. Gerade so viel Semmelbrösel dazugeben, dass die Mischung fest genug ist, um Frikadellen zu formen.

3 Für 30 Minuten kalt stellen. Aus der Mischung 12 Frikadellen formen. Öl in eine Pfanne gießen, bis der Boden bedeckt ist, und erhitzen. Die Frikadellen von beiden Seiten jeweils 3–4 Minuten braten. Auf Salatblättern anrichten. Mit Limettenscheiben, gehackten Chillies und Lauchzwiebeln garniert servieren.

KÜCHENTIPP

Frisches Krabbenfleisch schmeckt am besten. Ersatzweise kann man aber auch Tiefkühl- oder Dosenkrabben verwenden.

Tintenfisch mit Fünfgewürzpulver und Schwarze-Bohnen-Sauce

Tintenfisch sollte schnell gegart werden und eignet sich deshalb hervorragend zum Frittieren. Sehr gut passt die würzige Sauce dazu.

Für 6 Personen

450 g Tintenfisch, gesäubert
3 EL Öl
1 Stück frischer Ingwer, gerieben
1 Knoblauchzehe, zerdrückt
8 Lauchzwiebeln, in Stücke geschnitten
1 rote Paprikaschote, Samen und Scheidewände entfernt, in dünne Streifen geschnitten
1 frische grüne Chilischote, Samen und Scheidewände entfernt, in dünne Streifen geschnitten
6 Champignons, in Scheiben geschnitten
1 TL Fünfgewürzpulver (S. 105)
2 EL Schwarze-Bohnen-Sauce
2 EL helle Sojasauce
1 TL Kristallzucker
1 EL Reiswein oder trockener Sherry

VORBEREITUNGSTIPP

Beim Frittieren muss es schnell gehen, darum sollten Sie sich vor dem Kochen alle Zutaten bereitstellen.

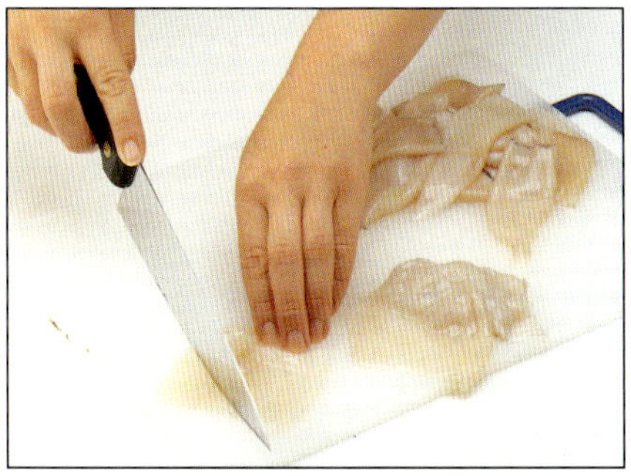

1 Den Fisch waschen und die Haut abziehen. Mit Küchenpapier trockentupfen. Aufschneiden, auf der äußeren Seite mit einem Messer kreuzweise einritzen und in Streifen schneiden.

2 Einen Wok kurz erhitzen und dann das Öl hineingießen. Die Tintenfischstreifen im heißen Öl kurz frittieren, mit einem Schöpflöffel herausnehmen und beiseite stellen. Ingwer, Knoblauch, Lauchzwiebeln, Paprika, Chili und Pilze in das restliche Öl geben und 2 Minuten frittieren.

3 Den Tintenfisch und das Fünfgewürzpulver hinzufügen. Schwarze-Bohnen-Sauce, Sojasauce, Zucker und Reiswein oder Sherry unterrühren. Zum Kochen bringen und unter Rühren nochmals 1 Minute garen.

Grünes Curry mit Kabeljau, Garnelen und Kokoscreme

Haben Sie ein Glas grüne Masala im Vorratsschrank, lässt sich dieses Curry in wenigen Minuten zubereiten.

FÜR 4 PERSONEN

700 g Kabeljaufilet, enthäutet
6 EL grüne Masala (S. 90)
200 ml Kokosmilch oder 200 ml Kokoscreme
200 g ausgelöste Garnelen, roh oder gegart
Frisches Koriandergrün zum Garnieren
Gegarter Basmatireis als Beilage

1 Die Kabeljaufilets in 4 cm lange Stücke schneiden.

2 Grüne Masala mit der Kokosmilch in eine Pfanne geben. Zum Kochen bringen und unter gelegentlichem Rühren 5 Minuten köcheln lassen.

VARIANTE

Jeder Fisch mit festerem Fleisch kann für dieses Gericht verwendet werden. Ganze Fischfilets muss man 5 Minuten länger garen und ab und zu mit Sauce beträufeln.

3 Kabeljau und Garnelen (falls roh) hinzufügen und 5 Minuten garen. Werden gegarte Garnelen verwendet, diese nun dazugeben. Mit Koriander garniert sofort zum Reis servieren.

Garnelen mit Piri-piri und Aïoli

Piri-piri ist eine scharfe portugiesische Pfeffersauce. Der Name bedeutet „kleine Chilischote".

FÜR 4 PERSONEN

FÜR DIE AÏOLI
150 ml Mayonnaise
2 Knoblauchzehen, zerdrückt
1 TL Dijon-Senf
FÜR DIE GARNELEN
1 frische rote Chilischote
½ TL Paprikapulver
½ TL gemahlene Korianderkörner
1 Knoblauchzehe, zerdrückt
Frisch gepresster Saft einer ½ Limette
2 EL natives Olivenöl extra
20 große Garnelen mit der Schale, Köpfe und Därme entfernt
Salz und gemahlener schwarzer Pfeffer

1 Für die Aïoli Mayonnaise, Knoblauch und Senf in einer kleinen Schüssel verrühren und beiseite stellen.

VARIANTE

Die Piri-piri-Marinade passt zu jedem Fisch und eignet sich auch sehr gut für Huhn, das man jedoch länger marinieren muss.

2 Samen und Scheidewände der Chilischote entfernen, fein hacken. In einer Schüssel Chili, Paprikapulver, Koriander, Knoblauch, Limettensaft und Olivenöl vermischen. Mit Salz und Pfeffer abschmecken. Die Garnelen in einer Schüssel mit der Gewürzmischung begießen. Zugedeckt für 30 Minuten kalt stellen.

3 Die Garnelen auf Fleischspieße stecken und unter häufigem Drehen 6–8 Minuten grillen, bis sie sich rosa verfärben. Aïoli nach Belieben mit 2–3 zusätzlichen Chilischoten garnieren und zu den Garnelen servieren.

Marrakesch-Seeteufel mit Chermoula-Marinade

Chermoula ist eine marokkanische Gewürzmischung, die als Marinade für Fleisch, Geflügel und Fisch dient.

FÜR 4 PERSONEN

1 kleine rote Zwiebel, fein gehackt
2 Knoblauchzehen, zerdrückt
1 frische rote Chilischote, Samen und Scheidewände entfernt, fein gehackt
2 EL gehacktes frisches Koriandergrün
1 EL gehackte frische Minze
1 TL gemahlener Kreuzkümmel
1 TL Paprikapulver
1 kräftige Prise Safranfäden
4 EL natives Olivenöl extra
Frisch gepresster Saft von 1 Zitrone
Salz
700 g Seeteufelfilet, enthäutet
Gemischter grüner Salat und Pitabrot als Beilage

1 Für die Chermoula Zwiebel, Knoblauch, Chili, Koriander, Minze, Kreuzkümmel, Paprikapulver, Safran, Olivenöl, Zitronensaft und Salz vermischen.

2 Den Fisch in Würfel schneiden. Mehrfach in der Chermoula wenden, bis alle Würfel mit Marinade bedeckt sind. Zugedeckt für 1 Stunde kalt stellen.

VORBEREITUNGSTIPP

Bambus- oder Holzspieße kann man ebenfalls verwenden. Doch sollten sie vor der Verwendung 30 Minuten in kaltem Wasser eingeweicht werden, da sie leicht anbrennen.

3 Fischwürfel auf Fleischspieße stecken und auf einen Grillrost legen. Nochmals mit etwas Marinade beträufeln.

4 Den Fisch dicht über der Hitzequelle von jeder Seite etwa 3 Minuten grillen, bis er gar und leicht gebräunt ist. Zu gemischtem grünem Salat und warmem Pitabrot servieren.

Marinierter Lachs mit thailändischen Gewürzen

Dieses Gericht mit thailändischen Gewürzen ist eine Abwandlung des skandinavischen Graved Lachs.

FÜR 4–6 PERSONEN

1 Stück Lachs aus der Mitte (etwa 700 g), gereinigt und vorbereitet (siehe Vorbereitungstipp)
4 TL grobes Meersalz
4 TL Kristallzucker
1 Stück frischer Ingwer (2,5 cm lang), gerieben
2 Stengel Zitronengras, der obere Teil entfernt, der untere in dünne Scheiben geschnitten
4 frische Zitronenblätter, in Chiffonade geschnitten oder fein zerpflückt
Abgeriebene Schale von 1 unbehandelten Limette
1 frische rote Chilischote, Samen und Scheidewände entfernt, fein gehackt
1 TL schwarze Pfefferkörner, grob zerstoßen

KORIANDER-LIMETTEN-DRESSING

150 ml Mayonnaise
Frisch gepresster Saft einer ½ Limette
2 TL gehacktes frisches Koriandergrün

FÜR DIE GARNITUR

2 EL gehacktes frisches Koriandergrün und Kaffirlimettenspalten

1 Den Lachs von sämtlichen Gräten befreien (am besten mit einer Pinzette). In einer Schüssel Salz, Zucker, Ingwer, Zitronengras, Zitronenblätter, Limettenschale, Chili, Pfeffer und Koriandergrün vermischen.

2 Ein Viertel der Gewürzmischung in eine flache Schüssel geben. Ein Lachsfilet mit der Haut nach unten auf die Gewürze legen. Zwei Drittel der verbliebenen Mischung auf dem Fisch verteilen und das zweite Filet mit der Haut nach oben darauf legen. Die restliche Gewürzmischung darüber streuen.

VORBEREITUNGSTIPP

Bitten Sie Ihren Fischhändler, den Lachs für Sie zu schuppen, das Rückgrat zu entfernen und den Fisch in zwei gleich große Stücke zu zerteilen.

3 Den Fisch mit Aluminiumfolie und einem Brett bedecken. Mit Gewichten beschweren, zum Beispiel mit sauberen Konservendosen. Für 2–5 Tage kalt stellen, dabei den Fisch täglich in der Marinade wenden.

4 Für das Dressing Mayonnaise, Limettensaft und gehacktes Koriandergrün in einer Schüssel vermischen.

5 Die Gewürze von den Fischfilets kratzen und diese so dünn wie möglich in Scheiben schneiden. Mit Koriandergrün und Kaffirlimetten garnieren, dazu das Dressing servieren.

Geflügel und Wild

Marokkanisches Brathähnchen mit Harissa

Durch die Füllung mit Früchten und Gewürzen bekommt das Hähnchen ein angenehm fremdartiges Aroma und bleibt saftig.

FÜR 4–5 PERSONEN

FÜR DIE FÜLLUNG
25 g Butter
1 Zwiebel, gehackt
1 Knoblauchzehe, zerdrückt
1½ TL gemahlener Zimt
½ TL gemahlener Kreuzkümmel
250 g gemischtes Trockenobst, mehrere Stunden oder über Nacht in Wasser eingeweicht
25 g geschälte Mandeln, fein gehackt
Salz
Frisch gemahlener schwarzer Pfeffer
FÜR DAS BRATHÄHNCHEN
1 küchenfertiges Brathähnchen (1,5 kg)
3 EL Gewürzöl mit Knoblauch (S. 109)
Einige Lorbeerblätter
2 TL flüssiger Honig
2 TL Tomatenmark
4 EL frisch gepresster Zitronensaft
150 ml Hühnerfond
½–1 TL Harissa (S. 98)
Salz

KÜCHENTIPP

Wer gemischtes Trockenobst nicht so gerne mag, kann stattdessen nur eine Sorte, etwa getrocknete Aprikosen, verwenden.

1 Für die Füllung die Butter in einem Topf zerlassen. Zwiebel und Knoblauch hineingeben und in 5 Minuten weich braten. Zimt und Kreuzkümmel zufügen und unter Rühren 2 Minuten mitbraten.

2 Das Trockenobst abgießen, grob hacken und mit den Mandeln zu der Zwiebelmischung geben. Mit Salz und Pfeffer würzen. Weitere 2 Minuten mitgaren. In eine Schüssel füllen und abkühlen lassen.

3 Den Backofen auf 200 °C (Umluft 180 °C) vorheizen. Das Brathähnchen mit der Obstmischung füllen und die Bauchöffnung mit Küchengarn zusammenbinden. Übrig gebliebene Füllung aufbewahren. Das Hähnchen mit dem Gewürzöl bepinseln, in einen Bräter legen und die Lorbeerblätter zwischen Flügel und Schenkel stecken. 1–1¼ Stunden braten, bis das Fleisch gar ist. Ab und zu mit Bratensaft begießen.

4 Das Hähnchen auf ein Schneidbrett legen. Auf dem Bratensaft schwimmendes Fett abgießen. Für die Sauce Honig, Tomatenmark, Zitronensaft, Hühnerbrühe und Harissa unter den Bratensaft rühren. Mit Salz abschmecken. Aufkochen, bei schwacher Hitze unter Rühren 2 Minuten köcheln lassen. Die restliche Füllung erhitzen. Das Hähnchen zerteilen. Die Sauce in eine Schüssel füllen, mit der Füllung zum Hähnchen servieren.

Hühner-Curry mit thailändischen Gewürzen

Ein ideales Partygericht: Huhn und Sauce kann man im Voraus zubereiten und erst kurz vor dem Servieren vermischen.

FÜR 4 PERSONEN

3 EL Öl
1 Zwiebel, grob gehackt
2 Knoblauchzehen, zerdrückt
1 EL rote Currypaste aus Thailand (S. 93)
125 g Kokoscreme, in 1 l kochend heißem Wasser verrührt
2 Stengel Zitronengras, grob gehackt
6 frische Zitronenblätter, zerpflückt
150 ml griechischer Joghurt
2 EL Aprikosenmarmelade
1 gegartes Huhn (etwa 1,5 kg)
2 EL gehacktes frisches Koriandergrün
Salz
Frisch gemahlener schwarzer Pfeffer
Einige Zitronenblätter, grob geraspelte Kokosnuss und frisches Koriandergrün zum Garnieren
Gegarter Reis als Beilage

1 Das Öl in einem Topf erhitzen. Zwiebeln und Knoblauch darin bei schwacher Hitze 10 Minuten braten. Currypaste zugeben, unter Rühren 2–3 Minuten weiterbraten. Verdünnte Kokoscreme einrühren, Zitronengras, -blätter, Joghurt und Aprikosenmarmelade zufügen. Zugedeckt 30 Minuten köcheln lassen.

2 Die Saucenmischung im Mixer oder in der Küchenmaschine pürieren. Durch ein Sieb in einen sauberen Topf passieren.

3 Das gegarte Huhn von der Haut befreien, das Fleisch von den Knochen lösen und in mundgerechte Stücke schneiden. Die Fleischstücke in die Sauce geben.

4 Die Sauce gerade zum Kochen bringen, gehacktes Koriandergün unterrühren. Mit Salz und Pfeffer abschmecken. Mit Zitronenblättern, Kokosnuss und Koriandergrün garnieren.

KÜCHENTIPP

Wenn die Sauce ein wenig dickflüssiger werden soll, nach dem Fleisch einfach noch etwas mehr Kokoscreme zufügen.

Puten-Sosaties mit Curry-Aprikosensauce

Eine südafrikanische Spezialität: Fleisch und Geflügel werden in einer mit Currypulver gewürzten süß-sauren Sauce mariniert.

FÜR 4 PERSONEN

1 EL Öl
1 Zwiebel, fein gehackt
1 Knoblauchzehe, zerdrückt
2 Lorbeerblätter
Frisch gepresster Saft von 1 Zitrone
2 EL Currypulver
4 EL Aprikosenmarmelade
4 EL Apfelsaft
Salz
700 g Putenfilet
4 EL Crème fraîche

1 Das Öl im Topf erhitzen. Zwiebel, Knoblauch, Lorbeerblätter hineingeben und bei schwacher Hitze 10 Minuten braten. Zitronensaft, Currypulver, Aprikosenmarmelade und Apfelsaft hinzufügen. Mit Salz abschmecken und 5 Minuten köcheln lassen. Abkühlen lassen.

VARIANTE

Die Marinade wird traditionell für Lamm verwendet, sie passt auch zu gewürfeltem Rind-, Schweine- oder Hühnerfleisch.

2 Das Fleisch in 2 cm große Würfel schneiden und in die vorbereitete Marinade geben. Zugedeckt für mindestens 2 Stunden im Kühlschrank marinieren lassen. Die Putenwürfel über einer Schüssel (um die Marinade aufzufangen) auf Fleischspieße stecken. Sosaties unter dem Grill oder auf einem Holzkohlegrill 6–8 Minuten garen. Mehrmals wenden.

3 Inzwischen die Marinade 2 Minuten köcheln lassen. Crème fraîche unterrühren. Die Sauce zu den Sosaties servieren.

Indonesische Satays mit Hähnchenbrustfilets

Die würzige Marinade verleiht zarten Hähnchenbrustfilets ein exotisches Aroma. Die Satays kann man unter dem Grill oder auf einem Holzkohlegrill garen.

FÜR 4 PERSONEN

4 Hähnchenbrustfilets ohne Knochen (jeweils etwa 175 g)
1 Portion Sambal Ketjap (S. 97), goldbraun gebratene Zwiebelringe separat

1 Die Hähnchenbrustfilets in 2,5 cm lange Würfel schneiden und mit dem Sambal Ketjap in einer Schüssel vermischen. An einem kühlen Ort für mindestens 1 Stunde marinieren lassen. 8 Bambusspieße für 30 Minuten in kaltem Wasser einweichen.

2 Die Fleischwürfel mit der Marinade über einem Topf in ein Sieb geben und einige Minuten abtropfen lassen. Das Sieb beiseite stellen.

3 Die Marinade mit 2 EL heißem Wasser aufkochen. Bei schwacher Hitze 2 Minuten köcheln lassen, in eine Schüssel füllen und abkühlen lassen. Die gebratenen Zwiebelringe hinzufügen.

4 Die Bambusspieße abtropfen lassen. Die Fleischwürfel darauf stecken und 10 Minuten grillen, bis sie goldbraun und gar sind. Dabei regelmäßig wenden. Mit dem Sambal Ketjap als Dip servieren.

Gebratenes Kaninchen mit dreierlei Senfsorten

In Frankreich kombiniert man gerne Kaninchen mit Senf. Die drei verschiedenen Senfsorten steuern zu diesem Gericht jeweils ein ganz eigenes Aroma bei.

Für 4 Personen

1 EL Dijon-Senf
1 EL Estragon-Senf
1 EL körniger Senf
1,5 kg Kaninchenrücken, in Portionen zerteilt
1 große Möhre, in Scheiben geschnitten
1 Zwiebel, in Ringe geschnitten
2 EL gehackter frischer Estragon
125 ml trockener Weißwein
150 ml Crème double
Salz
Frisch gemahlener Pfeffer
Frische Estragonzweige zum Garnieren

VARIANTE

Wenn Sie die angegebenen Senfsorten nicht bekommen, können Sie die entsprechende Menge von ein oder zwei ähnlichen Sorten verwenden. Das Aroma ist vielleicht nicht ganz so raffiniert, aber das Kaninchen wird dennoch hervorragend schmecken.

1 Den Backofen auf 200 °C (Umluft 180°C) vorheizen. Die Senfsorten vermischen und auf das Kaninchenfleisch streichen. Möhre und Zwiebel in einen Bräter geben, mit dem Estragon bestreuen und 125 ml Wasser zugießen. Die Fleischstücke darauf verteilen.

2 Das Fleisch 25–30 Minuten im Backofen braten, bis es weich ist. Dabei regelmäßig mit Bratensaft begießen. Auf eine vorgewärmte Servierplatte legen und warm stellen. Möhrenscheiben und Zwiebelringe mit einem Schaumlöffel aus dem Bräter nehmen und wegwerfen.

3 Den Bräter auf den Herd stellen. Den Weißwein hineingießen und um zwei Drittel einkochen lassen. Crème double unterrühren und einige Minuten mitkochen lassen. Mit Salz und Pfeffer abschmecken, über das Fleisch gießen. Mit frischem Estragon garniert servieren.

Hirschgulasch mit Guinness und Senf-Meerrettich-Klößen

Senf, Wacholderbeeren und Lorbeerblätter verleihen dem mageren, feinen Hirschgulasch ein noch ausgeprägteres, wunderbares Aroma.

FÜR 6 PERSONEN

1 EL natives Olivenöl extra
700 g Hirschgulasch
3 Zwiebeln, in Ringe geschnitten
2 Knoblauchzehen, zerdrückt
1 EL Mehl
1 TL Senfpulver
6 Wacholderbeeren, grob zerstoßen
2 Lorbeerblätter
400 ml Guinness
2 TL hellbrauner Zucker
2 EL Balsamessig
Salz
Frisch gemahlener Pfeffer

FÜR DIE KLÖSSE

175 g Mehl, mit ½ TL Backpulver vermischt
1 TL Senfpulver
75 g Rindertalg, grob zerkleinert
2 TL Meerrettichsauce (S. 24)

1 Den Backofen auf 180 °C (Umluft 160 °C) vorheizen. Das Öl in einem hitzebeständigen Schmortopf heiß werden lassen. Das Hirschgulasch portionsweise braun anbraten und auf einen Teller geben. Die Zwiebeln eventuell mit etwas zusätzlichem Öl in fünf Minuten weich braten. Zuerst den Knoblauch, dann das Hirschgulasch hinzufügen.

2 Mehl und Senfpulver in einer kleinen Schüssel vermischen, über das Hirschgulasch streuen und unterrühren. Wacholderbeeren und Lorbeerblätter hinzufügen. Nach und nach Guinness, Zucker und Essig untermischen. So viel Wasser dazugießen, dass das Fleisch bedeckt ist. Mit Salz und Pfeffer abschmecken. Leicht zum Kochen bringen.

3 Das Hirschgulasch zugedeckt im Backofen 2–2½ Stunden garen, bis es zart ist. Gelegentlich umrühren und nach Bedarf etwas Wasser dazugießen.

4 Für die Klöße 20 Minuten vor Ende der Garzeit Mehl und Senfpulver in eine Schüssel sieben. Mit Salz und Pfeffer abschmecken, den Rindertalg untermischen. Die Meerrettichsauce dazugeben und alles mit ausreichend Wasser zu einem glatten Teig verarbeiten. Mit bemehlten Händen aus dem Teig 6 Klöße formen. Die Klöße vorsichtig auf das Hirschgulasch legen. Weitere 15 Minuten im Backofen garen, bis die Klöße schön aufgegangen sind. Sofort servieren.

Würzige gegrillte Stubenküken

Durch die Kruste mit Kreuzkümmel und Koriander bleiben die Stubenküken beim Grillen schön saftig und bekommen ein delikates Aroma.

FÜR 4 PERSONEN

2 Knoblauchzehen, grob gehackt
1 TL gemahlener Kreuzkümmel
1 TL gemahlene Korianderkörner
1 Prise Cayennepfeffer
½ Zwiebel, gehackt
4 EL natives Olivenöl extra
½ TL Salz
2 Stubenküken
Zitronenspalten zum Garnieren

1 Knoblauch, Kreuzkümmel, Koriander, Cayennepfeffer, Zwiebel, Olivenöl und Salz in einen Mixer oder eine Küchenmaschine geben. Die Mischung zu einer geschmeidigen Paste pürieren.

VARIANTE

Huhn und Wachteln kann man auf die gleiche Weise zubereiten.

2 Die Stubenküken der Länge nach halbieren. Mit der Haut nach oben in eine Schüssel legen, mit der Gewürzpaste bestreichen. Zugedeckt an einem kühlen Ort für 2 Stunden marinieren lassen.

3 Die Stubenküken unter dem Grill oder auf einem Holzkohlegrill 15–20 Minuten garen. Dabei häufig wenden, bis sie goldbraun und knusprig sind. Mit Zitronenspalten garniert servieren.

Huhn mit 40 Knoblauchzehen

Keine Angst vor dem Knoblauch! Durch die lange Garzeit wird er weich und entwickelt ein herrliches Aroma, das mit dem Huhn harmoniert.

FÜR 4–6 PERSONEN

½ unbehandelte Zitrone
Frische Rosmarinzweige
1 küchenfertiges Huhn (1,5–1,75 kg)
4–5 Knoblauchknollen
4 EL natives Olivenöl extra
Salz
Frisch gemahlener schwarzer Pfeffer
Gedämpfte Dicke Bohnen und Lauchzwiebeln als Beilage

1 Den Backofen auf 190 °C (Umluft 170 °C) vorheizen. Die halbe Zitrone und die Rosmarinzweige in die Bauchöffnung des Huhns stecken und das Huhn dressieren. 3 oder 4 Knoblauchknollen zerteilen. Die papierartige Schale entfernen, die Zehen jedoch nicht schälen. Den oberen Teil der verbliebenen Knoblauchknolle abschneiden.

KÜCHENTIPP

Achten Sie darauf, dass jeder Gast eine gleich große Portion Knoblauch erhält. Am besten den Knoblauch im Fleischsaft zerdrücken.

2 Das Öl in einem großen hitzebeständigen Schmortopf heiß werden lassen. Das Huhn hineingeben und mehrmals wenden, bis es rundum mit Öl bedeckt ist. Mit Salz und Pfeffer würzen und den Knoblauch hinzufügen.

3 Für ein intensives Aroma den Schmortopf mit Aluminiumfolie bedecken, dann den Deckel darauf setzen. Im Backofen 1–1¼ Stunden braten, bis das Huhn gar ist. Mit dem Knoblauch servieren, dazu Bohnen und Lauchzwiebeln reichen.

Ente mit Harissa und Safran

Harissa ist eine feurige Chilisauce aus Nordafrika. Für dieses Schmorgericht mit unvergesslichem Aroma vermischt man sie mit Zimt, Safran und eingelegten Zitronen.

FÜR 4 PERSONEN

1 EL natives Olivenöl extra
1 Ente (1,75 kg), in 4 Portionen geteilt
1 Zwiebel, in dünne Ringe geschnitten
1 Knoblauchzehe, zerdrückt
½ TL gemahlener Kreuzkümmel
400 ml Enten- oder Hühnerfond
Frisch gepresster Saft einer ½ Zitrone
1–2 TL Harissa (S. 98)
1 Zimtstange
1 TL Safranfäden
50 g schwarze Oliven
50 g grüne Oliven
Schale von 1 eingelegten Zitrone (S. 244), abgewaschen, abgetropft und in feine Streifen geschnitten
2–3 Zitronenscheiben
2 EL gehacktes frisches Koriandergrün
Salz
Frisch gemahlener schwarzer Pfeffer
Frische Korianderzweige zum Garnieren

1 Das Öl in einem hitzebeständigen Schmortopf heiß werden lassen. Die zerteilte Ente hineingeben, rundum braun anbraten. Mit einem Schaumlöffel herausnehmen und beiseite stellen. Zwiebel und Knoblauch in das Öl geben und in 5 Minuten weich braten. Kreuzkümmel 2 Minuten unter Rühren mitbraten.

2 Brühe und Zitronensaft dazugießen. Harissa, Zimt und Safran unterrühren und die Mischung zum Kochen bringen. Die Ente wieder in den Topf geben. Oliven, Zitronenschale und Zitronenscheiben hinzufügen und mit Salz und Pfeffer abschmecken.

3 Die Hitze reduzieren und die Ente bei leicht geöffnetem Topf 45 Minuten köcheln lassen, bis sie gar ist. Die Zimtstange entfernen. Das gehackte Koriandergrün untermischen. Die Ente mit Korianderzweigen garniert servieren.

Entenbrustfilets mit Tee geräuchert

Durch das Räuchern über duftenden Teeblättern bekommt die gewürzte Entenbrust ein leicht rauchiges Aroma.

FÜR 2–4 PERSONEN

2 Entenbrustfilets
4 EL Sieben-Meere-Currypulver (S. 86) oder Currypulver auf Singapur-Art (S. 85)
1 EL Sojasauce
125 g Langkornreis
125 g Kristallzucker
2 EL Earl-Grey-Teeblätter
Gebratener Mangold als Beilage

VARIANTE

Auf dieselbe Art kann man auch ganze Hähnchen oder Enten, Hähnchenbrustfilets, Wachteln, Wild oder Fischsteaks räuchern. Fisch muss man vorher nicht dämpfen. Ein ganzer Vogel benötigt 1 Stunde.

1 Die Entenbrustfilets mit Küchenpapier trockentupfen. Rundum mit dem Currypulver einreiben. Einen Wok 5–7,5 cm hoch mit Wasser füllen.

2 Die Entenbrustfilets auf einen Dämpfeinsatz in den Wok legen. Zugedeckt 20–30 Minuten (je nach Dicke des Fleischs) über dem Wasser dämpfen. Das Fleisch herausnehmen, mit Sojasauce beträufeln und beiseite stellen.

3 Den Wok auswaschen, abtrocknen und mit Aluminiumfolie doppelt auslegen. Reis, Zucker und Tee vermischen und auf dem Boden des Woks verteilen. Die Entenbrustfilets über der Teemischung auf den Dämpfeinsatz legen. Den Deckel auf den Wok setzen und mit feuchtem Küchenpapier versiegeln.

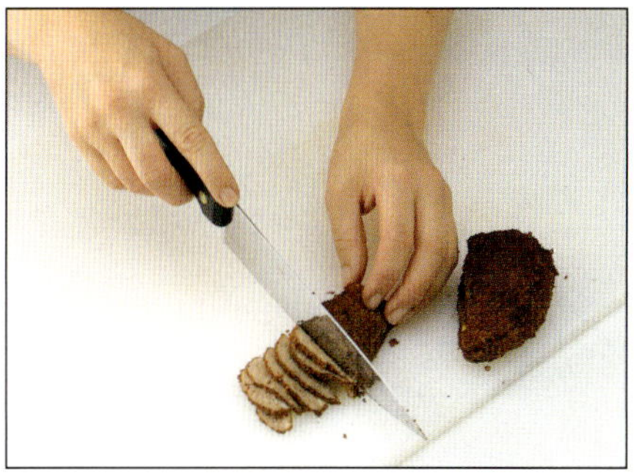

4 Den Wok bei mittlerer Hitze auf den Herd stellen. Sobald die Teemischung zu rauchen beginnt, 10–15 Minuten erhitzen. Vom Herd nehmen und zugedeckt 15 Minuten stehen lassen. Die Teemischung wegwerfen. Die Entenbrust in dünne Scheiben schneiden und heiß oder kalt mit gebratenem Mangold servieren.

Rind, Lamm und Schwein

Rinder-Teriyaki

Mirin, der für diese Ingwer-Knoblauch-Marinade verwendet wird, ist süßer Reiswein und häufige Zutat in der japanischen Küche. Man bekommt ihn fast nur in japanischen Spezialgeschäften und kann ihn ruhig durch halbtrockenen Sherry ersetzen.

FÜR 4 PERSONEN

1 EL Öl
4 EL Sojasauce
2 EL Mirin oder halbtrockenen Sherry
1 TL hellbraunen Zucker
1 EL Ingwersaft (siehe Küchentipp)
1 Knoblauchzehe, zerdrückt
675–900 g Rumpsteak (etwa 2,5 cm dick, falls möglich, 1 Stück)
Sansho (S. 69)

FÜR DIE GARNITUR

1 Daikonrettich, geschält
2 EL Wasabi-Paste (S. 24)
Frische Korianderzweige

1 Öl, Sojasauce, Mirin oder Sherry, Zucker, Ingwersaft und Knoblauch vermischen. Das Steak dazugeben und wenden. An einem kühlen Ort für mindestens 4 Stunden marinieren, ab und zu wenden.

2 Einen Grill vorheizen oder einen Holzkohlegrill vorbereiten. Das Steak 3–5 Minuten von beiden Seiten grillen. Mit Sansho würzen.

3 Für die Garnitur nach japanischer Art den Daikonrettich reiben und kräftig ausdrücken. Jeweils etwas geriebenen Rettich, 1 TL Wasabi-Paste und 1 Korianderzweig auf 4 Tellern anrichten.

4 Das Steak schräg in dünne Streifen schneiden und portionsweise zu der Garnitur auf die Teller geben.

KÜCHENTIPP

Für Ingwersaft 1 größeres Stück Ingwer schälen und reiben, dann die Flüssigkeit auspressen.

Chili con carne mit schwarzen Bohnen

Zwei Chillies machen den mexikanischen Klassiker feurig scharf.

Für 6 Personen

250 g getrocknete schwarze Bohnen
500 g Rindersteak
2 EL Öl
2 Zwiebeln, gehackt
1 Knoblauchzehe, zerdrückt
1 frische grüne Chilischote, Samen und Scheidewände entfernt, fein gehackt
1 EL Paprikapulver
2 TL gemahlener Kreuzkümmel
2 TL gemahlene Korinanderkörner
1 Dose gehackte Tomaten (400 g)
300 ml Rinderfond
1 getrocknete rote Chilischote, grob zerstoßen
1 TL scharfe Paprikasauce
Salz
1 frische rote Paprikaschote, Samen und Scheidewände entfernt, gehackt
2 EL gehacktes frisches Koriandergrün
Gegarter Reis als Beilage

1 Die Bohnen in einem Topf mit Wasser bedecken. Aufkochen und 10–15 Minuten bei starker Hitze kochen lassen. Abgießen, in einem sauberen Topf mit kaltem Wasser bedecken und etwa 8 Stunden oder über Nacht einweichen.

2 Den Backofen auf 150 °C (Umluft 130 °C) vorheizen. Das Fleisch sehr klein würfeln. Das Öl in einem Schmortopf heiß werden lassen. Zwiebeln, Knoblauch und grüne Chilischote 5 Minuten bei schwacher Hitze braten, dann auf einen Teller legen.

3 Das Fleisch bei starker Hitze anbraten. Paprikapulver, gemahlenen Kreuzkümmel und Koriander untermischen.

4 Tomaten, Rinderfond, getrocknete Chilischote, Paprikasauce und die abgetropften Bohnen dazugeben, mit Wasser bedecken. Zum Kochen bringen und zugedeckt 2 Stunden im Backofen garen. Ab und zu umrühren. Bei Bedarf Wasser nachgießen, damit der Chili nicht zu trocken wird und anhängt.

5 Mit Salz abschmecken und die rote Paprika dazugeben. Weitere 30 Minuten im Backofen garen, bis Fleisch und Bohnen zart sind. Mit Koriandergrün bestreuen und mit Reis servieren.

Wildschweinkoteletts mit Romescosauce

Die feurige spanische Romescosauce verdankt ihren Namen den kleinen getrockneten roten Peperoni, aus denen sie in Katalonien hergestellt wird. Oft serviert man sie kalt als Dip für Gemüse, doch ebenso gut schmeckt sie heiß zu gegrilltem Fleisch und Fisch.

FÜR 4 PERSONEN

FÜR DIE ROMESCOSAUCE

3 getrocknete rote Peperoni
150 ml natives Olivenöl extra
1 Scheibe Weißbrot, Kruste entfernt
3 Knoblauchzehen, gehackt
3 Tomaten, enthäutet, von Stielansatz und Samen befreit, grob gehackt
25 g gemahlene Mandeln
4 EL Balsamessig
4 EL Rotweinessig
Salz
Frisch gemahlener schwarzer Pfeffer

FÜR DIE WILDSCHWEINKOTELETTS

4 Wildschweinkottletts (jeweils 175 g)
Natives Olivenöl extra zum Braten
Geschmorter Wirsing als Beilage

VARIANTE

Wildschwein wird bei guten Metzgern und in großen Supermärkten immer häufiger angeboten. Als Ersatz können Sie dicke Schweinekoteletts verwenden, die zu dieser würzigen Sauce genauso gut schmecken.

1 Für die Romescosauce die Peperoni längs aufschneiden und die Samen entfernen. Die Peperoni etwa 30 Minuten in warmem Wasser einweichen. Abgießen, trockentupfen und fein hacken.

2 In einer Pfanne 2 EL Olivenöl erhitzen und das Weißbrot von beiden Seiten goldbraun braten. Mit einem Schaumlöffel aus der Pfanne nehmen und auf Küchenpapier abtropfen lassen. Dann zerkrümeln und in einen Mixer oder eine Küchenmaschine geben.

3 Den Knoblauch in die Pfanne geben und bei schwacher Hitze in 2–3 Minuten weich braten. Einige Minuten abkühlen lassen.

4 Peperoni, Tomaten und gemahlene Mandeln zu dem zerkrümelten Brot geben. Den Knoblauch mit dem Öl aus der Pfanne hinzufügen und alles zu einer Paste pürieren.

5 Nach und nach restliches Olivenöl, Balsam- und Rotweinessig dazugießen und pürieren, bis eine cremige Sauce entstanden ist. In eine Schüssel füllen, mit Salz und Pfeffer abschmecken. Zugedeckt für 2 Stunden kalt stellen.

6 Die Wildschweinkoteletts mit Pfeffer würzen. Das Olivenöl in einer Pfanne mit schwerem Boden erhitzen. Die Koteletts von beiden Seiten jeweils etwa 15 Minuten braten, bis sie goldbraun und durchgebraten sind.

7 Kurz bevor die Koteletts fertig sind, die Sauce in einem Topf schwach erhitzen. Ist sie zu dickflüssig, etwas heißes Wasser unterrühren. Zu den Wildschweinkoteletts geschmorten Wirsing servieren.

KÜCHENTIPP

Denken Sie daran, Hände, Messer und Schneidbrett zu waschen, nachdem Sie Peperoni vorbereitet haben.

Gebratenes Lamm mit Aprikosenfüllung

Zimt und Kreuzkümmel harmonieren wunderbar mit den Aprikosen in der Bulgurfüllung für dieses zarte Lammfleisch.

FÜR 6–8 PERSONEN

75 g Bulgur
2 EL natives Olivenöl extra
1 kleine Zwiebel, fein gehackt
1 Knoblauchzehe, zerdrückt
1 TL gemahlener Zimt
1 TL gemahlener Kreuzkümmel
175 g getrocknete Aprikosen, gehackt
50 g Pinienkerne
Salz, frisch gemahlener schwarzer Pfeffer
1,75 kg Lammfleisch aus der Schulter ohne Knochen
125 ml Rotwein
125 ml Lammfond
Frische Minzezweige zum Garnieren

1 Den Bulgur mit warmem Wasser bedecken und 1 Stunde einweichen. Abgießen und abtropfen lassen.

2 Das Öl in einem Topf erhitzen. Zwiebel und Knoblauch hineingeben und in 5 Minuten weich braten. Zimt, Kreuzkümmel, Aprikosen und Pinienkerne unterrühren. Mit Salz und Pfeffer abschmecken und abkühlen lassen. Mit dem Bulgur vermischen. Den Backofen auf 180 °C (Umluft 160 °C) vorheizen.

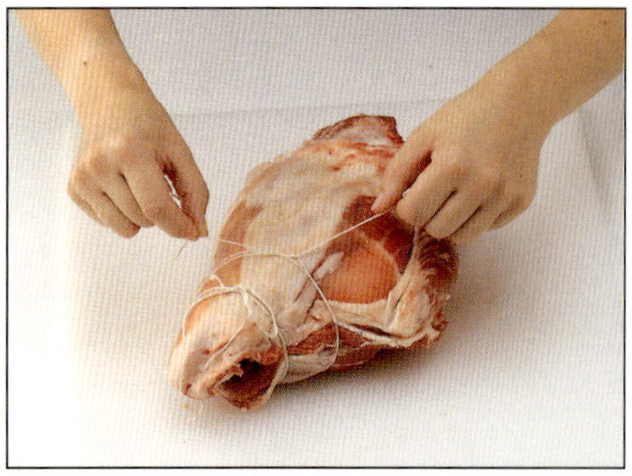

3 Das Lammfleisch ausbreiten und mit der Füllung bestreichen. Zusammenrollen und mit Küchengarn fest zubinden. Das Fleisch in einen Bräter geben und 1 Stunde im Backofen braten. Rotwein und Lammfond dazugießen und das Fleisch weitere 30 Minuten braten. Auf einen vorgewärmten Teller legen, mit Aluminiumfolie abdecken und 15–20 Minuten ruhen lassen.

4 Inzwischen auf dem Bratensaft schwimmendes Fett entfernen. Den Bräter auf den Herd stellen und den Bratensaft bei starker Hitze einige Minuten kochen lassen, dabei gelegentlich umrühren. Die Lammschulter vorsichtig aufschneiden, die Scheiben auf einer Servierplatte anrichten und mit dem Bratensaft begießen. Mit Minzezweigen garniert sofort servieren.

Lamm mit Zimtkruste und grünem Pfeffer

Diese Rippenstücke mit würziger Kruste eignen sich hervorragend für eine Party zu Hause.

FÜR 6 PERSONEN

50 g Ciabatta
1 EL abgetropfte, leicht zerdrückte grüne Pfefferkörner in Salzlake
1 EL gemahlener Zimt
1 Knoblauchzehe, zerdrückt
½ TL Salz
25 g Butter, zerlassen
2 TL Dijon-Senf
2 ganze Rippenstücke vom Lamm, Fett entfernt
4 EL Rotwein
400 ml Lammfond
1 EL Balsamessig
Frisches Gemüse als Beilage

VARIANTE

Die würzige Kruste passt auch zu Huhn, Fisch oder Schweinekoteletts.

1 Den Backofen auf 220 °C (Umluft 200 °C) vorheizen. Ciabatta in Stücke brechen, auf einem Backblech verteilen und in 10 Minuten hellgolden backen. Mit einem Mixer oder einer Küchenmaschine zu Bröseln zerkleinern.

2 Das zerkleinerte Brot in einer Schüssel mit Pfeffer, Zimt, Knoblauch und Salz vermischen. Die Butter unterrühren. Die Rippenstücke mit dem Senf bestreichen. Die Gewürzmischung darauf in einer dünnen Kruste festdrücken. Das Fleisch in einen Bräter geben und 30 Minuten im Backofen braten. Falls es zu dunkel wird, mit Aluminiumfolie abdecken.

3 Die Rippenstücke auf ein Schneidbrett legen und mit Aluminiumfolie warm halten. Auf dem Bratensaft schwimmendes Fett entfernen. Wein, Lammfond und Essig unterrühren. Zum Kochen bringen und bei schwacher Hitze in etwa 10 Minuten zu einer dickflüssigen Sauce einkochen lassen. Das Fleisch zerteilen und mit der Sauce und Gemüse servieren.

Lamm-Tagine

Die Kombination von Fleisch, Trockenobst und Gewürzen ist typisch für die Küche des Mittleren Ostens. Der Name des Schmorgerichts stammt von dem Steinguttopf, in dem man es traditionell zubereitet.

FÜR 4–6 PERSONEN

125 g getrocknete Aprikosen
2 EL natives Olivenöl extra
1 große Zwiebel, gehackt
1 kg Lammfleisch aus der Schulter ohne Knochen, in Würfel geschnitten
1 TL gemahlener Kreuzkümmel
1 TL gemahlene Korianderkörner
1 TL gemahlener Zimt
Salz
Frisch gemahlener schwarzer Pfeffer
Abgeriebene Schale und frisch gepresster Saft einer ½ unbehandelten Orange
1 TL Safranfäden
1 EL gemahlene Mandeln
Etwa 300 ml Lamm- oder Hühnerfond
1 EL Sesamsamen
Frische glatte Petersilie zum Garnieren
Gedämpfter Couscous als Beilage

KÜCHENTIPP

Falls Sie keine Zeit haben, Aprikosen einzuweichen, verwenden Sie gebrauchsfertige Aprikosen und gießen zusätzlichen Lamm- oder Hühnerfond dazu.

1 Die Aprikosen halbieren und mit 150 ml Wasser in eine Schüssel geben. Über Nacht einweichen lassen.

2 Den Backofen auf 180 °C (Umluft 160 °C) vorheizen. Das Olivenöl in einem Schmortopf heiß werden lassen. Die Zwiebel in 10 Minuten bei schwacher Hitze goldbraun braten.

3 Das Fleisch in den Topf geben. Kreuzkümmel, Koriander und Zimt hinzufügen und mit Salz und Pfeffer abschmecken. Die Fleischwürfel mit den Gewürzen vermischen. Unter Rühren 5 Minuten garen.

4 Die Aprikosen mit dem Einweichwasser dazugeben. Orangenschale und -saft, Safran und gemahlene Mandeln unterrühren und mit genügend Fond bedecken. Im Backofen zugedeckt 1–1½ Stunden garen, bis das Fleisch weich ist. Ab und zu umrühren und, falls nötig, etwas Fond dazugießen.

5 In einer heißen Pfanne mit schwerem Boden Sesam ohne Fett goldbraun rösten, dabei die Pfanne schwenken. Das Fleisch damit bestreuen. Mit Petersilie garniert zum Couscous servieren.

Türkische Kebabs mit Tomaten-Oliven-Salsa

Die Mischung von Gewürzen, Knoblauch und Zitrone verleiht diesen Kebabs ein wunderbares Aroma. Eine feurige Salsa ist die ideale Beigabe.

Für 4 Personen

2 Knoblauchzehen, zerdrückt
4 EL frisch gepresster Zitronensaft
2 EL natives Olivenöl extra
1 getrocknete rote Chilischote, grob zerstoßen
1 TL gemahlener Kreuzkümmel
1 TL gemahlene Korianderkörner
500 mageres Lammfleisch, in 4 cm lange Würfel geschnitten
Salz
Frisch gemahlener schwarzer Pfeffer
8 Lorbeerblätter

Für die Tomaten-Oliven-Salsa

175 g entsteinte schwarze und grüne Oliven, grob gehackt
1 kleine rote Zwiebel, fein gehackt
4 längliche Tomaten, enthäutet und klein gewürfelt
1 rote Chilischote, Samen und Scheidewände entfernt, fein gehackt
2 EL natives Olivenöl extra

1 Knoblauch, Zitronensaft, Olivenöl, Chilischote, Kreuzkümmel und Koriander in einer großen, flachen Schüssel vermischen. Das Fleisch hineingeben, mit Salz und Pfeffer abschmecken und vermischen. Zugedeckt an einem kühlen Ort für 2 Stunden marinieren.

2 Für die Salsa Oliven, Zwiebel, Tomaten, Chilischote und Olivenöl in einer Schüssel vermischen, salzen und pfeffern. Zugedeckt beiseite stellen.

3 Das Fleisch aus der Marinade nehmen und auf 4 Fleischspieße stecken, jeweils 2 Lorbeerblätter dazustecken. Über einem Holzkohlegrill oder unter einem heißen Grill 10 Minuten grillen, bis das Fleisch außen braun und knusprig, innen rosig und saftig ist. Mit der Salsa servieren.

Kalbsschnitzel mit roter Grapefruit und Ingwer

Durch den Ingwer und die roten Pfefferkörner bekommt die Grapefruitsauce eine angenehme, leichte Würze.

FÜR 4 PERSONEN

FÜR DIE SCHNITZEL
4 Kalbsschnitzel
25 g Butter
1 EL natives Olivenöl extra
Frisch gepresster Saft von 1 großen roten Grapefruit
150 ml Hühnerfond
2 TL geriebener frischer Ingwer
1 TL abgetropfte, zerdrückte rosa Pfefferkörner
15 g kalte Butter
Salz

FÜR DIE GARNITUR
1 unbehandelte rote Grapefruit
Öl zum Braten

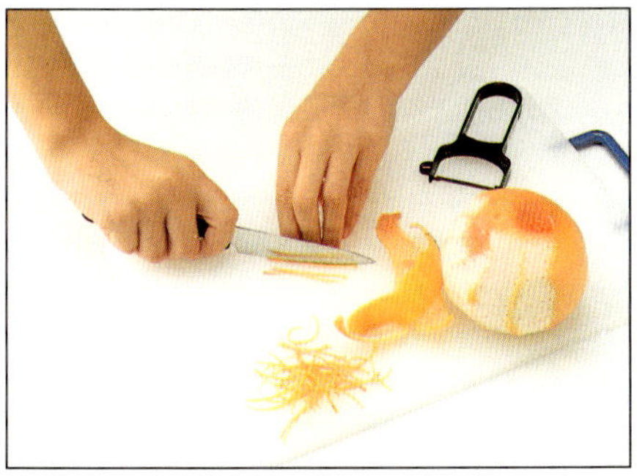

1 Für die Garnitur die Grapefruit waschen und abtrocknen. Die Schale dünn abschälen und in feine Streifen schneiden, eventuell daran haftendes Fruchtfleisch abkratzen. Die Grapefruit halbieren und den Saft von einer Hälfte in eine kleine Schüssel auspressen. Die Schale hinzufügen und 1 Stunde marinieren. Die andere Hälfte in Spalten schneiden und beiseite stellen.

2 Die Grapefruitschale abgießen und mit Küchenpapier trockentupfen. Einen kleinen Topf 1 cm hoch mit Öl füllen. Das Öl erhitzen und die Schale hineingeben. Sobald die Schale braun wird, durch ein Sieb in eine Schüssel abgießen, das Öl wegwerfen.

3 Die Kalbsschnitzel zwischen 2 Lagen Pergamentpapier geben und mit dem Nudelholz flach klopfen, bis sie etwa 3 mm dick sind. Wenn die Schnitzel sehr groß sind, diese in kleinere Stücke schneiden.

4 Die Butter zerlassen und mit dem Öl in einer Pfanne erhitzen. Die Schnitzel portionsweise von beiden Seiten jeweils 1 Minute braten. Auf einen vorgewärmten Teller geben und warm halten.

5 Grapefruitsaft, Hühnerfond und Ingwer in der Pfanne um die Hälfte einkochen lassen. In einen Topf gießen, die Pfefferkörner hinzufügen und erhitzen. Die Butter unterschlagen und salzen. Die Schnitzel mit der Sauce begießen und mit der Grapefruitschale und den Grapefruitspalten garnieren.

Tsire Koftas mit Avocado-Melonen-Salsa

Durch das Tsire-Pulver bekommen diese Kebabs eine herrlich knusprige Kruste.

FÜR 4–6 PERSONEN

700 g Lammhackfleisch
2 EL griechischer Joghurt
1 kleine Zwiebel, fein gehackt
1 Knoblauchzehe, zerdrückt
¼ TL Chilipulver
Salz, frisch gemahlener schwarzer Pfeffer
1 Ei, verquirlt
2 Portionen Tsire-Pulver (S. 101)
Frische Minzeblätter zum Garnieren

VARIANTE

Sie können auch Rinderhack verwenden.

FÜR DIE SALSA

1 reife Avocado
Frisch gepresster Saft von 1 Limette
250 g Honigmelone, geschält, entkernt und in kleine Würfel geschnitten
4 Lauchzwiebeln, sehr fein gehackt
1 frische rote Chilischote, Samen und Scheidewände entfernt, fein gehackt

1 Für die Salsa die Avocados halbieren, entkernen und schälen. Das Fleisch klein würfeln und mit dem Limettensaft in einer Schüssel vermischen. Melone, Lauchzwiebel und Chili hinzufügen, salzen und pfeffern. Zugedeckt 30 Minuten stehen lassen.

2 Das Fleisch in eine Küchenmaschine geben. Joghurt, Zwiebel, Knoblauch, Chilipulver und etwas Salz und Pfeffer dazugeben und alles pürieren.

3 Die Mischung in 12 Portionen aufteilen. Jede Portion zu einer Wurst formen. Jeweils 1 eingeweichten Bambusspieß in einen Kofta stecken und die Fleischmischung andrücken.

4 Die Koftas nacheinander in das verquirlte Ei tauchen, dann im Tsire-Pulver wenden. Auf einem Holzkohlegrill oder unter einem Grill 10 Miuten garen, mehrmals wenden. Mit Minzeblättern garnieren und mit der Salsa servieren.

Schweinesteaks mit Paprikapulver, Fenchel und Kümmel

Fenchelsamen passen gut zu Schwein und verleihen diesem Gericht aus Mitteleuropa zusammen mit dem Kümmel einen aromatischen Geschmack.

FÜR 4 PERSONEN

1 EL natives Olivenöl extra
4 Schweinesteaks ohne Knochen
1 große Zwiebel, in Ringe geschnitten
1 Dose gehackte Tomaten (400 g)
1 TL Fenchelsamen, grob zerstoßen
½ TL Kümmelkörner, grob zerstoßen
1 EL Paprikapulver
Salz, frisch gemahlener schwarzer Pfeffer
2 EL saure Sahne
Paprikapulver zum Garnieren
In Butter geschwenkte Nudeln mit Mohnsamen als Beilage

KÜCHENTIPP

Kaufen Sie Parikapulver bester Qualität und bewahren Sie es nicht zu lange auf, da es schnell das Aroma verliert.

1 Das Öl in einer großen Pfanne erhitzen. Die Schweinesteaks von beiden Seiten braun anbraten. Herausnehmen und auf einen Teller legen.

2 Die Zwiebeln in der Pfanne 10 Minuten braten, bis sie goldbraun sind. Tomaten, Fenchelsamen, Kümmel und Paprikapulver unterrühren.

3 Die Steaks in die Pfanne geben und in 20–30 Minuten bei schwacher Hitze weich garen. Mit Salz und Pfeffer würzen. Saure Sahne leicht untermischen, etwas Paprikapulver darüber streuen. Zu den in Butter geschwenkten, mit Mohn bestreuten Nudeln servieren.

Gebratene Spareribs mit Ahornsirup

Diese würzigen Spareribs muss man mit den Fingern essen. Also halten Sie genügend Papierservietten bereit.

FÜR 6 PERSONEN

2 EL Öl
1 Zwiebel, in dünne Spalten geschnitten
1 Knoblauchzehe, zerdrückt
100 ml Ahornsirup
1 EL Sojasauce
1 EL Tomatenketchup
1 EL Worcestersauce
1 TL gemahlener Ingwer
1 TL Paprikapulver
1 TL Senfpulver
1 EL Rotweinessig
1 TL Tabascosauce
1 kg Spareribs

1 Den Backofen auf 200 °C (Umluft 180 °C) vorheizen. Das Öl in einem Topf erhitzen. Zwiebel und Knoblauch darin braten, bis sie weich sind.

2 Ahornsirup, Sojasauce, Tomatenketchup, Worcestersauce, Ingwer, Paprikapulver, Senfpulver, Essig und Tabascosauce hinzufügen. Zum Kochen bringen und bei schwacher Hitze 2 Minuten köcheln lassen.

3 Die Spareribs in einen Bräter legen und mit der Sauce begießen. Mit Aluminiumfolie abdecken und 45 Minuten braten. Ohne Folie weitere 15 Minuten backen. Ab und zu mit der Sauce begießen. Die Spareribs sollten klebrig und zart sein.

KÜCHENTIPP

Für dieses Gericht sollten Sie nur echten Ahornsirup und keinen aromatisierten Sirup verwenden.

Schweinekoteletts auf Jamaika-Art

Diese Würzmethode für Fleisch oder Geflügel vor dem Garen kommt aus Jamaika.

FÜR 4 PERSONEN

1 EL Öl, 2 Zwiebeln, fein gehackt
2 rote Chilischoten, Samen und Scheidewände entfernt, fein gehackt
1 Knoblauchzehe, zerdrückt
1 frischer Ingwer (2,5 cm lang), gerieben
1 TL getrockneter Thymian
1 TL gemahlener Piment
1 TL scharfe Paprikasauce
2 EL Rum
Abgeriebene Schale und frisch gepresster Saft von 1 unbehandelten Limette
Salz, frisch gemahlener schwarzer Pfeffer
4 Schweinekoteletts
Thymian, Chilischoten und Limettenspalten zum Garnieren

1 Das Öl in einer Pfanne erhitzen. Die Zwiebeln hineingeben und in 10 Minuten weich braten. Chillies, Knoblauch, Ingwer, Thymian und Piment hinzufügen und weitere 2 Minuten mitbraten. Paprikasauce, Rum, Limettenschale und -saft unterrühren.

VARIANTE

Hähnchenschenkel oder ganze Hähnchen kann man vor dem Garen ebenfalls mit dieser delikaten Gewürzpaste bedecken.

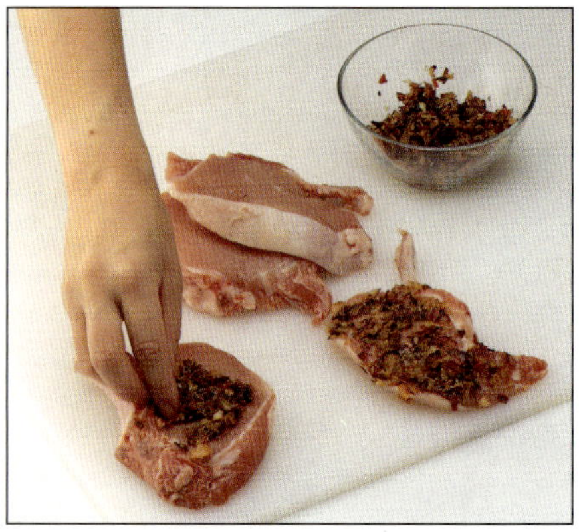

2 Die Mischung zu einer dicken Paste einkochen lassen. Mit Salz und Pfeffer würzen und abkühlen lassen. Die Koteletts von beiden Seiten mit der Paste bedecken. In einer flachen Schüssel zugedeckt über Nacht kalt stellen.

3 Den Backofen auf 190 °C (Umluft 170 °C) vorheizen. Die Koteletts auf einen Rost über die Fettpfanne legen und 30 Minuten garen. Mit frischem Thymian, roten Chillies und Limettenspalten garniert servieren.

Gemüse und Salate

Gemüse-Korma

Das Mischen von Gewürzen ist eine traditionsreiche Kunst in Indien. Dies ist ein fein abgestimmtes, nicht zu scharfes aromatisches Curry.

FÜR 4 PERSONEN

50 g Butter
2 Zwiebeln, in Ringe geschnitten
2 Knoblauchzehen, zerdrückt
1 frischer Ingwer (2,5 cm lang), gerieben
1 TL gemahlener Kreuzkümmel
1 EL gemahlene Korianderkörner
6 grüne Kardamomkapseln
1 Zimtstange (5 cm lang)
1 TL gemahlene Kurkuma
1 frische Chilischote, Samen und Scheidewände entfernt, fein gehackt
1 Kartoffel, geschält und in 2,5 cm große Würfel geschnitten
1 kleine Aubergine, klein gewürfelt
125 g Champignons, in dicke Scheiben geschnitten
125 g Prinzessbohnen, schräg in 2,5 cm lange Stücke geschnitten
Salz
Frisch gemahlener schwarzer Pfeffer
4 EL Joghurt
150 ml Crème double
1 TL Garam masala (S. 88)
Frische Korianderzweige zum Garnieren
Papadams (indische Linsenmehlfladen) als Beilage

1 Die Butter in einem Topf mit schwerem Boden zerlassen. Die Zwiebeln zuerst 5 Minuten, dann mit Knoblauch und Ingwer weitere 2 Minuten braten. Kreuzkümmel, Koriander, Kardamom, Zimtstange, Kurkuma und Chilischote beigeben. Unter Rühren 30 Sekunden braten.

2 Kartoffel, Aubergine, Pilze und 175 ml Wasser hinzufügen. Zugedeckt zum Kochen bringen und bei schwacher Hitze 15 Minuten köcheln lassen. Die Bohnen zugeben und die Mischung ohne Deckel weitere 5 Minuten garen.

VARIANTE

Für dieses Korma können Sie ganz verschiedene Gemüsekombinationen verwenden, etwa Möhren, Blumenkohl, Brokkoli, Erbsen und Kichererbsen.

3 Das Gemüse mit einem Schaumlöffel auf eine vorgewärmte Platte geben, warm halten. Die Garflüssigkeit bei starker Hitze leicht einkochen lassen. Salzen und pfeffern, Joghurt, Crème double und Garam masala unterrühren. Das Gemüse mit der Sauce begießen und mit Korianderzweigen garnieren. Mit dem Fladenbrot servieren.

Dal mit Tadka

Dieses delikate Linsengericht mit aromatischer Gewürzmischung ist eine echte Gaumenfreude.

FÜR 4 PERSONEN

50 g Butter
2 TL schwarze Senfkörner
1 Zwiebel, fein gehackt
2 Knoblauchzehen, fein gehackt
1 TL gemahlene Kurkuma
1 TL gemahlener Kreuzkümmel
2 frische grüne Chilischoten, Samen und Scheidewände entfernt, fein gehackt
250 g rote Linsen
1 Dose Kokosmilch (300 ml)
1 Portion Tadka (S. 86) oder Koriander-Baghar (S. 87)
Frisches Koriandergrün zum Garnieren

1 Die Butter in einem Topf mit schwerem Boden zerlassen, die Senfkörner hineingeben. Sobald sie aufplatzen, Zwiebel und Knoblauch hinzufügen und in 5–10 Minuten weich braten.

2 Kurkuma, Kreuzkümmel und Chilies dazugeben und 2 Minuten mitbraten. Linsen, 1 l Wasser und Kokosmilch unterrühren. Zum Kochen bringen und zugedeckt 40 Minuten kochen lassen, bei Bedarf etwas Wasser dazugießen. Die Linsen sollten weich sein und die meiste Flüssigkeit aufgesogen haben.

3 Tadka oder Baghar vorbereiten und sofort über die Linsenmischung *(Dal)* geben. Mit Koriandergrün garnieren und servieren. Dazu Naan-Brot reichen, um die Sauce aufzunehmen.

VARIANTE

Für das Gericht sind auch enthülste halbierte Mungobohnen geeignet, die man in der indischen Küche häufig verwendet.

Glasierte Süßkartoffeln mit Ingwer und Piment

Mit Ingwer, Sirup und Piment bekommen gebratene Süßkartoffeln eine kandierte Kruste. Der Cayennepfeffer steuert die Schärfe bei.

FÜR 4 PERSONEN

1 kg Süßkartoffeln (Bataten)
50 g Butter
1 EL Öl
2 Knoblauchzehen, zerdrückt
2 Stück in Sirup eingelegter Ingwer, fein gehackt
2 TL gemahlener Piment
1 EL Sirup aus dem Ingwerglas
Salz
Cayennepfeffer
2 TL gehackter frischer Thymian
Thymianzweige zum Garnieren

1 Die Süßkartoffeln schälen und in 1 cm große Würfel schneiden. Die Butter mit dem Öl in einer großen Pfanne zerlassen. Die Kartoffelwürfel hineingeben, unter ständigem Rühren etwa 10 Minuten braten, bis sie weich sind.

KÜCHENTIPP

Süßkartoffeln können weißes, gelbes oder auch rot durchzogenes Fleisch haben. Geschmacklich unterscheiden sie sich nicht, doch sehen die gelben Exemplare besonders hübsch aus.

2 Knoblauch, Ingwer und Piment untermischen. Weitere 5 Minuten unter Rühren braten. Ingwersirup, Salz, 1 kräftige Prise Cayennepfeffer und gehackten Thymian unterrühren. Noch 1–2 Minuten weiterbraten und dabei rühren. Mit Thymainzweigen garniert servieren.

Ofengebackenes Wurzelgemüse mit ganzen Gewürzkörnern

Diese Gemüsemischung können Sie problemlos zusammen mit Hähnchenschenkeln oder ganzen Brathähnchen im Backofen garen.

FÜR 4 PERSONEN

3 Pastinaken, geschält
3 Kartoffeln, geschält
3 Möhren, geschält
3 Süßkartoffeln (Bataten), geschält
4 EL natives Olivenöl extra
8 Schalotten, geschält
2 Knoblauchzehen, in dünne Scheiben geschnitten
2 TL weiße Senfkörner
2 TL Korianderkörner, grob zerstoßen
1 TL Kreuzkümmelsamen
2 Lorbeerblätter
Salz, frisch gemahlener Pfeffer

1 Den Backofen auf 190 °C (Umluft 170 °C) vorheizen. Leicht gesalzenes Wasser in einem Topf zum Kochen bringen. Pastinaken, Kartoffeln, Möhren und Süßkartoffeln in grobe Stücke schneiden. In das kochende Wasser geben, 2 Minuten garen, abgießen und abtropfen lassen.

2 Das Öl in einem großen Bräter bei mittlerer Hitze heiß werden lassen. Gemüse, Schalotten und Knoblauch hineingeben. Bei mittlerer Hitze braten, bis das Gemüse sich hellgolden verfärbt. Den Bräter dabei stetig schwenken.

3 Senf- und Korianderkörner, Kreuzkümmelsamen und Lorbeerblätter dazugeben und 1 Minute mitbraten. Mit Salz und Pfeffer würzen. Den Bräter in den Backofen stellen und das Gemüse 45 Minuten garen, bis es außen goldgelb und knusprig ist. Dabei gelegentlich wenden.

VARIANTE

Die Gemüsemischung je nach Jahreszeit variieren. Probieren Sie einmal Steckrüben oder Kürbis statt oder zusammen mit dem vorgeschlagenen Gemüse.

Mexikanische Tortilla-Taschen

Grüne Chillies geben der würzigen Füllung eine leichte Schärfe. Die Tortilla-Taschen eignen sich ideal als Vorspeise oder Snack.

FÜR 4 PERSONEN

700 g Tomaten
4 EL Sonnenblumenöl
1 große Zwiebel, in Ringe geschnitten
1 Knoblauchzehe, zerdrückt
2 TL Kreuzkümmelsamen
2 frische grüne Chilischoten, Samen und Scheidewände entfernt, gehackt
2 EL Tomatenmark
1 Gemüsebrühwürfel
1 Dose Zuckermais (200 g), abgetropft
1 EL gehacktes frisches Koriandergrün
125 g Cheddar, gerieben
8 Tortillas aus Weizenmehl
Frisches Koriandergrün, grüner Salat und saure Sahne als Beilage

1 Um die Tomaten zu enthäuten, diese in eine hitzebeständige Schüssel geben, mit kochend heißem Wasser bedecken und 1 Minute stehen lassen. Mit einem Schaumlöffel herausnehmen und in eine Schüssel mit kaltem Wasser gleiten lassen. Nach 1 Minute abgießen. Die aufgeplatzte Haut abziehen und die Tomaten hacken.

2 Die Hälfte des Öls in einer Pfanne erhitzen. Zwiebel, Knoblauch und Kreuzkümmel hineingeben und braten, bis die Zwiebel weich wird. Chillies und Tomaten hinzufügen, Tomatenmark untermischen. Den Brühwürfel zerkrümeln und unterrühren. Bei schwacher Hitze 5 Minuten garen, bis die Chillies weich und die Tomaten noch nicht ganz zerfallen sind. Mais und Koriandergrün untermischen, erhitzen und die Mischung warm halten.

3 Die Tortillas nacheinander in der Mitte mit Käse bestreuen und etwas Füllung darüber geben. Um die Tortillas zu verschließen, zuerst die obere Kante nach innen klappen, dann die beiden seitlichen und zum Schluss die untere.

4 Das restliche Öl erhitzen. Tortilla-Taschen portionsweise von beiden Seiten je 1–2 Minuten goldbraun und knusprig braten. Mit Koriandergrün, Salat und saurer Sahne servieren.

VORBEREITUNGSTIPP

Mexikanische Tortillas aus Weizenmehl bekommt man in den meisten Supermärkten. Ein Vorrat lohnt sich, denn man kann sie mit vielen verschiedenen Fleisch-, Huhn- und Gemüsemischungen füllen.

Nordafrikanischer Gemüse-Couscous mit Safran und Harissa

Diese nordafrikanische Spezialität ist ein wunderbares Gericht für Vegetarier.

FÜR 4 PERSONEN

3 EL natives Olivenöl extra
1 Zwiebel, gehackt
2 Knoblauchzehen, zerdrückt
1 TL gemahlener Kreuzkümmel
1 TL Paprikapulver
1 Dose gehackte Tomaten (400 g)
300 ml Gemüsebrühe
1 Zimtstange
1 kräftige Prise Safranfäden
4 sehr kleine Auberginen, geviertelt
8 sehr kleine, junge Zucchini, Enden abgeschnitten
8 Babymöhren
Salz
250 g Couscous
1 Dose Kichererbsen (450 g), abgetropft
200 g Backpflaumen
3 EL gehackte frische Petersilie
3 EL gehacktes frisches Koriandergrün
2–3 TL Harissa (S. 98)

1 Das Olivenöl in einem großen Topf erhitzen. Zwiebel und Knoblauch darin in 5 Minuten weich braten. Kreuzkümmel und Paprikapulver hinzufügen und unter Rühren 1 Minute mitbraten.

2 Tomaten, Brühe, Zimtstange, Safran, Auberginen, Zucchini und Möhren dazugeben. Mit Salz würzen. Zum Kochen bringen und zugedeckt bei schwacher Hitze 20 Minuten garen, bis das Gemüse gerade weich ist.

3 Einen Dämpfeinsatz oder ein Metallsieb mit einem doppelt gelegten Musselintuch auskleiden. Den Couscous nach Packungsangabe einweichen. Kichererbsen und Backpflaumen zum Gemüse geben und 5 Minuten mitgaren. Den Couscous mit einer Gabel umrühren, eventuelle Klümpchen entfernen, und in den Dämpfeinsatz füllen. Auf den Topf mit dem Gemüse setzen und 5 Minuten erhitzen, bis er heiß ist.

4 Petersilie und Koriandergrün unter das Gemüse mischen. Den Couscous auf einer vorgewärmten Servierplatte aufhäufen. Das Gemüse mit einem Schaumlöffel darauf verteilen. Mit etwas Sauce beträufeln und vorsichtig vermischen. Harissa unter die restliche Sauce rühren und separat zum Couscous reichen.

Salat mit Orangen, roten Zwiebeln und Kreuzkümmel

Kreuzkümmel und Minze verleihen diesem erfrischenden Salat ein orientalisches Aroma. Am besten eignen sich kleine Orangen ohne Kerne.

Für 6 Personen

6 Orangen
2 rote Zwiebeln
1 EL Kreuzkümmelsamen
1 TL grob zerstoßener schwarzer Pfeffer
1 EL gehackte frische Minze
6 EL natives Olivenöl extra
Salz
Für die Garnitur
Frische Minzezweige
Schwarze Oliven

1 Die Orangen über einer Schüssel in dünne Scheiben schneiden, um den Saft aufzufangen. Die Schale der einzelnen Scheiben mit einer Schere über der Schüssel abschneiden. Die Zwiebeln in dünne einzelne Ringe schneiden.

KÜCHENTIPP

Damit sich das Aroma entfaltet und die Zwiebeln etwas weicher werden, ist es wichtig, den Salat für 2 Stunden zu marinieren. Viel länger sollte er jedoch nicht stehen bleiben.

2 Orangenscheiben und Zwiebelringe in eine flache Schüssel schichten und über jede Schicht etwas Kreuzkümmel, Pfeffer, Minze, Olivenöl und Salz nach Geschmack geben. Den aufgefangenen Orangensaft darüber träufeln.

3 Den Salat an einem kühlen Ort für etwa 2 Stunden marinieren lassen. Kurz vor dem Servieren Minzezweige und schwarze Oliven darüber verteilen.

Spanischer Salat mit Kapern und Oliven

Der erfrischende Salat schmeckt im Sommer am besten, wenn die Tomaten süß und aromatisch sind.

Für 4 Personen

4 Tomaten
½ Salatgurke
1 Bund Lauchzwiebeln
1 Bund Portulak oder Brunnenkresse
8 mit Paprika gefüllte grüne Oliven
2 EL abgetropfte Kapern
Für das Dressing
2 EL Rotweinessig
1 TL Paprikapulver
½ TL gemahlener Kreuzkümmel
1 Knoblauchzehe, zerdrückt
5 EL natives Olivenöl extra
Salz
Frisch gemahlener schwarzer Pfeffer

1 Die Tomaten zum Enthäuten in eine hitzebeständige Schüssel geben, mit kochend heißem Wasser bedecken, 1 Minute stehen lassen. Dann herausnehmen und in kaltes Wasser gleiten lassen. Nach 1 Minute abgießen. Die Haut abziehen, die Tomaten würfeln und in eine Salatschüssel geben.

2 Die Gurke schälen, klein würfeln und zu den Tomaten geben. Die Hälfte der Lauchzwiebeln putzen, hacken und mit dem Gemüse in der Schüssel vermischen.

3 Portulak (Brunnenkresse) zerpflücken. Mit den Oliven und Kapern zu der Tomatenmischung hinzufügen. Für das Dressing Essig, Paprikapulver, Knoblauch und Kreuzkümmel verrühren, das Öl unterschlagen. Mit Salz und Pfeffer abschmecken. Über den Salat träufeln und leicht vermischen. Mit den restlichen Lauchzwiebeln servieren.

KÜCHENTIPP

Den fertigen Salat sobald wie möglich servieren.

Gado Gado

Die Erdnuss-Sauce dieses traditionellen indonesischen Salats verdankt ihr Aroma der Zugabe von Galgant, einem Rhizom, das dem Ingwer ähnelt.

FÜR 4 PERSONEN

250 g Weißkohl, gehobelt
4 Möhren, gestiftelt
4 Stangen Bleichsellerie, gestiftelt
250 g Sojabohnenkeimlinge
½ Salatgurke, gestiftelt

FÜR DIE ERDNUSS-SAUCE

1 EL Öl
1 kleine Zwiebel, fein gehackt
1 Knoblauchzehe, zerdrückt
1 kleines Stück Galgant, geschält und gerieben
1 TL gemahlener Kreuzkümmel
¼ TL Chilipulver
1 TL Tamarindenpaste oder Limettensaft
4 EL körnige Erdnussbutter
1 TL hellbrauner Zucker
Gebratene Zwiebelringe, gesalzene Erdnüsse und 1 in Ringe geschnittene grüne Chilischote zum Garnieren

1 Weißkohl, Möhren und Sellerie 3–4 Minuten dämpfen, bis sie gerade weich sind. Abkühlen lassen. Die Sojabohnenkeimlinge auf einer großen Servierplatte verteilen. Weißkohl, Möhren, Sellerie und Gurke darauf anrichten.

2 Für die Sauce das Öl in einem Topf erhitzen. Zwiebel und Knoblauch darin in 5 Minuten weich braten. Galgant, Kreuzkümmel und Chilipulver unterrühren und 1 Minute mitbraten. Tamarindenpaste oder Limettensaft, Erdnussbutter und Zucker untermischen.

KÜCHENTIPP

Solange Sie die Sauce auf die gleiche Weise zubereiten, können Sie das Gemüse ruhig variieren, je nach Geschmack oder angebotenen Sorten. Die Sauce über den Salat träufeln und leicht vermischen oder separat dazureichen.

3 Unter Rühren schwach erhitzen und bei Bedarf etwas heißes Wasser dazugießen, um eine dickflüssige Sauce zu erhalten. Etwas Sauce über das Gemüse geben und mit gebratenen Zwiebeln, Erdnüssen und in Ringe geschnittenen Chillies garnieren. Die restliche Sauce separat reichen.

Nudelsalat mit Ente und Sesam

Dieser Salat ist ein vollständiges und wunderbares sommerliches Mittagessen. Für die Marinade werden aromatische Gewürze kombiniert.

FÜR 4 PERSONEN

2 Entenbrustfilets

FÜR DIE MARINADE

1 EL Sesamöl
1 TL gemahlener Koriander
1 TL Fünfgewürzpulver

FÜR DEN SALAT

1 EL Öl
Salz
150 g Zuckererbsen
2 Möhren, in 7,5 cm lange Stifte geschnitten
250 g asiatische Eiernudeln
6 Lauchzwiebeln, in Stücke geschnitten

FÜR DAS DRESSING

1 EL Knoblauchessig (S. 111)
1 TL hellbrauner Zucker
1 TL Sojasauce
1 EL geröstete Sesamsamen
Frisch gemahlener schwarzer Pfeffer
3 EL Sonnenblumenöl
2 EL Sesamöl
2 EL Koriandergrün zum Garnieren

1 Das Fleisch schräg in Streifen schneiden und in eine flache Schüssel geben. Die Zutaten für die Marinade vermischen. Das Fleisch mit der Marinade begießen und mehrmals darin wenden. Zugedeckt 30 Minuten kalt stellen.

2 Das Öl in einer Pfanne erhitzen. Das Fleisch bei starker Hitze 3–4 Minuten braten. Beiseite stellen.

3 Leicht gesalzenes Wasser zum Kochen bringen. Zuckererbsen und Möhren in einen Dämpfeinsatz geben, der auf den Topf passt. Sobald das Wasser kocht, die Nudeln hineingeben. Den Dämpfeinsatz auf den Topf setzen. Das Gemüse dämpfen, während die Nudeln nach Packungsanweisung garen. Das Gemüse beiseite stellen. Die Nudeln abgießen, unter fließendem kaltem Wasser abspülen und nochmals abgießen. In eine große Schüssel geben.

4 Für das Dressing Essig, Zucker, Sojasauce und Sesamsamen in einer Schüssel vermischen. Reichlich Pfeffer hinzufügen, das Öl unterschlagen.

5 Das Dressing über die Nudeln gießen und gut vermischen. Zuckererbsen, Möhren, Lauchzwiebeln und das vorbereitete Fleisch dazugeben. Alles vermischen. Mit Koriandergrün bestreuen und servieren.

KÜCHENTIPP

Die Sesamsamen zum Rösten in eine Pfanne mit schwerem Boden geben und unter ständigem Rühren schwach erhitzen, bis sie leicht gebräunt sind.

Pizza, Nudeln und Getreide

Penne mit Chillies, Tomaten und Oliven

Eine Nudelsauce mit Pfiff – dank pikanter Zutaten wie Chillies, Oliven, Sardellen und Kapern.

FÜR 4 PERSONEN

3 EL natives Olivenöl extra
2 Knoblauchzehen, zerdrückt
2 frische rote Chilischoten, Samen und Scheidewände entfernt, gehackt
6 Sardellenfilets aus dem Glas
700 g reife Tomaten, enthäutet, entkernt und klein gewürfelt
2 EL pürierte sonnengetrocknete Tomaten (ersatzweise Tomatenmark)
2 EL abgetropfte Kapern
125 g entsteinte schwarze Oliven, gehackt
Salz, frisch gemahlener schwarzer Pfeffer
350 g Penne
Gehacktes Basilikum zum Garnieren

1 Das Öl in einer Pfanne erhitzen. Knoblauch und Chillies bei schwacher Hitze 2–3 Minuten darin braten. Die Sardellen hinzufügen und mit einer Gabel zerdrücken. Gewürfelte und pürierte Tomaten, Kapern und Oliven untermischen. Mit Salz und Pfeffer abschmecken. Ohne Deckel 20 Minuten köcheln, ab und zu umrühren.

2 In der Zwischenzeit leicht gesalzenes Wasser in einem Topf zum Kochen bringen. Die Penne hineingeben und nach Packungsanweisung bissfest garen. Abgießen und sofort mit der Sauce vermischen. In eine vorgewärmte Servierschüssel geben, mit Basilikum garnieren und servieren.

KÜCHENTIPP

Wenn Sie keine reifen Tomaten bekommen, verwenden Sie einfach 2 Dosen gehackte Tomaten (je 400 g).

Spaghettini mit Knoblauch und Olivenöl

Für diese wunderbare Nudelsauce sollten Sie unbedingt Olivenöl von guter Qualität und eine frische, leuchtend rote Chillischote verwenden.

FÜR 4 PERSONEN

350 g Spaghettini
5 EL natives Olivenöl extra
3 Knoblauchzehen, fein gehackt
1 frische rote Chilischote, Samen und Scheidewände entfernt, gehackt
75 g sonnengetrocknete Tomaten in Öl, abgetropft und gehackt
Salz
Frisch gemahlener schwarzer Pfeffer
2 EL gehackte, frische glatte Petersilie
Frisch geriebener Parmesan als Beigabe

1 Leicht gesalzenes Wasser zum Kochen bringen. Die Nudeln hineingeben und nach Packungsanweisung bissfest garen. Gegen Ende der Garzeit das Olivenöl in einer großen Pfanne erhitzen. Knoblauch und Chilischote darin 2–3 Minuten bei schwacher Hitze braten. Die sonnengetrockneten Tomaten beigeben, die Pfanne vom Herd nehmen.

KÜCHENTIPP

Das Öl der eingelegten sonnengetrockneten Tomaten aufbewahren und für Salatdressings verwenden.

2 Die Nudeln abgießen und zu der Knoblauchmischung geben. Die Pfanne wieder auf den Herd stellen, 2–3 Minuten erhitzen. Dabei die Nudeln mit der Sauce vermischen. Mit Salz und Pfeffer würzen, die Petersilie untermischen. In eine vorgewärmte Schüssel geben, mit Parmesan bestreuen und servieren.

Pastizio

Diese griechische Version von Lasagne besteht aus Makkaroni in Käsesauce und pikant gewürztem Rinderhackfleisch.

Für 4–6 Personen

250 g Makkaroni
2 EL natives Olivenöl extra
1 große Zwiebel, fein gehackt
2 Knoblauchzehen, zerdrückt
450 g Rinderhackfleisch
300 ml Rinderfond
2 TL Tomatenmark
1 TL gemahlener Zimt
1 TL gemahlener Kreuzkümmel
1 EL gehackte frische Minze
Salz
Frisch gemahlener schwarzer Pfeffer
50 g Butter
50 g Mehl
120 ml Milch
120 ml Joghurt
200 g Kefalotiri, zerkrümelt

1 Leicht gesalzenes Wasser zum Kochen bringen. Die Makkaroni hineingeben und in etwa 8 Minuten bissfest garen. Abgießen, unter fließend kaltem Wasser abspülen und nochmals abgießen. Beiseite stellen. Den Backofen auf 190 °C (Umluft 170 °C) vorheizen.

2 Das Öl in einer Pfanne erhitzen. Zwiebel und Knoblauch darin 8–10 Minuten weich braten. Rinderhackfleisch hinzufügen und braun anbraten. Rinderfond, Tomatenmark, Zimt, Kreuzkümmel und Minze beifügen. Salzen, pfeffern und 10–15 Minuten garen, bis eine dickflüssige Sauce entsteht.

3 Die Butter in einem Topf zerlassen. Das Mehl einrühren und 1 Minute anschwitzen lassen. Den Topf vom Herd nehmen, Milch und Joghurt nach und nach einrühren. Wieder auf den Herd stellen und 5 Minuten köcheln lassen. Die Hälfte des Käses unterrühren, salzen und pfeffern. Die Makkaroni hinzufügen und mit der Sauce vermischen.

Küchentipp

Statt Kefalotiri (griechischem Rohmilchkäse) können Sie anderen Schafskäse oder würzigen Cheddar verwenden.

4 Die Hälfte der Makkaronimischung in einer großen Auflaufform verteilen. Die Fleischsauce darüber geben und mit der übrigen Makkaronimischung abschließen. Den restlichen Käse über die Makkaroni streuen. Den Pastitio im Ofen 45 Minuten backen, bis er eine goldbraune Oberfläche hat.

Pikante Pizza mit Peperoni und Mozzarella

Bei einer frisch gebackenen Pizza bekommt man schnell Appetit. Zu unserem pikanten Belag gehören Peperoni und rote Chillies.

FÜR 4 PERSONEN

250 g Mehl
2 TL Trockenhefe
1 TL Zucker
½ TL Salz
1 EL natives Olivenöl extra
Je 100 ml lauwarme Milch und lauwarmes Wasser, vermischt

FÜR DEN BELAG

1 Dose gehackte Tomaten (400 g), gut abgetropft
2 Knoblauchzehen, zerdrückt
1 TL getrockneter Oregano
250 g Mozzarella, grob zerkleinert
2 getrocknete rote Chillies, grob zerstoßen
250 g Peperoni, in Ringe geschnitten
2 EL abgetropfte Kapern
Frischer Oregano zum Garnieren

1 Das Mehl mit Hefe, Zucker und Salz in eine Schüssel sieben. Eine Mulde in die Mitte drücken. Das Öl mit der Milch-Wasser-Mischung verrühren und in die Mulde gießen. Zu einem glatten Teig verarbeiten.

2 Den Teig auf einer bemehlten Arbeitsfläche 5–10 Minuten kneten, bis er geschmeidig ist. In eine mit Öl ausgepinselte Schüssel geben und mit Frischhaltefolie abdecken. An einem warmen Ort etwa 30 Minuten gehen lassen, bis sich das Volumen verdoppelt hat.

3 Den Backofen auf 220 °C (Umluft 200 °C) vorheizen. Den Teig auf einer bemehlten Arbeitsfläche 1 Minute leicht kneten, halbieren und die zwei Hälften jeweils zu einer Scheibe von 25 cm Durchmesser ausrollen. Auf 2 leicht gefettete Backbleche legen. Für den Belag Tomaten, Knoblauch und Oregano in einer Schüssel vermischen.

KÜCHENTIPP

Wenn Sie nur wenig Zeit haben, können Sie fertigen Pizzateig verwenden.

4 Jeweils 1 Teigscheibe mit der Hälfte der Tomatenmischung bestreichen, einen schmalen Rand rundum frei lassen. Die Hälfte des Käses beiseite stellen, den Rest auf den Pizzas verteilen. Im Ofen 7–10 Minuten backen, bis der Rand hellgolden ist.

5 Die Pizzas mit den zerriebenen Chillies bestreuen und mit Peperoni und Kapern belegen. Den übrigen Mozzarella darüber verteilen. Weitere 7–10 Minuten backen. Mit frischem Oregano bestreuen und sofort servieren.

Nudeln auf Singapur-Art

Getrocknete Pilze verleihen diesem mit Curry gewürzten Gericht ein intensives Aroma. Am besten passen asiatische Pilze.

FÜR 4 PERSONEN

20 g getrocknete asiatische Pilze (etwa Shiitake)
Salz
250 g asiatische Eiernudeln
2 TL Sesamöl
3 EL Erdnussöl
2 Knoblauchzehen, zerdrückt
1 kleine Zwiebel, gehackt
1 frische grüne Chilischote, Samen und Scheidewände entfernt, in dünne Ringe geschnitten
2 TL Currypulver
125 g grüne Bohnen, von den Enden befreit und halbiert
125 g Chinakohl, in Chiffonade geschnitten
4 Lauchzwiebeln, in Scheiben geschnitten
2 EL Sojasauce
125 g gegarte Garnelen, ausgelöst

1 Die Pilze in einer Schüssel 30 Minuten in warmem Wasser einweichen lassen. Abgießen und 2 EL Wasser zurückbehalten. Pilze in Scheiben schneiden.

2 Leicht gesalzenes Wasser in einem Topf zum Kochen bringen. Die Nudeln nach Packungsanweisung darin garen. Abgießen, in eine Schüssel geben und mit dem Sesamöl vermischen.

VARIANTE

Probieren Sie auch andere Gemüsesorten, etwa Prinzessbohnen, Brokkoli, Paprikaschoten oder Minimaiskolben. Die Garnelen kann man weglassen oder durch Schinken oder Huhn ersetzen.

3 Einen Wok erhitzen und das Erdnussöl hineingießen. Sobald es heiß ist, Knoblauch, Zwiebel und Chilischote 3 Minuten darin braten. Das Currypulver unterrühren und 1 Minute mitbraten. Pilze, Bohnen, Chinakohl und Lauchzwiebeln hinzufügen. Weitere 3–4 Minuten braten, bis das Gemüse weich, aber noch bissfest ist.

4 Nudeln, Sojasauce, zurückbehaltenes Einweichwasser und Garnelen dazugeben. Vermischen und 2–3 Minuten weiterbraten, bis alles gleichmäßig erhitzt ist.

Jambalaya

Dieses beliebte Cajun-Gericht erinnert ein wenig an Paella, unterscheidet sich aber durch die Zugabe feuriger Gewürze.

FÜR 4 PERSONEN

2 EL Öl
250 g Hühnerfleisch ohne Knochen und Haut, in Würfel geschnitten
250 g Chorizo (scharfe Knoblauchwurst), in Stücke geschnitten
3 Stangen Bleichsellerie, in dünne Stücke geschnitten
Je 1 rote und grüne Paprikaschote, Samen und Scheidewände entfernt, gewürfelt
1 Portion Cajun-Gewürzmischung (S. 104)
250 g Langkornreis
½ Dose gehackte Tomaten (200 g)
600 ml Hühnerfond
Sellerieblätter zum Garnieren

1 Das Öl in einer großen Pfanne erhitzen. Hühnerfleisch und Chorizo darin braten, bis sie leicht gebräunt sind. Mit einem Schaumlöffel herausnehmen und beiseite stellen. Sellerie, rote und grüne Paprika in der Pfanne 2–3 Minuten braten. Hühnerfleisch und Chorizo wieder hinzufügen.

VARIANTE

Zusammen mit dem Reis kann man außerdem rohe Garnelen dazugeben. Statt Huhn und Knoblauchwurst passen auch Ente und Schinken.

2 Die Cajun-Gewürzmischung dazugeben, weitere 2–3 Minuten braten. Reis, Tomaten und Hühnerfond beigeben, zum Kochen bringen, ständig rühren.

3 Bei schwacher Hitze zugedeckt 15–20 Minuten köcheln, bis der Reis weich und die Flüssigkeit aufgesogen worden ist. Garnieren und servieren.

KÜCHENTIPP

Das Gericht ist sehr scharf. Milder wird es, wenn Sie weniger Chilipulver an die Cajun-Gewürzmischung geben.

Gebratener Reis

Für dieses thailändische Gericht benötigen Sie Jasminreis, auch als Duftreis bekannt.

FÜR 4 PERSONEN

50 g Kokosmilchpulver
400 g Jasminreis
2 EL Erdnussöl
2 Knoblauchzehen, gehackt
1 kleine Zwiebel, fein gehackt
1 Stück frischer Ingwer (2,5 cm lang)
250 g Hühnerbrustfilet, ohne Knochen und Haut, in Würfel geschnitten (1 cm)
1 rote Paprikaschote, Samen und Scheidewände entfernt, gewürfelt
1 kleine Dose Zuckermais (130 g), abgetropft
1 TL Chiliöl
1 EL scharfes Currypulver
Salz
2 Eier, verquirlt
In dünne Streifen geschnittene Lauchzwiebeln zum Garnieren

1 In einem Topf das Kokosmilchpulver in ½ l Wasser einrühren. Den Reis hineingeben und die Wassermischung zum Kochen bringen. Bei schwacher Hitze zugedeckt 10 Minuten köcheln lassen, bis der Reis weich und die Flüssigkeit aufgesogen worden ist. Den Reis auf ein Backblech geben, verstreichen und völlig abkühlen lassen.

2 Das Öl in einem Wok erhitzen. Knoblauch, Zwiebeln und Ingwer 2 Minuten unter Rühren braten. An den Rand des Woks schieben. Das Hühnerfleisch in die Mitte geben und 2 Minuten braten. Den Reis hinzufügen und bei starker Hitze weitere 3 Minuten braten.

3 Paprika, Zuckermais, Chiliöl und Currypulver untermischen, mit Salz würzen. Unter Rühren 1 Minute erhitzen. Die verquirlten Eier unterrühren und 1 Minute braten. Mit den vorbereiteten Lauchzwiebeln garnieren und servieren.

KÜCHENTIPP

Der Reis muss vor dem Braten unbedingt vollständig abgekühlt und das Öl sehr heiß sein, da der Reis sonst zu viel Öl aufsaugt. Zum Reis können Sie nach Belieben in Scheiben geschnittene Minimaiskolben dazugeben.

Pilaw mit Sultaninen und Cashewkernen

Dieses duftende Reisgericht passt hervorragend zu einem indischen Menü.

FÜR 4–6 PERSONEN

600 ml Hühnerfond
1 kräftige Prise Safranfäden
50 g Butter
1 Zwiebel, gehackt
1 Knoblauchzehe, zerdrückt
½ Zimtstange
6 grüne Kardamomkapseln
1 Lorbeerblatt
250 g Basmatireis, gewaschen und abgetropft
50 g Sultaninen
1 EL Öl
50 g Cashewkerne

1 Den Hühnerfond erhitzen und die Safranfäden hineingeben. Beiseite stellen. Die Butter in einem großen Topf zerlassen und Zwiebel und Knoblauch darin 5 Minuten braten. Zimtstange, Kardamom und Lorbeerblatt dazugeben und 2 Minuten mitbraten.

KÜCHENTIPP

Den Reis mehrmals in frischem Wasser waschen, bis es ganz klar bleibt. Vor dem Braten den Reis gut abtropfen lassen.

2 Den Reis unter Rühren 2 Minuten braten. Hühnerfond und Sultaninen hinzufügen. Zum Kochen bringen, umrühren und bei schwacher Hitze 15 Minuten köcheln lassen, bis der Reis weich und die Flüssigkeit aufgesogen worden ist.

3 In der Zwischenzeit das Öl in einer Pfanne erhitzen und die Cashewkerne darin goldbraun braten. Auf Küchenpapier abtropfen lassen. Zum Servieren über den Reis verteilen.

Couscous-Salat

Eine würzige Variante des nordafrikanischen Klassikers Tabouleh, der traditionell mit Bulgur zubereitet wird.

FÜR 4 PERSONEN

3 EL natives Olivenöl extra
5 Lauchzwiebeln, gehackt
1 Knoblauchzehe, zerdrückt
1 TL gemahlener Kreuzkümmel
350 ml Gemüsebrühe
200 g Couscous
2 Tomaten, enthäutet, klein gewürfelt
4 EL gehackte frische Petersilie
4 EL gehackte frische Minze
1 frische grüne Chilischote, Samen und Scheidewände entfernt, fein gehackt
2 EL frisch gepresster Zitronensaft
Salz
Frisch gemahlener schwarzer Pfeffer
Knackige Salatblätter zum Servieren
Geröstete Pinienkerne und abgeriebene unbehandelte Zitronenschale zum Garnieren

1 Das Öl in einem Topf erhitzen. Lauchzwiebeln und Knoblauch hineingeben, Kreuzkümmel unterrühren und 1 Minute braten. Die Gemüsebrühe dazugießen und zum Kochen bringen.

2 Den Topf vom Herd nehmen. Den Couscous einrühren und zugedeckt 10 Minuten stehen lassen, bis er ausgequollen und die Flüssigkeit vollständig aufgesogen worden ist. Falls Instant-Couscous verwendet wird, nach Packungsanweisung zubereiten.

3 Den Couscous in eine Schüssel geben. Tomaten, Petersilie, Minze, gehackte Chilischote und Zitronensaft untermischen, mit Salz und Pfeffer abschmecken. Nach Möglichkeit für 1 Stunde stehen lassen, damit sich das Aroma voll entfalten kann.

4 Zum Servieren eine flache Schüssel mit Salatblättern auslegen und den Couscous-Salat in die Mitte geben. Mit gerösteten Pinienkernen und abgeriebener Zitronenschale bestreuen und servieren.

Bulgur-Linsen-Pilaw

Es lohnt sich, einen Bulgurvorrat zu Hause zu haben. Geschmack und Konsistenz sind nussartig, und man muss den Bulgur nur einweichen, ehe man ihn erhitzt oder an einen Salat gibt.

FÜR 4 PERSONEN

125 g grüne Linsen
125 g Bulgur
1 TL gemahlener Koriander
1 TL gemahlener Zimt
1 EL natives Olivenöl extra
250 g Speckscheiben ohne Rinde, gewürfelt
1 rote Zwiebel, gehackt
1 Knoblauchzehe, zerdrückt
1 TL Kreuzkümmelsamen
Salz
Frisch gemahlener schwarzer Pfeffer
2 EL grob gehackte frische Petersilie

KÜCHENTIPP

Hervorragend sind Puy-Linsen in Geschmack und Konsistenz.

1 Linsen und Bulgur getrennt für eine Stunde in kaltem Wasser einweichen. Anschließend abgießen. Die Linsen mit Koriander, Zimt und 500 ml Wasser in einen Topf geben. Zum Kochen bringen und bei schwacher Hitze köcheln, bis die Linsen weich sind und die Flüssigkeit aufgesogen haben.

2 Inzwischen das Öl in einer Pfanne erhitzen und die Speckwürfel braten, bis sie knusprig sind. Auf Küchenpapier abtropfen lassen. Zwiebel und Knoblauch in das verbliebene Öl geben und in 10 Minuten goldbraun braten. Kreuzkümmel untermischen und 1 Minute mitbraten. Den Speck wieder zufügen.

3 Den abgetropften Bulgur mit den Linsen vermischen und die Mischung in die Pfanne geben. Mit Salz und Pfeffer würzen und erhitzen. Die Petersilie untermischen und den Pilaw servieren.

Brote und Hefegebäck

Focaccia mit grünen Pfefferkörnern und Steinsalz

Grüne Pfefferkörner und aromatisches Olivenöl verleihen diesem luftigen italienischen Brot einen wunderbaren Geschmack.

ERGIBT 1 BROT

350 g Mehl
½ TL Salz
2 TL Trockenhefe
2 TL abgetropfte, grob zerstoßene grüne Pfefferkörner in Salzlake
1½ EL natives Olivenöl extra
Etwa 250 ml lauwarmes Wasser
4 TL grob zerstoßenes Steinsalz zum Bestreuen
Frische Basilikumblätter zum Garnieren

1 Mehl und Salz in eine Schüssel sieben. Hefe und zerstoßene Pfefferkörner untermischen. Eine Mulde in die Mitte drücken. 1 EL Öl und genügend lauwarmes Wasser zugießen, um alles zu einem glatten Teig zu verarbeiten.

KÜCHENTIPP

Statt des großen Brots können Sie auch 2 mittelgroße oder 4 kleine Brote backen.

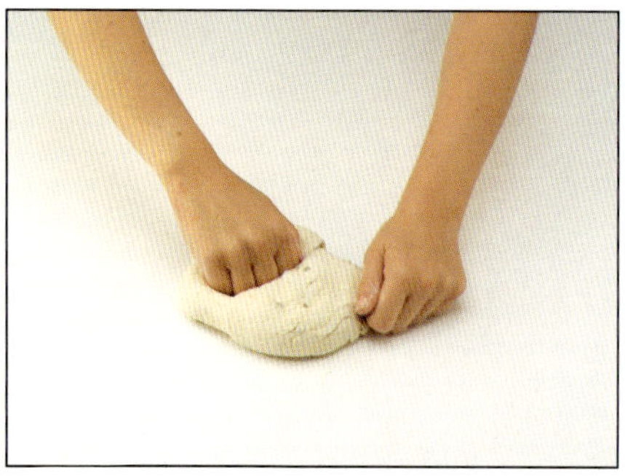

2 Den Teig auf einer bemehlten Arbeitsfläche 10 Minuten kneten, bis er elastisch ist. In eine mit Öl ausgepinselte Schüssel geben, mit Frischhaltefolie abdecken. An einem warmen Ort auf das Doppelte gehen lassen.

3 Den Teig auf einer bemehlten Arbeitsfläche kurz leicht kneten. Auf einem gefetteten Backblech zu einer ovalen Scheibe flach klopfen. Mit einem Tuch bedecken und 30 Minuten stehen lassen, bis der Teig Blasen wirft.

4 Den Backofen auf 190 °C (Umluft 170 °C) vorheizen. Mit dem Finger einige Vertiefungen in die Teigoberfläche drücken. Die Oberfläche mit dem restlichen Öl beträufeln und mit dem zerstoßenen Steinsalz bestreuen. Das Brot im Backofen in 25–30 Minuten goldbraun backen. Basilikumblätter darüber verteilen und warm servieren.

Gewürzte Naan-Brote

Indisches Naan-Brot wird traditionell in einem sehr heißen Tandoori-Ofen gebacken. Doch auch zu Hause kann man gute Resultate erzielen – mit einem heißen Backofen und einem Grill.

ERGIBT 6 BROTE

450 g Mehl
1 TL Backpulver
½ TL Salz
1 Päckchen Trockenhefe
1 TL extrafeiner Zucker
1 TL Fenchelsamen
2 TL Zwiebelsamen
1 TL Kreuzkümmelsamen
150 ml lauwarme Milch
2 EL Öl, zusätzlich Öl zum Bestreichen
150 ml Joghurt
1 Ei, verquirlt

VARIANTE

Zusammen mit den Gewürzen 1 gehackte Chilischote hinzufügen oder die Brote vor dem Backen mit Mohnsamen bestreuen.

1 Mehl, Backpulver und Salz in eine Schüssel sieben. Hefe, Zucker, Fenchel- und Zwiebelsamen sowie Kreuzkümmel untermischen. Eine Mulde in die Mitte drücken. Die Milch unter Rühren dazugießen, dann Joghurt und Ei hinzufügen. Zu einem Teig verarbeiten und eine Kugel formen.

2 Den Teig auf einer bemehlten Arbeitsfläche 10 Minuten kneten, bis er geschmeidig ist. In einer mit Öl ausgepinselten Schüssel wenden, um ihn rundum mit Öl zu bedecken. Mit Frischhaltefolie abdecken und stehen lassen, bis sich das Volumen verdoppelt hat.

3 Ein schweres Backblech in den Backofen schieben und diesen auf 240 °C (Umluft 220 °C) vorheizen. Einen Grill ebenfalls vorheizen. Den Teig leicht kneten und in sechs gleich große Portionen teilen. Fünf Portionen mit Folie bedecken, die übrige Portion schnell zu einer tropfenförmigen Platte ausrollen (rechts). Mit Öl bestreichen und auf das heiße Blech legen. Mit den anderen Portionen ebenso verfahren.

4 Die Brote 3 Minuten im Ofen backen, bis sie aufgegangen sind. Das Backblech unter den Grill schieben und die Brote etwa 30 Sekunden goldbraun grillen. Heiß oder warm als Beilage zu einem indischen Curry servieren.

Chili-Käse-Muffins

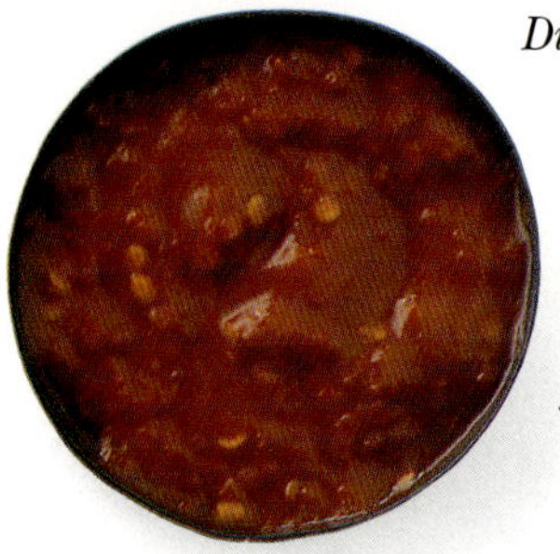

Die Muffins werden mit Chilipüree gewürzt, das Sie selbst machen (S. 35) oder kaufen können.

ERGIBT 12 STÜCK

125 g Mehl
1 EL Backpulver
1 TL Salz
250 g feines Maismehl
150 g reifer Cheddar oder Gouda, gerieben
50 g Butter, zerlassen
2 große Eier, verquirlt
1 TL Chilipüree (S. 35)
1 Knoblauchzehe, zerdrückt
300 ml Milch

1 Den Backofen auf 200 °C (Umluft 180 °C) vorheizen. Tortelett- oder Muffinförmen einfetten oder mit Papierförmchen auskleiden. Mehl, Backpulver und Salz in eine Schüssel sieben und mit dem Maismehl und 115 g Käse vermischen.

2 Die zerlassene Butter in einer Schüssel mit den Eiern, Chilipüree, Knoblauch und Milch verrühren.

3 Zu der Mehlmischung gießen und alles schnell vermischen.

4 Den Teig mit einem Löffel in die vorbereiteten Förmchen füllen. Den restlichen Käse darüber streuen und die Muffins 20 Minuten backen, bis sie aufgegangen und goldbraun sind. Einige Minuten ruhen lassen, auf ein Kuchengitter stürzen und auskühlen lassen.

KÜCHENTIPP

Den Teig nicht zu lange vermischen, da die Muffins beim Backen nicht aufgehen. Nur so lange rühren, bis sich die Zutaten gerade verbunden haben.

Maisbrot mit Chillies

Dieses goldbraune Maisbrot mit kleinen Chilistücken ist eine ausgezeichnete Beilage zu Suppen und Salaten.

ERGIBT 9 SCHEIBEN

2 Eier
450 ml Buttermilch
50 g Butter, zerlassen
75 g Mehl
½ TL gemahlener Macis
1 TL Backpulver
2 TL Salz
250 g feines Maismehl
2 frische rote Chilischoten, Samen und Scheidewände entfernt, fein gehackt
In dünne Streifen geschnittene frische rote Chilischoten und Meersalz zum Garnieren

1 Den Backofen auf 200 °C (Umluft 180 °C) vorheizen. Eine Kastenform (10 x 25 cm) mit Backpapier auskleiden und einfetten. Die Eier in einer Schüssel schaumig schlagen. Buttermilch und zerlassene Butter unterschlagen.

2 Mehl, Macis, Backpulver und Salz vermischen und nach und nach unter die Eiermischung rühren. Das Maismehl portionsweise unterheben und alles mit den gehackten Chillies vermischen.

3 Die Mischung in die vorbereitete Form füllen und 30 Minuten backen, bis die Oberfläche sich fest anfühlt.

4 Das Maisbrot etwas in der Form ruhen lassen. Auf eine Platte stürzen, mit Chillies und Meersalz bestreuen. In Scheiben geschnitten warm servieren.

KÜCHENTIPP

Für ein kräftigeres Brot mittelfeines oder grobes Maismehl verwenden.

Chelsea-Buns

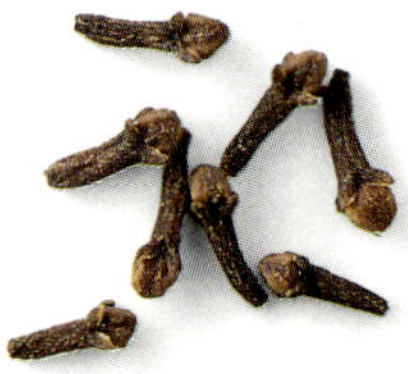

Das traditionelle englische Hefegebäck mit Gewürzen und Trockenobst ist sehr beliebt.

ERGIBT 9 STÜCK

250 g Mehl
2 TL Trockenhefe
1 TL extrafeiner Zucker
½ TL Salz
25 g weiche Butter
125 ml lauwarme Milch
1 Ei, verquirlt
75 g Puderzucker für den Zuckerguss

KÜCHENTIPP

Den Teig nicht in den warmen Backofen stellen, damit er etwa schneller aufgeht. Zu starke Hitze schadet der Hefe.

FÜR DIE FÜLLUNG

50 g weiche Butter
50 g hellbrauner Zucker
125 g gemischtes Trockenobst
1 TL gemahlener Zimt
½ TL geriebene Muskatnuss
¼ TL gemahlene Gewürznelken

1 Eine quadratische Backform (20 cm Länge) einfetten. Mehl, Trockenhefe, Zucker und Salz in eine Schüssel sieben. Die Butter mit den Fingern unter das Mehl arbeiten, bis eine grobkrümelige Masse entsteht. Milch und Ei in eine Mulde in die Mitte gießen. Zu einem lockeren Teig verschlagen.

2 Den Teig auf einer bemehlten Arbeitsfläche 5–10 Minuten kneten. In eine mit Öl ausgepinselte Schüssel geben, mit Frischhaltefolie abdecken und an einem warmen Ort stehen lassen, bis sich das Volumen verdoppelt hat. Auf einer bemehlten Arbeitsfläche leicht kneten. Zu einer rechteckigen Platte (etwa 30 x 25 cm) ausrollen.

3 Die Teigplatte mit Butter bestreichen. Zucker, Trockenobst, Zimt, Muskat und gemahlene Nelken darauf verteilen. Der Länge nach aufrollen und in neun Stücke schneiden. Nebeneinander (Schnittstelle nach oben) in die vorbereitete Form setzen. Mit eingefetteter Frischhaltefolie abdecken, 45 Minuten an einem warmen Ort gehen lassen.

4 Den Backofen auf 190 °C (Umluft 170 °C) vorheizen. Die Buns 30 Minuten goldbraun backen. 10 Minuten ruhen lassen, im Ganzen auf einem Kuchengitter auskühlen lassen. Puderzucker mit Wasser zu einem dünnen Guss verrühren. Die Buns damit bestreichen und zum Servieren auseinander brechen.

Safran-Buns aus Cornwall

Safran verleiht diesen Buns eine schöne goldene Farbe und ein feines Aroma.

ERGIBT 12 STÜCK

200 ml Milch
½ TL Safranfäden
50 g extrafeiner Zucker
400 g Mehl
1 Päckchen Trockenhefe
½ TL Salz
40 g Butter, zerlassen
2 Eier, getrennt verquirlt

1 Die Milch mit dem Safran in einem Topf langsam zum Kochen bringen. Den Topf vom Herd nehmen und den Zucker einrühren. Etwa 5 Minuten stehen lassen, bis die Mischung lauwarm ist.

2 Das Mehl mit Hefe und Salz in eine Schüssel sieben. Eine Mulde in die Mitte drücken. Die Butter und 1 Ei mit der Milch verrühren, in die Mulde gießen und alles zu einem Teig verarbeiten. Auf eine bemehlte Arbeitsfläche geben und 10 Minuten kneten.

KÜCHENTIPP

Das beste Aroma hat frischer Safran: darum nicht zu lange aufbewahren.

3 Den Teig in zwölf Portionen teilen und zu Kugeln formen. Auf ein gefettetes Backblech setzen und mit einem Küchentuch bedecken. Stehen lassen, bis sich das Volumen verdoppelt hat.

4 Den Backofen auf 190 °C (Umluft 170 °C) vorheizen. Die obere Hälfte der Buns mit dem zweiten Ei bestreichen. 15–20 Minuten goldbraun backen, bis die Buns hohl klingen, wenn man darauf klopft. Auf einem Kuchengitter auskühlen lassen.

Halloween-Brot

Dieses Barm Brack genannte Hefegebäck mit Gewürzen isst man in Irland traditionell zu Halloween. Es war üblich, einen Ehering im Teig mitzubacken, denn man glaubte, wer den Ring beim Essen fand, würde noch im selben Jahr heiraten.

ERGIBT 1 BROT
(23 CM DURCHMESSER)
700 g Mehl
½ TL Mixed Spice (S. 107)
1 TL Salz
1 Päckchen Trockenhefe
50 g extrafeiner Zucker
300 ml lauwarme Milch
150 ml lauwarmes Wasser
50 g weiche Butter
250 g Sultaninen
50 g Korinthen
Je 25 g Zitronat und Orangeat, vermischt
Milch zum Bestreichen

1 Mehl, Mixed Spice und Salz in eine Schüssel sieben. Mit der Hefe und 1 EL Zucker vermischen. Eine Mulde in die Mitte drücken. Milch und Wasser hineingießen.

2 Nach und nach zu einem klebrigen Teig vermischen. Auf einer bemehlten Arbeitsfläche so lange kneten, bis ein geschmeidiger Teig entsteht. In eine saubere Schüssel geben, mit Frischhaltefolie abdecken und an einem warmen Ort 1 Stunde stehen lassen, bis sich das Volumen verdoppelt hat.

3 Den Backofen auf 200 °C (Umluft 180 °C) vorheizen. Den Teig auf einer bemehlten Arbeitsfläche leicht kneten. Alles außer der Milch unterkneten. Den Teig in der Schüssel zugedeckt nochmals 30 Minuten gehen lassen.

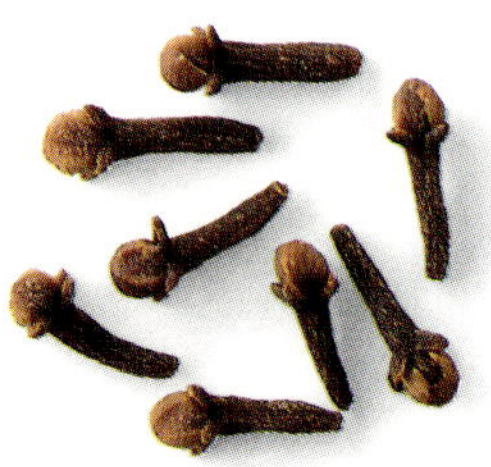

4 Eine Springform (23 cm Durchmesser) einfetten. Den Teig zu einer Kugel formen, leicht flach klopfen und hineingeben. An einem warmen Ort zugedeckt 45 Minuten gehen lassen, bis er bis zum oberen Rand der Form aufgegangen ist. Mit Milch bestreichen und 15 Minuten backen. Mit Aluminiumfolie abdecken und bei 180 °C (Umluft 160 °C) weitere 45 Minuten backen, bis das Brot goldbraun ist und hohl klingt, wenn man auf die Unterseite klopft. Auf einem Kuchengitter auskühlen lassen.

Schwedisches Gewürzbrot

Kardamom und Kümmel werden in Skandinavien häufig verwendet. Zu Weihnachten gibt man Trockenobst und kandierte Zitrusschale an den Kuchen – für den traditionellen „julekake".

ERGIBT 1 BROT
(23 CM DURCHMESSER)

30 g Butter
50 ml flüssiger Honig
250 g Mehl
250 g Roggenmehl
½ TL Salz
1 Päckchen Trockenhefe
1 TL gemahlener Kardamom
1 TL gemahlener Kümmel
½ TL gemahlener Sternanis
2 EL extrafeiner Zucker
Abgeriebene Schale und Saft von 1 unbehandelten kleinen Orange
200 ml Exportbier
4 EL kochend heißes Wasser
1 Ei, verquirlt

FÜR DIE GLASUR
1 EL flüssiger Honig

KÜCHENTIPP

Um das Brot zu verzieren, nach dem Glasieren mit gehackter kandierter Zitrusschale oder gerösteten Mandelsplittern bestreuen.
Da der Teig relativ klebrig ist, am besten im Mixer oder in der Küchenmaschine mit Knethaken verarbeiten.

1 Die Butter mit dem Honig in einem kleinen Topf zerlassen. Mehl und Salz in eine Schüssel sieben, im Sieb verbliebene Schalenteile vom Roggen hinzufügen. Hefe, Kardamom, Kümmel, Sternanis, Zucker und Orangenschale dazugeben und alles vermischen.

2 Das Bier mit dem heißen Wasser in einem Krug vermischen. Orangensaft und Ei unter die Butter-Honig-Mischung rühren und mit dem Mehl vermischen. Ausreichend warmes Bier dazugießen, um alles zu einem leicht klebrigen Teig zu verarbeiten.

3 Den Teig auf einer bemehlten Arbeitsfläche 5 Minuten kneten, bis er elastisch ist. In eine mit Öl ausgepinselte Schüssel geben und zugedeckt stehen lassen, bis sich das Volumen verdoppelt hat. Kurz kneten, in zwei Portionen teilen und diese zu langen Würsten rollen.

4 Eine Springform (23 cm Durchmesser) einfetten. Am Rand beginnend mit den Teigwürsten in Runden auslegen. Die zweite Wurst mit etwas Wasser an die erste kleben. Mit eingefetteter Frischhaltefolie abdecken und auf das doppelte Volumen aufgehen lassen. Den Backofen auf 190 °C (Umluft 170 °C) vorheizen. Das Brot 10 Minuten backen. Die Hitze auf 160 °C (Umluft 140 °C) reduzieren und das Brot in 40–50 Minuten goldbraun backen, bis es hohl klingt, wenn man darauf klopft.

5 Für die Glasur den Honig mit 1 EL heißem Wasser verrühren. Das heiße Brot damit bepinseln und auf einem Kuchengitter auskühlen lassen. Mit Butter servieren.

Stollen

Das beliebte Hefebrot mit Trockenobst und Marzipanfüllung wird traditionell zur Weihnachtszeit gebacken. Doch Stollen schmeckt zu jeder Jahreszeit, ob warm oder kalt oder mit Butter bestrichen.

Für 10 Personen

50 g Korinthen
100 g Sultaninen
Jeweils 20 g Zitronat und Orangeat, vermischt
40 g kandierte Kirschen, gewaschen, abgetrocknet und geviertelt
2 EL Rum
50 g Butter
200 ml Milch
25 g extrafeiner Zucker
400 g Mehl
¼ TL Salz
½ TL geriebene Muskatnuss
½ TL gemahlener Zimt
Samen von 3 grünen Kardamomkapseln
1 Päckchen Trockenhefe
1 Ei, verquirlt
Abgeriebene Schale von 1 unbehandelten Zitrone
40 g Mandelsplitter
200 g Marzipan
Zerlassene Butter zum Bestreichen
Gesiebter Puderzucker zum Bestreuen

1 Korinthen, Sultaninen, Zitronat, Orangeat und Kirschen in einer Schüssel mit Rum begießen, beiseite stellen. Butter, Milch und Zucker in einem Topf verrühren. Leicht erhitzen, bis sich der Zucker auflöst und die Butter schmilzt. Lauwarm abkühlen lassen.

2 Mehl, Salz, Muskat und Zimt in eine Schüssel sieben. Die Kardamomsamen im Mörser zerreiben und hinzufügen. Die Hefe untermischen. Milchmischung und Ei in eine Mulde in die Mitte gießen, Zitronenschale dazugeben. Zu einem weichen Teig verarbeiten.

3 Den Teig auf eine bemehlte Arbeitsfläche legen und mit bemehlten Händen etwa 5 Minuten kneten. Ist der Teig noch zu klebrig, etwas Mehl hinzufügen. Das eingeweichte Trockenobst und die Mandelsplitter leicht, aber gleichmäßig unterkneten.

4 Den Teig in eine mit Öl ausgepinselte Schüssel geben, mit Frischhaltefolie abdecken und an einem warmen Ort bis zu 3 Stunden gehen lassen, bis sich das Volumen verdoppelt hat.

5 Den Teig auf einer bemehlten Arbeitsfläche kurz kneten. Zu einem Quadrat (25 cm Seitenlänge) ausrollen. Das Marzipan zu einer etwas kürzeren Wurst ausrollen und in die Mitte des Quadrats legen. Den Teig von beiden Seiten über das Marzipan falten, so dass sich die beiden Seiten überlappen. Die Enden mit den Fingern zusammendrücken.

6 Mit der gefalteten Seite auf ein gefettetes Backblech legen. Mit eingefetteter Frischhaltefolie bedecken und an einem warmen Ort auf das doppelte Volumen aufgehen lassen. Den Backofen auf 190 °C (Umluft 170 °C) vorheizen.

7 Den Stollen in 40 Minuten goldbraun backen, bis er hohl klingt, wenn man auf den Boden klopft. Den heißen Stollen mit reichlich zerlassener Butter bestreichen und kräftig mit Puderzucker bestreuen.

Orangen-Koriander-Brioches

Das warme Aroma von Koriander harmoniert besonders gut mit dem frischen Orangengeschmack.

ERGIBT 12 STÜCK

250 g Mehl
2 TL Trockenhefe
½ TL Salz
1 EL extrafeiner Zucker
2 TL Korianderkörner, grob zerstoßen
Abgeriebene Schale von 1 unbehandelten Orange
2 Eier, verquirlt
50 g Butter, zerlassen
1 verquirltes kleines Ei zum Bestreichen

1 12 Briocheförmchen einfetten. Das Mehl in eine Schüssel sieben und mit Hefe, Salz, Zucker, Koriander und Orangenschale mischen. Eine Mulde in die Mitte drücken und 2 EL lauwarmes Wasser, die Eier und die zerlassene Butter hineingießen. Zu einem weichen Teig verarbeiten. Auf einer bemehlten Arbeitsfläche 5 Minuten kneten, bis der Teig elastisch ist. In eine mit Öl ausgepinselte Schüssel geben, mit Frischhaltefolie abdecken und in 1 Stunde auf das doppelte Volumen aufgehen lassen.

2 Auf einer bemehlten Arbeitsfläche kurz kneten und zu einer Wurst rollen. In 12 Portionen schneiden. Von jeder Portion ein Viertel abschneiden, beiseite legen. Die größeren Portionen zu Kugeln formen. In die Förmchen setzen.

3 Mit einem bemehlten Holzlöffel in jede Teigkugel ein Loch stechen. Die übrigen Portionen zu kleinen Keilen formen und jeweils in ein Loch drücken.

KÜCHENTIPP

Brioches sehen besonders hübsch aus, wenn sie in den echten Briocheförmchen gebacken werden. Hohe Torteletttförmchen sind jedoch auch geeignet.

4 Die Briocheförmchen auf ein Backblech geben. Mit eingefetteter Frischhaltefolie bedecken und an einem warmen Ort stehen lassen, bis die Brioches fast bis zum Rand der Förmchen aufgegangen sind. Den Backofen auf 220 °C (Umluft 200 °C) vorheizen. Mit Ei bestreichen und in 15 Minuten goldbraun backen. Nach Belieben mit zusätzlicher, in feine Streifen geschnittener unbehandelter Orangenschale bestreuen und warm mit Butter servieren.

Kuchen und Kleingebäck

Karibischer Weihnachtskuchen mit Gewürzen

In diesen würzigen Kuchen mit aromatischen Früchten gehören Weinbrand, Rum und Portwein.

ERGIBT 1 KUCHEN
(23 CM DURCHMESSER)

700 g gemischtes Trockenobst
125 g Backpflaumen, entsteint
125 g getrocknete Mango- oder Papayastücke, gehackt
50 g kandierte Kirschen, geviertelt
3 EL Weinbrand
3 EL Rum
3 EL Portwein
4 EL Kirschlikör
1 EL Mixed Spice (S. 107)
½ TL Salz
2 TL Vanille-Essenz
1 EL Rohrzuckersirup
250 g Mehl, mit 1½ TL Backpulver vermischt
250 g brauner Zucker
250 g weiche Butter
6 Eier, verquirlt

1 Trockenobst, Backpflaumen, Mango- oder Papayastücke und kandierte Kirschen in einem Topf vermischen. Weinbrand, Rum, Portwein, Kirschlikör, Mixed Spice, Salz, Vanille-Essenz, Sirup und 4 EL Wasser hinzufügen. Aufkochen und 15 Minuten köcheln lassen.

2 Die Früchtemischung abkühlen lassen. Über Nacht stehen lassen oder in ein großes Schraubglas füllen und für 1 Woche kalt stellen.

3 Den Backofen auf 140 °C (Umluft 120 °C) vorheizen. Eine Springform (23 cm Durchmesser) einfetten und hoch mit Backpapier auskleiden. Das Mehl in eine große Schüssel sieben. Zucker, Butter und Eier dazugeben und kräftig unterschlagen. Die Früchtemischung nach und nach unterheben.

KÜCHENTIPP

Den schweren, feuchten Kuchen muss man nicht mit Zuckerguss überziehen. Doch kann man ihn mit glasierten Nüssen und kandierten Früchten belegen. Das ist dekorativ und schmeckt!

4 Den Teig in die vorbereitete Backform füllen und im Ofen 3½–4 Stunden backen. Falls der Kuchen zu schnell braun wird, nach etwa 3 Stunden mit Backpapier abdecken.

5 Den Kuchen 45 Minuten in der Form ruhen lassen. Auf ein Kuchengitter stürzen und vollständig auskühlen lassen. In Backpapier wickeln und in einer großen Blechdose aufbewahren. Nach Möglichkeit für 1 Monat durchziehen lassen.

Gewürzkuchen mit Honig

Verwenden Sie einen besonders aromatischen Honig, zum Beispiel Waldhonig, der sich gegen die Gewürze „behaupten" kann.

ERGIBT 8–10 STÜCKE

150 g Butter
125 g hellbrauner Zucker
200 g flüssiger Honig
200 g Mehl, mit 1 TL Backpulver vermischt
½ TL gemahlener Ingwer
½ TL gemahlener Zimt
¼ TL Kümmelkörner
¼ TL gemahlene Gewürznelken
2 Eier, verquirlt
350 g Puderzucker
Grob zerstoßener Kandiszucker zum Garnieren

KÜCHENTIPP

Der Kuchen schmeckt besonders gut, wenn man ihn 1 Tag durchziehen lässt.

1 Den Backofen auf 180 °C (Umluft 160 °C) vorheizen. Eine Napfkuchenform einfetten. Butter, Zucker, Honig und 1 EL Wasser in einen Topf geben. Schwach erhitzen, bis die Butter geschmolzen ist und der Zucker sich aufgelöst hat. Vom Herd nehmen und 10 Minuten abkühlen lassen.

2 Das Mehl in eine Schüssel sieben, mit Ingwer, Zimt, Kümmel und gemahlenen Nelken vermischen. In eine Mulde die Honigmischung hineingießen, die Eier hinzufügen und gründlich vermischen. In die Form füllen.

3 Den Kuchen 40–50 Minuten backen, bis er aufgegangen ist und an einem Metallspieß kein Teig mehr haften bleibt. In der Form 2–3 Minuten ruhen lassen. Auf ein Kuchengitter stürzen.

4 Für den Guss den Puderzucker in eine Schüssel sieben. Mit etwas Wasser zu einem dickflüssigen Zuckerguss verrühren. Über den Kuchen träufeln und mit zerstoßenem Kandis garnieren.

Zitronen-Mohn-Kuchen

Zitronensirup verleiht dem Kuchen Feuchtigkeit. Durch den Mohn bekommt er Konsistenz und ein herrliches Aroma.

ERGIBT 12 STÜCKE

50 g blaue Mohnsamen
125 g weiche Butter
200 g extrafeiner Zucker
2 Eier, verquirlt
Fein abgeriebene Zitronenschale
200 g Mehl, mit 1 TL Backpulver vermischt und gesiebt
4 EL Milch

FÜR DEN GUSS

Frisch gepresster Saft von 1 Zitrone
125 g Kristallzucker
Unbehandelte Zitronenschale zum Garnieren

1 Den Backofen auf 180 °C (Umluft 160 °C) vorheizen. Eine Backform (etwa 25 x 20 cm, 3 cm hoch) einfetten. Mit Backpapier auskleiden. Den Mohn in einer sauberen Kaffeemühle mahlen oder zwischen 2 Lagen Frischhaltefolie mit dem Nudelholz zerstoßen.

2 Butter und Zucker schaumig schlagen. Nach und nach die verquirlten Eier, dann die Zitronenschale unterrühren. Abwechselnd Mehl und Milch zugeben. Zuletzt den Mohn unterheben.

3 Die Teigmischung in die Form füllen und glatt streichen. Den Kuchen 45 Minuten backen, bis er goldbraun und schön aufgegangen ist.

KÜCHENTIPP

Wenn Sie Zitronen im Mikrowellenherd einige Sekunden heiß werden lassen, lässt sich mehr Saft auspressen.

4 Während der Kuchen bäckt, Zitronensaft und Zucker in einer Schüssel verrühren. Den Kuchen aus dem Ofen nehmen, in der Form belassen und sofort mit dem Zitronensirup gleichmäßig begießen.

5 Den Kuchen in der Form vollständig auskühlen lassen. In Quadrate oder Rauten schneiden und mit dünnen Streifen Zitronenschale garnieren.

Ingwerkuchen

Das vielseitige Gewürz wird hier in unterschiedlicher Form verwendet. Ideal für Ingwerfreunde.

ERGIBT 12 STÜCKE

250 g Mehl
1 EL gemahlener Ingwer
1 TL gemahlener Zimt
1½ TL Backpulver
125 g Butter
125 g hellbrauner Zucker
2 Eier
1½ EL heller Rohrzuckersirup
1½ EL Milch
FÜR DEN BELAG
6 Stück in Sirup eingelegter Ingwer, zusätzlich 4 TL Ingwersirup
125 g Puderzucker
Frisch gepresster Zitronensaft

1 Den Backofen auf 160 °C (Umluft 140 °C) vorheizen. Eine quadratische Backform (20 cm Seitenlänge) einfetten und mit Backpapier auskleiden.

2 Mehl, Ingwer, Zimt und Backpulver in eine Schüssel sieben. Die Butter mit den Fingern unter das Mehl arbeiten. Den Zucker untermischen.

3 Eine Mulde in die Mitte drücken. In einer Schüssel Eier, Sirup und Milch verquirlen. Zu der Mehlmischung gießen und alles so lange schlagen, bis eine glänzende Masse enstanden ist.

4 In die Backform füllen und 45–50 Minuten backen, bis der Kuchen schön aufgegangen ist und die Oberfläche sich fest anfühlt. In der Form 30 Minuten ruhen lassen. Zum Auskühlen auf ein Kuchengitter stürzen.

KÜCHENTIPP

Der Kuchen schmeckt besonders, wenn er 1 Tag in einer Dose durchzieht.

5 Die eingelegten Ingwerstücke in Scheiben schneiden und auf dem Kuchen verteilen.

6 Den Puderzucker in einer Schüssel mit dem Ingwersirup und ausreichend Zitronensaft zu einem dickflüssigen Guss verrühren. In einen Spritzbeutel füllen und den Kuchen damit verzieren. Den Guss fest werden lassen und den Kuchen in quadratische Stücke schneiden.

Shortbread mit Ingwerglasur

Zweimal Ingwer – im Teig für die Shortbreads und in der Glasur. Das Ergebnis ist einfach köstlich!

ERGIBT ETWA 40 STÜCK

250 g Mehl
1 TL gemahlener Ingwer
100 g extrafeiner Zucker
3 Stück in Sirup eingelegter Ingwer, fein gehackt
200 g Butter

FÜR DIE GLASUR

1 EL heller Rohrzuckersirup
50 g Butter
4 EL Puderzucker, gesiebt
1 TL gemahlener Ingwer

1 Den Backofen auf 180 °C (Umluft 160 °C) vorheizen. Eine flache Backform (etwa 30 x 20 cm) einfetten. Mehl und Ingwer in eine Schüssel sieben, mit Zucker und Ingwer mischen.

2 Die Butter mit den Fingern unter die Mehlmischung arbeiten, bis ein krümeliger Teig entsteht. In die vorbereitete Form drücken und glatt streichen. Das Shortbread im Ofen in 40 Minuten goldbraun backen.

3 Für die Glasur Sirup und Butter in einen kleinen Topf geben. Schwach erhitzen, bis die Butter schmilzt. Puderzucker und Ingwer einrühren. Das Shortbread aus dem Ofen nehmen und sofort die heiße Glasur darüber gießen. Leicht abkühlen lassen und in schmale Stücke schneiden. Auf einem Kuchengitter vollständig auskühlen lassen.

KÜCHENTIPP

Für die Glasur können Sie statt des Rohrzuckersirups auch den Sirup vom eingelegten Ingwer verwenden.

Apfel-Zimt-Muffins

Die würzigen Muffins lassen sich schnell und leicht zubereiten und schmecken zum Frühstück oder zum Nachmittagstee.

ERGIBT 6 GROSSE MUFFINS

1 Ei, verquirlt
50 g extrafeiner Zucker
125 ml Milch
50 g Butter, zerlassen
150 g Mehl
1½ TL Backpulver
¼ TL Salz
½ TL gemahlener Zimt
2 kleine Äpfel, geschält, vom Kerngehäuse befreit und grob gerieben

FÜR DEN BELAG

12 hellbraune Zuckerwürfel, grob zerstoßen
1 TL gemahlener Zimt

1 Den Backofen auf 200 °C (Umluft 180 °C) vorheizen. 6 große Muffinförmchen mit Papierförmchen auskleiden. Ei, Zucker, Milch und Butter verrühren. Mehl, Backpulver, Salz und Zimt in die Schüssel sieben. Den geriebenen Apfel untermischen.

2 Die Teigmischung in die vorbereiteten Förmchen füllen. Für den Belag zerstoßene Zuckerwürfel und Zimt vermischen. Die Muffins 30–35 Minuten backen, bis sie goldbraun und schön aufgegangen sind. Auf einem Kuchengitter auskühlen lassen.

KÜCHENTIPP

Den Muffinteig nicht zu lange mischen – er sollte grobkrümelig bleiben.

Vanille-Streuselkuchen

Die krümeligen Streusel ergeben einen schönen Kontrast zu dem feuchten Biskuitboden mit Vanillearoma.

ERGIBT ETWA 25 STÜCKE

FÜR DIE STREUSEL
150 g Mehl
100 g Butter
100 g Vanillezucker
FÜR DEN TEIG
200 g Mehl
1 TL Backpulver
200 g weiche Butter
200 g Vanillezucker
3 Eier, verquirlt
1½ TL natürliche Vanille-Essenz
1–2 EL Milch

1 Den Backofen auf 180 °C (Umluft 160 °C) vorheizen. Eine Form (25 x 20 cm) einfetten. Mit Backpapier auskleiden.

2 Für die Streusel das Mehl in eine Schüssel sieben. Die Butter mit den Fingern unter das Mehl arbeiten, bis eine grobkrümelige Masse entsteht. Vanillezucker untermischen. Beiseite stellen.

3 Mehl und Backpulver in eine Schüssel sieben. Butter, Vanillezucker und Eier dazugeben. Kräftig schlagen und dabei Vanille-Essenz und ausreichend Milch hinzufügen, bis eine dickflüssige Mischung entsteht.

4 Die Teigmischung in die vorbereitete Form füllen. Die Streusel darüber verteilen und leicht festdrücken. Den Kuchen 45–60 Minuten backen, bis er goldbraun und fest ist. In der Form 5 Minuten ruhen lassen. Auf einem Kuchengitter vollständig auskühlen lassen, dann in Stücke schneiden.

KÜCHENTIPP

Falls der Kuchen zu schnell braun wird, mit Aluminiumfolie abdecken.

Schokoladenlebkuchen

Nach dem Essen passt der feine Lebkuchen mit Gewürzen und Mandeln gut zu einer Tasse Kaffee.

ERGIBT 24 STÜCKE

3 große Eier
200 g extrafeiner Zucker
150 g Mehl
1 TL gemahlener Zimt
¼ TL gemahlene Gewürznelken
¼ TL geriebene Muskatnuss
¼ TL gemahlener Kardamom
300 g Mandeln, grob gehackt
25 g Zitronat, grob gehackt
25 g Orangeat, grob gehackt
50 g Zartbitterschokolade, gerieben
½ TL abgeriebene Schale von 1 unbehandelten Zitrone
½ TL abgeriebene Schale von 1 unbehandelten Orange
2 TL Rosenwasser zum Bestreichen

FÜR DEN GUSS

1 Eiweiß
2 TL Kakaopulver, mit 1 EL kochend heißem Wasser verrührt und abgekühlt
125 g Puderzucker, gesiebt
2 EL feiner Kandiszucker

1 Den Backofen auf 160 °C (Umluft 140 °C) vorheizen. Den Backformboden (30 x 25 cm) mit Reispapier auslegen.

2 Eier und Zucker in einer Schüssel schaumig schlagen. Mehl, Zimt, gemahlene Nelken, Muskat und Kardamom in die Schüssel sieben. Mit den restlichen Zutaten nach und nach vermischen.

3 In die Backform füllen, glatt streichen und mit dem Rosenwasser bestreichen. 30–35 Minuten backen.

4 Für den Guss das Eiweiß in die Kakaomischung rühren, Puderzucker untermischen. Auf dem warmen Kuchen verstreichen, den Kandiszucker darüber streuen. Weitere 5 Minuten backen. Abkühlen lassen und in Stücke schneiden.

KÜCHENTIPP

Die Oberfläche des Lebkuchens kann beim Aufschneiden ruhig kleine Risse bekommen. Das ist beabsichtigt!

Würziges Käsegebäck

Diese würzigen Plätzchen passen wunderbar zu einem Aperitif. Die verwendeten Gewürze steuern jeweils ein ganz eigenes Aroma bei.

Ergibt 20–30 Stück

150 g Mehl
2 TL Currypulver
125 g Butter
100 g Cheddar, gerieben
2 TL blaue Mohnsamen
1 TL Zwiebelsamen
1 Eigelb
Kreuzkümmelsamen zum Bestreuen

KÜCHENTIPP

Frisch schmeckt das Gebäck am besten: im Voraus den Teig vorbereiten und bis zur Verwendung kalt stellen.

1 2 Backbleche einfetten. Mehl und Currypulver in eine Schüssel sieben.

2 Die Butter mit den Fingern unter die Mehlmischung arbeiten, bis eine grobkrümelige Masse entsteht. Käse, Mohn und Zwiebelsamen untermischen. Das Eigelb hinzufügen und alles zu einem festen Teig verarbeiten. In Frischhaltefolie einwickeln und für 30 Minuten kalt stellen.

3 Den Teig auf einer bemehlten Arbeitsfläche etwa 3 mm dick ausrollen. Mit einer Ausstechform runde Plätzchen ausstechen. Auf die Backbleche setzen und mit Kreuzkümmel bestreuen. Für 15 Minuten kalt stellen.

4 Den Backofen auf 190 °C (Umluft 170 °C) vorheizen. Die Plätzchen etwa 20 Minuten backen, bis sie goldbraun und knusprig sind. Nach Belieben warm oder kalt servieren.

Pastelitos mit Zimt

Die feinen Plätzchen mit Zimt und Vanille zergehen auf der Zunge. Sie werden in Mexiko traditionell auf Hochzeitsfeiern gereicht und schmecken sehr gut zu Kaffee.

Ergibt etwa 40 Stück

250 g weiche Butter
50 g extrafeiner Zucker
250 g Mehl
125 g Maismehl
1 TL natürliche Vanille-Essenz
50 g Puderzucker
1 TL gemahlener Zimt

1 Den Backofen auf 160 °C (Umluft 140 °C) vorheizen, 2 oder 3 Backbleche einfetten. In einer Schüssel Butter und Zucker schaumig schlagen. Die beiden Mehlsorten in die Schüssel sieben und Vanille-Essenz hinzufügen. Gleichmäßig unter die Buttermischung arbeiten.

2 Jeweils 1 gehäuften TL von der Teigmischung abstechen und Kugeln formen, bis der Teig aufgebraucht ist. Auf die Backbleche setzen und in 30 Minuten hellgolden backen.

3 Puderzucker und Zimt in eine Schüssel sieben. Die noch warmen Plätzchen in der Mischung wälzen. Auf einem Kuchengitter auskühlen lassen. In einer fest verschlossenen Blechdose bis zu 2 Wochen aufbewahren.

KÜCHENTIPP

Die Teigmischung kann man in der Küchenmaschine vorbereiten.

Desserts

Birnenkuchen Tatin

Kardamom passt gleichermaßen zu süßen und pikanten Speisen – und ganz besonders gut zu Birnen.

FÜR 2–4 PERSONEN

50 g weiche Butter
50 g extrafeiner Zucker
Samen von 10 grünen Kardamomkapseln
1 Packung Blätterteig (250 g); aufgetaut, falls tiefgefroren
3 reife Birnen

1 Den Backofen auf 220 °C (Umluft 200 °C) vorheizen. Den Boden einer Obstkuchenform (20 cm Durchmesser) oder feuerfesten Pfanne mit der Butter bestreichen. Zuerst den Zucker, dann die Kardamomsamen gleichmäßig darüber streuen. Den Blätterteig auf einer bemehlten Arbeitsfläche zu einer Scheibe ausrollen, die etwas größer als die Form oder Pfanne ist. Mehrmals einstechen, auf ein Backblech legen und kalt stellen.

2 Die Birnen schälen, längs halbieren und vom Kerngehäuse befreien. Mit der Schnittseite nach oben nebeneinander in die Form oder Pfanne legen. Bei mittlerer Stufe auf dem Herd erhitzen, bis der Zucker zu schmelzen beginnt und zusammen mit Butter und Birnensaft Blasen wirft. Die Form eventuell etwas verschieben, damit die Mischung gleichmäßig braun wird.

3 Sobald der Zucker karamellisiert ist, die Form vorsichtig vom Herd nehmen. Den Teig über die Birnen legen, den überhängenden Rand in die Form stecken. In den Backofen stellen und 25 Minuten backen, bis der Teig schön aufgegangen und goldbraun ist.

4 Den Kuchen 2–3 Minuten in der Form ruhen lassen, bis der ausgetretene Saft keine Blasen mehr wirft. Einen großen Teller auf die Form legen und den Kuchen auf den Teller stürzen. Dabei die Form schütteln, damit sich der Kuchen löst. Eventuell mit einem Teigschaber unter die Birnen fahren, um sie lockern. Den Birnenkuchen mit Schlagsahne warm servieren.

KÜCHENTIPP

Für diesen Kuchen sind große, runde Birnen besser geeignet als die länglichen Sorten.

Amerikanische Kürbistorte

Diesen würzigen, süßen Kuchen serviert man in den USA zum Erntedankfest oder zu Halloween. Man verwendet dazu das Fleisch der ausgehöhlten Kürbisse.

FÜR 8 PERSONEN

200 g Mehl
½ TL Salz
100 g Butter
1 Eigelb
FÜR DEN BELAG
1 Stück Riesenkürbis (900 g)
2 große Eier
100 g hellbrauner Zucker
4 EL heller Rohrzuckersirup
250 ml Crème double
1 EL Mixed Spice (S. 107)
½ TL Salz
Puderzucker zum Bestreuen

1 Mehl und Salz in eine Schüssel sieben. Die Butter mit den Fingern unter die Mehlmischung arbeiten, bis eine grobkrümelige Masse entsteht. Mit dem Eigelb und etwa 1 EL eiskaltem Wasser zu einem Teig verarbeiten. Eine Kugel formen, in Frischhaltefolie wickeln und für mindestens 30 Minuten kalt stellen.

2 Für die Füllung den Kürbis schälen und die Kerne entfernen. Das Fleisch würfeln. In einen Topf mit schwerem Boden mit Wasser bedecken und weich garen. Mit einem Kartoffelstampfer zerdrücken. Zum Abtropfen in ein Sieb über eine Schüssel geben.

3 Den Teig auf einer bemehlten Arbeitsfläche ausrollen, eine Obstkuchenform damit auskleiden. Mehrmals einstechen. Ein Stück Backpapier darauf legen, zum Blindbacken mit Bohnen beschweren. Für 15 Minuten kalt stellen. Den Backofen auf 200 °C (Umluft 180 °C) vorheizen. Den Boden 10 Minuten backen, Backpapier und Bohnen entfernen. Weitere 5 Minuten backen.

4 Die Temperatur auf 190 °C (Umluft 170 °C) reduzieren. Das zerstampfte Kürbisfleisch in eine Schüssel geben. Eier, Zucker, Sirup, Crème double, Mixed Spice und Salz unterschlagen. Die Mischung auf dem Tortenboden verteilen. Die Kürbistorte 40 Minuten backen, bis die Füllung fest geworden ist. Mit Puderzucker bestreuen, leicht abkühlen lassen und servieren.

Clementinen mit Sternanis und Zimt

Das erfrischende Dessert, mit aromatischen Gewürzen verfeinert, ist der ideale Abschluss eines festlichen Mahls.

FÜR 6 PERSONEN

350 ml süßer Dessertwein
100 g extrafeiner Zucker
6 ganze Sternanis
1 Zimtstange
1 Vanillestange
2 EL Cointreau
1 Streifen dünn abgeschälte unbehandelte Limettenschale
12 Clementinen

1 Wein, Zucker, Sternanis und Zimt in einen Topf geben. Die Vanillestange längs aufschneiden und mit der Limettenschale hinzufügen. Zum Kochen bringen und bei schwacher Hitze 10 Minuten köcheln lassen. Abkühlen lassen, dann den Cointreau einrühren.

2 Die Clementinen schälen und dabei die weiße innere Schicht entfernen. Die Früchte halbieren und in einer Glasschüssel anrichten. Mit der Weinmischung begießen und über Nacht kalt stellen.

VARIANTE

Statt der Clementinen können Sie auch Tangerinen oder Orangen verwenden.

Pistazien-Halva-Eis

Halva wird aus Sesamsamen hergestellt und ist in verschiedenen Geschmacksrichtungen erhältlich. Für diese unwiderstehliche Eiscreme wird Halva mit Pistazienaroma verwendet.

FÜR 6 PERSONEN

3 Eigelb
125 g extrafeiner Zucker
300 ml süße Sahne
300 ml Crème double
125 g Halva mit Pistazienaroma
Gehackte Pistazienkerne zum Garnieren

1 Den Tiefkühlschrank auf die höchste Stufe stellen. Das Eigelb mit dem Zucker in einer Schüssel schaumig schlagen. Die süße Sahne in einem kleinen Topf zum Kochen bringen und heiß in die Eigelbmischung rühren.

2 Die Mischung in einer hitzebeständigen Schüssel auf einen Topf mit kochendem Wasser setzen. So lange unter Rühren erhitzen, bis sie eindickt und von einem Löffel langsam herabläuft. In einer Schüssel abkühlen lassen.

KÜCHENTIPP

Falls Sie eine Eismaschine haben, das Eis nach Anleitung herstellen.

3 Crème double halbsteif schlagen und unter die Eigelbmischung rühren. Halva zerkrümeln, dazugeben und vorsichtig untermischen.

4 Die Mischung in einem Plastikbehälter zugedeckt für 3 Stunden tiefkühlen, bis sie langsam fest wird. Kräftig umrühren, um Eiskristalle zu lösen, und tiefkühlen, bis das Eis fest ist.

5 Die Eiscreme 15 Minuten vor dem Servieren aus dem Tiefkühlschrank nehmen, damit sie sich mit dem Löffel zerteilen lässt und sich ihr Aroma entfaltet. Mit gehackten Pistazienkernen garnieren.

Ingwer-Zitronen-Puddings mit Vanillesauce

In diesen kleinen Puddings verbinden sich Zitronen- und Ingweraroma auf das herrlichste.

FÜR 8 PERSONEN

3 unbehandelte Zitronen
100 g in Sirup eingelegter Ingwer, zusätzlich 2 EL Ingwersirup
4 EL heller Rohrzuckersirup
200 g Mehl, mit 1 TL Backpulver vermischt
2 TL gemahlener Ingwer
125 g weiche Butter
125 g extrafeiner Zucker
2 Eier, verquirlt
3–4 EL Milch

FÜR DIE VANILLESAUCE

150 ml Milch
150 ml Crème double
1 Vanillestange, längs aufgeschnitten
3 Eigelb
1 TL Speisestärke
2 EL extrafeiner Zucker

1 Den Backofen auf 160 °C (Umluft 140 °C) vorheizen. 8 Puddingförmchen einfetten. 1 Zitrone für die Sauce beiseite legen. Die Schale der restlichen Zitronen abreiben und in eine Schüssel geben. Die weiße Schicht von einer der Zitronen entfernen und die Frucht in 8 dünne Scheiben schneiden. Den Saft der verbliebenen Zitrone auspressen, den eingelegten Ingwer hacken.

2 In einer kleinen Schüssel 1 EL Ingwersirup mit 2 EL Rohrzuckersirup und 1 TL Zitronensaft verrühren und gleichmäßig in die Puddingförmchen verteilen. Jeweils 1 Zitronenscheibe in die Förmchen legen.

3 Mehl und gemahlenen Ingwer in eine Schüssel sieben. In einer zweiten Butter und Zucker schaumig schlagen. Nach und nach die Eier unterschlagen. Mit dem Mehl vermischen und ausreichend Milch dazugießen, so dass ein dickflüssiger Teig entsteht. Die Zitronenschale untermischen. Den Teig in die Puddingförmchen füllen.

4 Die Förmchen mit Aluminiumfolie abdecken. In einen mit heißem Wasser halb vollen Bräter stellen. Den Bräter fest mit Aluminiumfolie abdecken. 30–45 Minuten im Ofen garen.

5 Inzwischen für die Zitronen-Ingwer-Sauce die Schale der verbliebenen Zitrone abreiben und den Saft auspressen. Mit dem restlichen Ingwer- und Rohrzuckersirup in einem Topf zum Kochen bringen. Bei schwacher Hitze 2 Minuten köcheln lassen. Warm halten.

6 Für die Vanillesauce Milch und Crème double in einem Topf mit der Vanillestange fast zum Kochen bringen, vom Herd nehmen. 10 Minuten stehen lassen. Eigelb, Speisestärke und Zucker schaumig schlagen. Die Milchmischung nach und nach unterrühren. In einem sauberen Topf unter Rühren erhitzen, bis sie eindickt. Die Puddings auf Teller stürzen, mit Zitronen-Ingwer-Sauce beträufeln und mit Vanillesauce servieren.

Churros mit Zimt-Sirup

Kleine Windbeutelchen werden in mit Sternanis gewürztem Puderzucker gewälzt. Das beliebte mexikanische Dessert serviert man traditionell mit Zimtsirup.

FÜR 4–6 PERSONEN

FÜR DEN STERNANISZUCKER
5 Stück Sternanis
6 EL extrafeiner Zucker

FÜR DEN ZIMTSIRUP
125 g extrafeiner Zucker
2 Stück Sternanis
1 Zimtstange
2 EL frisch gepresster Orangensaft

FÜR DIE CHURROS
50 g Butter
70 g Mehl, gesiebt
2 Eier, verquirlt
Öl zum Ausbacken
In Streifen geschnittene unbehandelte Orangenschale zum Garnieren

1 Für den Sternaniszucker Sternanis und Zucker in einem Mörser sehr fein zerreiben. In eine Schüssel sieben.

2 Für den Zimtsirup den Zucker und 150 ml Wasser in einem Topf verrühren. Sternanis und Zimtstange hinzufügen. Unter gelegentlichem Rühren erhitzen, bis sich der Zucker aufgelöst hat. Ohne zu rühren, 2 Minuten kochen lassen. Mit dem Orangensaft vermischen und beiseite stellen.

3 Die Butter in einem Topf zerlassen. Anschließend 150 ml Wasser dazugießen und zum Kochen bringen. Das Mehl hinzufügen und kräftig unterschlagen, bis die Mischung sich vom Topfrand löst. Leicht abkühlen lassen. Die Eier nach und nach ebenfalls kräftig unterschlagen. Die Teigmischung in einen großen Spritzbeutel mit großer Sterntülle füllen.

4 Das Öl auf 180 °C erhitzen oder bis ein Brotwürfel in einer Minute im Öl braun wird. Die Churros portionsweise im Öl schwimmend ausbacken. Dafür den Teig in 2,5 cm langen Streifen aus dem Spritzbeutel drücken und mit einem Messer abschneiden. Die Churros benötigen jeweils 3–4 Minuten. Sie sind fertig, wenn sie an der Oberfläche schwimmen und goldbraun sind. Auf Küchenpapier abtropfen lassen und warm halten, während die anderen Portionen gebacken werden.

5 Die warmen Churros im Sternaniszucker wälzen, mit der Orangenschale garnieren. Den Zimtsirup in eine kleine Schüssel füllen und zu den Churros servieren.

Kulfi mit Kardamom

Kulfi ist eine delikat gewürzte indische Eiscreme, die traditionell in kleinen Förmchen tiefgefroren wird. Joghurtbecher haben die ideale Form, doch können Sie, wie für andere Eissorten, auch einen großen Behälter verwenden.

FÜR 6 PERSONEN

2 l Vollmilch
12 grüne Kardamomkapseln
200 g extrafeiner Zucker
25 g geschälte Mandeln, gehackt
Geröstete Mandelsplitter und grüne Kardamomkapseln zum Garnieren

1 Milch und Kardamom in einem Topf mit schwerem Boden zum Kochen bringen. Um ein Drittel einkochen lassen. Die Milch in eine Schüssel gießen, den Kardamom wegwerfen. Zucker und Mandeln zugeben; rühren, bis sich der Zucker aufgelöst hat. Abkühlen lassen.

KÜCHENTIPP

Zum Einkochen der Milch einen großen Topf verwenden, damit sie nicht überkochen kann.

2 Die Mischung in einen Plastikbehälter geben und zugedeckt tiefkühlen, bis sie beinah fest geworden ist. Dabei alle 30 Minuten umrühren. Die nahezu feste Eiscreme in 6 saubere Joghurtbecher füllen, bis zur Verwendung in den Tiefkühlschrank stellen. Die Becher 10 Minuten vor dem Servieren herausnehmen und die Eisportionen auf einzelne Teller stürzen. Mit gerösteten Mandeln und Kardamomkapseln garnieren.

Birnen in Rotwein

Durch den Rotwein bekommen die Birnen eine tiefrote Farbe, die Gewürze steuern ein herrliches warmes Aroma bei.

FÜR 4 PERSONEN

1 Flasche kräftiger Rotwein
1 Zimtstange
4 Gewürznelken
½ TL geriebene Muskatnuss
½ TL geriebener Ingwer
8 Pfefferkörner
200 g extrafeiner Zucker
Dünn abgeschälte Schale von ½ unbehandelten Orange und ½ unbehandelten Zitrone
8 feste, reife Birnen

1 Den Rotwein in einen Topf mit schwerem Boden gießen, in dem die Birnen nebeneinander aufrecht Platz haben. Zimtstange, Gewürznelken, Muskat, Ingwer, Pfefferkörner, Zucker sowie Orangen- und Zitronenschale dazugeben.

KÜCHENTIPP

Mascarponecreme zu den Birnen reichen. Dafür Mascarpone und Crème double zu gleichen Teilen vermischen. Mit etwas Vanille-Essenz aromatisieren.

2 Die Birnen schälen, Stiele an den Früchten belassen. Aufrecht in den Topf setzen. Der Wein sollte die Früchte gerade bedecken. Zum Kochen bringen und zugedeckt bei schwacher Hitze 30 Minuten köcheln lassen, bis die Birnen weich sind. Die Birnen mit einem Schaumlöffel herausnehmen und in eine Schüssel geben.

3 Den Rotwein um die Hälfte einkochen lassen, bis er sirupartig ist. Die Birnen damit begießen und heiß oder kalt servieren.

Bunte Früchte mit Chat Masala

Das säuerlich-würzige Aroma von Chat Masala mag am Anfang fremd erscheinen, doch schon bald könnte dies ein Gaumenkitzler werden.

FÜR 6 PERSONEN

1 Ananas
2 Papayas
1 kleine Honigmelone
Frisch gepresster Saft von 2 Limetten
2 Granatäpfel
Chat Masala (S. 89) (nach Geschmack)
Minzezweige zum Garnieren

KÜCHENTIPP

Haben Sie nur wenig Zeit oder die benötigten Gewürze für Chat Masala fehlen, können Sie die Früchte auch mit frisch gemahlenem schwarzem Pfeffer würzen.

1 Die Ananas schälen, Strunk und „Augen“ herausschneiden. Die Frucht längs in dünne Spalten schneiden. Die Papayas schälen, halbieren und in dünne Spalten schneiden. Die Melone halbieren, von den Samenkernen befreien, ebenfalls in dünne Spalten schneiden und schälen.

VARIANTE

Die Früchte können Sie je nach Jahreszeit und Angebot variieren. Äpfel und Bananen ergeben eine traditionelle Mischung, Guaven und Mangos eine exotischere Kombination.

2 Die Früchte auf 6 Tellern anrichten und mit Limettensaft beträufeln. Die Granatäpfel halbieren, die Samen herauslösen, die bittere Haut wegwerfen. Die Granatapfelsamen über die Früchte verteilen. Mit etwas Chat Masala nach Geschmack bestreuen, mit Minzezweigen garnieren und servieren.

Bananen auf karibische Art mit Piment und Ingwer

Zarte gebackene Bananen in einer raffiniert würzigen Sauce – ein Dessert für Liebhaber süßer Leckereien!

FÜR 4 PERSONEN

25 g Butter
8 feste reife Bananen
Frisch gepresster Saft von 1 Limette
100 g brauner Zucker
1 TL gemahlener Piment
½ TL gemahlener Ingwer
Samen von 6 grünen Kardamomkapseln
2 EL Rum
In dünne Streifen geschnittene unbehandelte Limettenschale zum Garnieren
Crème fraîche als Beigabe

1 Den Backofen auf 200 °C (Umluft 180 °C) vorheizen. Eine flache Auflaufform (die Bananen sollten darin nebeneinander Platz haben) mit etwas Butter einfetten. Bananen schälen, längs halbieren, nebeneinander in die Form legen und mit Limettensaft beträufeln.

VARIANTE

Für Kinder den Limettensaft durch Orangensaft ersetzen und den Rum weglassen.

2 Zucker, Piment, Ingwer und Kardamom vermischen und über die Bananen streuen. Darüber die restliche Butter in Flöckchen geben. Im Ofen 15 Minuten backen, bis alles weich ist. Dabei einmal mit dem Saft beträufeln.

3 Die Form aus dem Ofen nehmen. Den Rum in einem kleinen Topf erhitzen, über die Bananen gießen und anzünden. Sobald die Flammen verlöschen, die Bananen auf Teller verteilen. Mit Limettenschale garnieren und mit einem Klecks Crème fraîche servieren.

Eingelegtes und Chutneys

Eingelegte Zitronen auf marokkanischen Art

Zum Einlegen von Zitronen benötigt man nur Salz, doch zusätzliche Gewürze verleihen ihnen noch mehr aromatischen Geschmack.

ERGIBT ETWA 900 G

6 unbehandelte Zitronen, gewaschen
6 EL Meersalz
2 EL schwarze Pfefferkörner
4 Lorbeerblätter
6 grüne Kardamomkapseln
1 Zimtstange
Sonnenblumenöl

1 Zitronen längs vierteln, in ein Sieb schichten und dabei jede Lage mit Salz bestreuen. Für 2 Tage über einer Schüssel abtropfen lassen.

KÜCHENTIPP

Die Schale eingelegter Zitronen wird im Mittleren Osten gehackt für Couscous, Tagine und andere Gerichte mit Huhn oder Fisch verwendet.

2 Die Zitronenviertel mit Pfeffer, Lorbeerblättern, Kardamom und Zimt sehr eng in 1 bis 2 Einmachgläser schichten.

3 Mit dem Sonnenblumenöl bedecken. Das Glas fest verschließen. Vor der Verwendung 3–4 Wochen stehen lassen.

Chili-Gelee

Dieses leuchtend rote Gelee mit Chillies ist die ideale Würze für heißes oder kaltes gebratenes Fleisch und eine würzige Zutat für Saucen.

ERGIBT ETWA 900 G

8 rote Paprikaschoten, Samen und Scheidewände entfernt, geviertelt
4 frische rote Chilischoten, Samen und Scheidewände entfernt, halbiert
1 Zwiebel, grob gehackt
2 Knoblauchzehen, grob gehackt
250 ml Wasser
250 ml Weißweinessig
1½ TL Salz
450 g Einmachzucker
1 Päckchen Pektin (etwa 5 TL)

1 Die Paprikaviertel mit der Haut nach oben unter einen Grill über eine Fettpfanne legen. Die Paprika grillen, bis die Haut schwarz wird und Blasen wirft. In einen Plastikbeutel geben und leicht abkühlen lassen. Die Haut mit den Fingern abziehen.

2 Paprika, Chillies, Zwiebel, Knoblauch und Wasser in einen Mixer oder eine Küchenmaschine geben und pürieren. Das Püree mit einem Holzlöffel durch ein Plastiksieb in eine Schüssel passieren. Dabei so viel Saft wie möglich ausdrücken. Das Püree sollte eine Menge von etwa 750 ml ergeben.

3 In einem großen Topf aus rostfreiem Stahl mit Essig und Salz verrühren. Zucker und Pektin vermischen und unter das Püree rühren. Schwach erhitzen, bis sich der Zucker und das Pektin aufgelöst haben. Zum Kochen bringen und unter ständigem Rühren genau 4 Minuten kochen lassen.

4 Das Gelee vom Herd nehmen und in warme sterilisierte Gläser füllen. Abkühlen lassen und dann verschließen.

KÜCHENTIPP

Der Vorteil des Einmachzuckers: Es bildet sich weniger Schaum.

Clementinenmarmelade mit Koriander

Das warme Aroma von Koriander passt besonders harmonisch zu Clementinen und Zitronen.

ERGIBT ETWA 2,75 KG

1,5 kg unbehandelte Clementinen
6 unbehandelte Zitronen
2 EL Korianderkörner, ohne Fett geröstet und grob zerstoßen
3 l Wasser
1,5 kg Einmachzucker

1 Clementinen und Zitronen waschen und halbieren. Den Saft der Früchte auspressen und in einen großen Topf füllen.

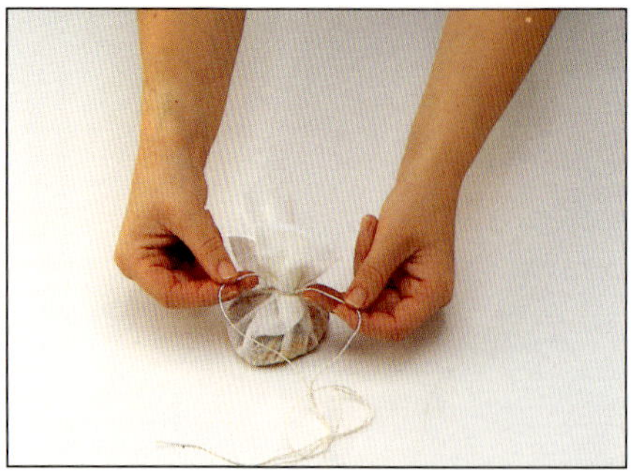

2 Das Fruchtfleisch aus den Schalen kratzen. Mit den Kernen und der Hälfte des Korianders in ein Baumwolltuch binden und zu dem Saft geben.

3 Clementinen- und Zitronenschalen in dünne Streifen schneiden und mit dem Wasser in den Topf geben.

4 Zum Kochen bringen und bei schwacher Hitze 1½ Stunden köcheln lassen, bis die Schalen der Früchte sehr weich sind. Das Baumwollsäckchen herausnehmen und zwischen zwei kleinen Tellern über dem Topf ausdrücken.

5 Zucker und restlichen Koriander hinzufügen. Unter Rühren schwach erhitzen, bis sich der Zucker aufgelöst hat. Aufkochen, bis die Marmelade zu gelieren beginnt. Sich bildenden Schaum abschöpfen. Für 30 Minuten stehen lassen, dabei gelegentlich umrühren. In warme sterilisierte Einmachgläser füllen. Sobald die Marmelade kalt ist, die Gläser fest verschließen. Kühl und trocken aufbewahren.

KÜCHENTIPP

Um zu testen, ob die Marmelade zu gelieren beginnt, einen TL davon auf einen Teller geben: Nach ein paar Minuten sollte sich eine Haut bilden.

Eingelegte Kumquats

Mit Nelken und anderen Gewürzen eingelegte Kumquats ergeben eine wunderbare Beigabe für gebackenen Schinken.

ERGIBT ETWA 900 G

500 g unbehandelte Kumquats
350 ml Weißweinessig
500 g Kristallzucker
1 Zimtstange
15 Gewürznelken
6 Pimentkörner

1 Die Kumquats vierteln und von den Kernen befreien. In einen großen Topf mit schwerem Boden geben und mit Wasser bedecken. Zum Kochen bringen. Bei schwacher Hitze so lange köcheln lassen, bis die Früchte weich sind.

KÜCHENTIPP

Sie können die Gewürze in ein Baumwolltuch binden und wieder entfernen, ehe die Kumquats abgefüllt werden.

2 Die Kumquats mit einem Schaumlöffel herausnehmen und beiseite stellen. Essig, Zucker, Zimtstange, Gewürznelken und Pimentkörner in die Kochflüssigkeit geben. Unter gelegentlichem Rühren zum Kochen bringen. Die Früchte wieder zufügen. Bei schwacher Hitze 30 Minuten köcheln lassen.

3 Die Kumquats mit einem Schaumlöffel in warme sterilisierte Gläser geben. Die Flüssigkeit zu einem Sirup einkochen und über die Früchte gießen. Die Gläser verschließen. Vor der Verwendung mindestens 2 Wochen stehen lassen.

Tomaten-Zwiebel-Chutney mit Koriander

Indische Chutneys dieser Art werden nicht lange aufbewahrt, sondern, ähnlich wie Salsas, frisch zubereitet gegessen. Die Chilischote und der Cayennepfeffer steuern reichlich Schärfe bei.

KÜCHENTIPP

Wenn Sie keine roten Zwiebeln bekommen, ersatzweise eine milde weiße Zwiebel oder 2–3 Schalotten verwenden. Das Chutney mit Papadams oder Papads (indischen Fladenbroten) zu Beginn eines indischen Menüs servieren.

FÜR 4–6 PERSONEN

2 Tomaten
1 rote Zwiebel
1 frische grüne Chilischote, Samen und Scheidewände entfernt, fein gehackt
4 EL gehacktes frisches Koriandergrün
Frisch gepresster Saft von 1 Limette
½ TL Salz
½ TL Paprikapulver
½ TL Cayennepfeffer
½ TL Kreuzkümmelsamen, ohne Fett geröstet und zermahlen

1 Tomaten und Zwiebeln fein würfeln und in eine Schüssel geben.

2 Chilischote, Koriander, Limettensaft, Salz, Paprikapulver, Cayennepfeffer und Kreuzkümmel untermischen. Das Chutney sofort servieren.

Eingelegte Gurken

Eingelegte Gurken mit einer besonderen Mischung ganzer Gewürze sind eine amerikanische Spezialität, zu der man Brot mit Butter isst. Die Selleriesamen harmonieren gut mit den Gurken, und die Senfkörner verleihen ihnen außerdem etwas Schärfe.

ERGIBT ETWA 1,75 KG

900 g Einlegegurken, in 5 mm dicke Scheiben geschnitten
2 Zwiebeln, in dünne Ringe geschnitten
50 g Salz
350 ml Cidre-Essig
350 g Kristallzucker
2 EL weiße Senfkörner
2 TL Selleriesamen
½ TL gemahlene Kurkuma
½ TL schwarze Pfefferkörner

1 Gurken und Zwiebeln in eine große Schüssel geben und mit dem Salz bestreuen. Einen Teller in die Schüssel auf die Mischung legen und beschweren. Für 3 Stunden stehen lassen. Das ausgetretene Wasser abgießen. Das Gemüse unter fließendem kaltem Wasser abspülen und abtropfen lassen.

KÜCHENTIPP

Beim Zubereiten von Eingelegtem und Chutneys stets Töpfe aus rostfreiem Stahl oder Email verwenden. Aluminium- und Kupfertöpfe sind nicht zu empfehlen, da sie mit dem Essig und der Säure in Gemüse und Früchten reagieren.

2 Essig, Zucker, Senfkörner, Selleriesamen, Kurkuma und Pfefferkörner in einen großen Topf geben. Zum Kochen bringen und rühren, bis sich der Zucker aufgelöst hat. Die abgetropften Gurken und Zwiebeln hinzufügen. Sobald die Mischung wieder zu kochen beginnt, vom Herd nehmen.

3 Die Mischung in warme sterilisierte Einmachgläser füllen und darauf achten, dass die Gurkenscheiben mit Flüssigkeit bedeckt sind. Die Gläser luftdicht verschließen. Die eingelegten Gurken vor der Verwendung mindestens für 1 Monat stehen lassen.

Weihnachtliches Chutney

Dieses Chutney ist eine pikante Mischung von Gewürzen und Trockenobst und eine delikate Beigabe für ein festliches Weihnachtsmahl.

ERGIBT 1–1,5 KG

450 g Kochäpfel, geschält, vom Kerngehäuse befreit und grob gehackt
500 g gemischtes Trockenobst
Abgeriebene Schale von 1 unbehandelten Orange
2 EL Mixed Spice (S. 107)
150 ml Cidre-Essig
350 g hellbrauner Zucker

1 Äpfel, Trockenobst und Orangenschale in einen großen Topf geben. Mixed Spice, Essig und Zucker unterrühren. Schwach erhitzen und dabei rühren, bis sich der Zucker auflöst

KÜCHENTIPP

Gegen Ende der Garzeit das Chutney häufiger umrühren, da es nun leicht am Topfboden anhängen kann.

2 Die Mischung zum Kochen bringen und 40–45 Minuten unter gelegentlichem Rühren köcheln lassen, bis sie eingedickt ist. In warme sterilisierte Einmachgläser füllen und diese fest verschließen. Vor der Verwendung für 1 Monat stehen lassen.

Chutney von grünen Tomaten

Dieses Chutney wird gern zum Ende des Sommers zubereitet, wenn die letzten Tomaten an den Sträuchern nicht mehr reifen. Stellen Sie Ihr eigenes Pickling Spice (S. 106) zusammen, um die richtige Menge Gewürze mit den süßen bis säuerlichen Aromen zu kombinieren.

ERGIBT ETWA 2,5 KG

1,75 kg grüne Tomaten, gewürfelt
450 g Kochäpfel, geschält, vom Kerngehäuse befreit und grob gehackt
450 g Zwiebeln, gehackt
2 große Knoblauchzehen, zerdrückt
1 EL Salz
3 EL Pickling Spice (S. 106)
600 ml Cidre-Essig
450 g Kristallzucker

1 Tomaten, Äpfel, Zwiebeln und Knoblauch in einen Topf geben, salzen. Pickling Spice in ein Baumwolltuch binden und ebenfalls dazu geben.

2 Die Hälfte des Essigs zugießen. Aufkochen. Bei schwacher Hitze 1 Stunde köcheln lassen, bis das Chutney eingedickt ist, ab und zu rühren.

3 Den Zucker im restlichen Essig auflösen, alles zusammen 1½ Stunden unter gelegentlichem Rühren köcheln lassen, bis es wieder eindickt. Das Baumwollsäckchen entfernen. Das heiße Chutney in warme sterilisierte Einmachgläser füllen und fest verschließen. Mindestens für 1 Monat stehen lassen.

KÜCHENTIPP

Um das Chutney in die Gläser zu füllen, einen Trichter für Marmelade verwenden. Erkaltete Gläser etikettieren.

Register

L

M

N

O

P

Q

R

S

T

Danksagung

Sallie Morris bedankt sich bei ihrer Familie, Johnnie, Alex und James, für deren Unterstützung; bei Beryl Castles für ihre Hilfe beim Tippen des Manuskripts und bei John Phengsiri vom Wang Thai Supermarkt, 101–103 Kew Road, Richmond, Surrey, Tel. 0181 332 2959 für hilfreiche Ratschläge und Informationen sowie für eine herrliche Auswahl frischer und getrockneter Gewürze.

Lesley Mackley dankt ihrer Familie und Freunden für deren Bereitschaft, neue Rezepte auszuprobieren. Ihr besonderer Dank gilt Edward Shaw von Bart Spices für seine unschätzbar hilfreichen Ratschläge.

Der Dank des Verlags gilt folgenden Firmen für die freundliche Bereitstellung von Gewürzen und Requisiten für die Fotos.
Cool Chili Company, PO Box 5702, London W 10 6WE, Tel. 0171 229 9360; Bart Spices Limited, York Road, Bedminster, Bristol, BS3 4AD, 0117 977 3474; Pepper Alley Herbs, Fiddes Payne Limited, The Spice Warehouse, Banbury, Oxfordshire, OX16 8JB, Tel. 01295 253 888; Magimix UK Limited, 115A High Street Godalming, Surrey, GU7 1AQ, Tel. 01483 427411 sowie HP Foods Limited für die Bereitstellung von Maille- und Grey-Poupon-Senf.

Bildnachweis: Alle Fotos von William Adams-Lingwood, mit Ausnahme von: Tony Stone Worldwide, S. 6, 8, 9 (li. o. und re. u.), 10 und 11; Image Bank S. 7, 12, 13 (re. o.); Zefa Picture Library, S. 9 (Mitte) sowie Anthony Blake Photo Library, S. 13 (o.).